Bruce Daisley

Préface de Gaël Chatelain-Berry

Traduit de l'anglais par Emmanuelle Debon

Comment (re)tomber amoureux de son travail

30 façons de retrouver enthousiasme et créativité au travail

F1RST
ÉDITIONS

ISBN : 978-2-412-05168-9
Dépôt légal : janvier 2020
Imprimé en France par Normandie Roto Impression s.a.s. (1905775)

Traduit par Emmanuelle Debon
Correction : Françoise Caille
Mise en page : KN Conception

Éditions First, un département d'Édi8
92, avenue de France
75013 Paris – France
Tél. : 01 44 16 09 00
E-mail : *firstinfo@efirst.com*
www.editionsfirst.fr

À Billy, Coco et Tula

SOMMAIRE

PRÉFACE

Comment (re)tomber amoureux de son travail ?
Quand j'ai vu le titre de ce livre, je me suis dit que j'allais lire un énième ouvrage de poncifs sur le bonheur au travail. Encore l'un de ces livres écrits par un universitaire totalement éloigné du monde de l'entreprise m'expliquant que si je ne suis pas bien dans mon travail, il suffit de manger macrobiotique et de faire du sport pour me diriger peu à peu vers le nirvana.

Mais il n'en est rien. Tout d'abord, le parcours de Bruce Daisley est tout simplement impressionnant tant il est divers, et c'est sans aucun doute ce parcours qui, peu à peu, l'a motivé à poursuivre ce chemin.

Son livre est plus qu'un ouvrage sur la motivation au travail. Il nous fait (re)découvrir l'idée qu'une activité professionnelle est plus qu'un gagne-pain. Dès l'introduction, l'auteur explique comment et pourquoi le stress peut avoir un effet négatif sur la créativité. Pour illustrer son propos, il utilise l'exemple de l'un de mes groupes de rock préféré, les Strokes. Rien que pour cela, je n'avais d'autre choix que de le lire jusqu'à la dernière ligne !

Bruce Daisley fait un constat qui s'applique à toutes les entreprises : le niveau d'engagement des salariés est en fort recul dans les pays occidentaux. Une étude Gallup a montré que seulement 13 % des salariés anglais s'impliquent dans leur travail. En France, ce chiffre est de 6 %. Aurions-nous deux fois plus de raisons de lire cet ouvrage ? Probablement.

L'auteur propose des solutions pour se sentir mieux au bureau, pour réussir à déconnecter, pour se réserver des temps pour soi, pour réapprendre la lenteur… Nous sommes donc bien loin des solutions simplistes que nous lisons partout, dans la presse ou sur les réseaux sociaux. Les rencontres avec des personnes de référence, des PDG, des chercheurs, des hommes et femmes politiques, rendent encore plus riche cette étude.

Loin d'être un cours sur la bienveillance au travail, cet ouvrage se veut, avant toute chose, pragmatique. Vous trouverez des solutions très simples pour, dans un premier temps, améliorer votre propre bien-être, puis celui de votre équipe et, enfin, développer une culture d'entreprise positive, ce que l'auteur appelle « les buzz ». Je suis personnellement convaincu que la véritable transformation de l'entreprise passe par des changements à tous les niveaux, du plus large au plus petit, de sa culture et de ses habitudes, au lieu de la machine à café. Ici, tous ces aspects sont traités.

Mais, comme l'écrit Bruce Daisley, ce ne sont pas les PDG qui lisent ce genre de livre, faute de temps. Cela dit, j'espère que quelques-uns le feront, car ce texte s'adresse à toutes les personnes qui souhaitent agir. L'éternel optimiste que je suis pense qu'on peut le faire quel que soit son niveau hiérarchique. Plus nous serons nombreux à appliquer les idées de Bruce Daisley, plus le monde de l'entreprise sera agréable à vivre. Et plus important encore, plus nous serons individuellement bien dans notre travail.

En France, 10 % des salariés ont ou vont faire un burn-out : il y a donc urgence à agir.

Après avoir lu cet ouvrage, vous ne verrez pas votre quotidien professionnel de la même façon. Et, sans vous le dévoiler, je dois bien avouer que l'épilogue est absolument extraordinaire d'humanisme, de tendresse et d'efficacité. Ce livre doit-être lu pour ce qu'il contient d'humain. Remettons l'humain au cœur de tout dans l'entreprise, tout ira mieux, croyez-moi.

Je vous souhaite une excellente lecture.

Gaël Chatelain-Berry,
Auteur, conférencier, chroniqueur et consultant
sur la bienveillance en entreprise

INTRODUCTION

Aimez votre lieu de travail

Quel est le pire emploi que vous ayez jamais occupé ? À seize ans, alors que j'étais encore loin d'avoir atteint ma taille actuelle (plus d'un mètre quatre-vingt), j'ai commencé à travailler dans un fast-food du centre de Birmingham (Royaume-Uni). J'étais tout le contraire de l'adolescent sûr de lui – ma voix qui n'avait pas encore mué et ma démarche timide me donnaient des complexes. Fraîchement débarqué dans le monde du travail, j'étais terrifié à l'idée d'interrompre ma tâche pour adresser la parole aux autres, de crainte que mon patron me vire. Tout comme un élève n'avouera jamais qu'il aime l'école, j'étais convaincu qu'aimer son boulot, ça ne se faisait pas. Mon rôle se cantonnait donc à accomplir une tâche consistant essentiellement à essuyer des tables en silence.

Cette période longue et douloureuse m'a amené à devenir un employé très docile, au point d'accepter, comme l'exigeait de moi le gérant du restaurant, de nettoyer un gros tas d'excréments de rats sous l'évier à l'aide de simples serviettes en papier. Les bons jours, au lieu de récurer, je devais enfiler un costume ridicule et m'aventurer sur Corporation Street afin de distribuer des prospectus à des supporters de foot indifférents.

Tout compte fait, s'agissait-il vraiment du pire boulot que j'aie jamais fait ? Avec le recul, probablement, mais sur le moment, sans doute pas. Parce que, dès que j'ai compris que j'avais le droit de bavarder avec mes collègues, même les journées les plus longues et les plus pénibles m'ont paru plaisantes. J'ai pris conscience que mon bonheur dépendait directement du nombre de fois où je riais chaque jour. Tant que je pouvais profiter de ces moments de légèreté, je ressentais un lien avec les gens qui m'entouraient. Je préférais passer de longues heures à récurer à leurs côtés plutôt qu'attendre tout seul chez moi qu'on invente Internet.

Par la suite, j'ai travaillé dans des pubs, des usines, des restaurants et des hôtels (il faut reconnaître qu'il est beaucoup plus facile de trouver ce genre de boulot agréable quand on n'a pas besoin de nourrir une famille). En passant d'un job à l'autre, j'ai pris conscience d'un phénomène bien particulier : les meilleurs lieux de travail n'avaient pas forcément été créés par un entrepreneur visionnaire inspiré par un plan bien ficelé. Souvent, ils semblaient prospérer en dépit des patrons. Un restaurant mexicain où j'ai travaillé a réellement pris vie le jour où son propriétaire est venu y faire une ultime scène avant de se barrer en claquant la porte. C'était un crétin de première, mais, après cela, la cuisine servie dans le restaurant n'a jamais été aussi bonne.

Peu à peu, j'ai compris que la culture d'un lieu de travail ne dépend pas seulement des patrons. Elle relève de la responsabilité de chacun. Nous avons tous un rôle à jouer dans la qualité d'accueil et l'aspect gratifiant de notre environnement de travail.

Steve Jobs a prononcé cette phrase célèbre : « Vous devez aimer ce que vous faites ». C'est facile à dire et c'est le genre d'exhortations banales qui nous laissent penser qu'on n'est pas à la hauteur. Si nous sommes censés aimer notre boulot, à qui la faute si ce n'est pas le cas ? À nous ? Doit-on retenir cet état de fait contre nous-mêmes ? « Si vous teniez vraiment à ce travail, vous ne réclameriez pas une augmentation / vous ne diriez pas que vous avez trop de boulot / vous ne vous plaindriez pas d'être stressé. On devrait peut-être embaucher quelqu'un qui a *vraiment* envie de travailler ici ».

Pourtant, j'ai beau penser qu'il est injuste d'affirmer que l'épanouissement au travail dépend de la volonté individuelle, chaque personne a les moyens d'agir pour rendre son travail un peu plus agréable – à tout le moins. L'ennui, c'est que tout indique que nous allons dans la direction opposée. Nous avons tendance à dire que « le travail, c'était plus drôle avant » et la réalité tend à démontrer cette assertion. Nous sommes nombreux à ne pas aimer ce que nous faisons, et nos tentatives pour apprécier malgré tout notre travail se révèlent épuisantes. Un sondage réalisé par Gallup auprès d'employés du monde entier montre que seulement 13 % d'entre eux s'impliquent dans leur travail – autrement dit, qu'ils s'y investissent pleinement et manifestent de l'enthousiasme pour leur emploi et leur lieu de travail. Au Royaume-Uni, ce chiffre est encore plus bas : 8 %[1]. Nous sommes minés par un sentiment tenace d'insécurité et par un environnement de travail qui semble empiéter de plus en plus sur notre temps libre tandis que nous nous démenons pour répondre à nos e-mails ou consultons régulièrement notre Smartphone le dimanche, au cas où le bip qu'il vient d'émettre serait annonciateur d'une urgence.

En dépit de mes mésaventures avec les excréments de rats, ma vie au travail a globalement été clémente. Au cours des dix dernières années, j'ai eu la chance de travailler pour des entreprises comme Google, Twitter et YouTube. Avant cela,

1 En France, seuls 6 % des salaries s'affirment impliqués au travail (N.D.E.).

pour des sociétés gérant les magazines *Heat* et *Q*, et pour Capital Radio et Kiss. Je m'y suis épanoui et, maintenant que j'ai endossé mes nouvelles fonctions et que je suis devenu moi-même responsable d'équipes, j'éprouve plaisir et fierté lorsque des visiteurs me confient combien ils apprécient l'ambiance dans nos bureaux Twitter de Londres ou qu'on m'envoie des messages dans lesquels on me demande comment améliorer l'atmosphère d'un lieu de travail.

Mais si j'ai entrepris de transformer mon intérêt pour la culture du travail en un sujet d'étude, c'est parce qu'à une époque, ça ne se passait pas très bien chez Twitter. Les employés ne semblaient plus aussi enthousiastes qu'avant. Certains démissionnaient. D'autres paraissaient épuisés et découragés. J'ignorais ce qui posait problème et comment améliorer la situation.

Perclus de doutes, j'ai pris la décision, peut-être farfelue, de mettre en place un podcast. Il me semblait qu'en l'enregistrant, j'aurais le droit de faire appel aux lumières d'experts en psychologie de l'organisation : des gens qui comprennent vraiment comment fonctionne un lieu de travail. À ma grande surprise, la plupart des réponses fournies semblaient élémentaires. Ainsi, avec ma collègue Sue Todd, j'en ai rassemblé quelques-unes pour établir le *New Work Manifesto*[2] – une simple liste de huit changements que n'importe qui peut mettre en place pour améliorer ses conditions de travail. Les réactions ont été extraordinaires. Policiers, infirmières, juristes et banquiers m'ont contacté pour me demander comment utiliser ces idées et les adapter à leur profession.

2 Manifeste du nouveau travail (N.D.T).

J'ai découvert que nous ne manquons pas de références scientifiques, d'études et d'enquêtes liées à l'épanouissement au travail. En revanche, aucun de leur résultat ne semble arriver jusqu'aux employés. Aussi, j'ai distillé dans ce livre la sagesse des experts sous la forme de trente changements, simples à entreprendre pour soi-même ou à suggérer lors d'une réunion d'équipe. Certains me sont familiers depuis longtemps et je les ai appliqués avec succès à mon propre cas. D'autres constituent des correctifs utiles à de mauvaises habitudes que j'ai prises et que j'ai notées chez les autres. Certains d'entre eux peuvent sembler étrangement contre-intuitifs, mais ils fonctionnent.

Quel qu'il soit, le travail peut permettre d'insuffler du sens à notre vie. Même si nous hésitons à affirmer que nous l'aimons, nous ne devrions pas avoir honte d'en tirer du plaisir.

J'espère donc que ce livre vous rendra le plaisir perdu.

Sous pression

Bien qu'il dégage une impression de calme et d'insouciance, Julian Casablancas est un homme sous pression, cerné d'exigences et d'attentes écrasantes : on l'appelle juste pour « faire le point », mais à l'autre bout du fil, les voix sont insistantes ; ou bien ses collègues le pressent de leur présenter le résultat de ses dernières sessions créatives. Même si nous pensons que notre travail est beaucoup trop anodin pour être comparé à celui d'une star du rock, nous pouvons tirer, du cas de Julian, des leçons qui nous aideront largement à retrouver du plaisir au travail. Revenons un peu en arrière et penchons-nous sur l'histoire de cet homme.

Le premier album des Strokes, *Is This It*, est un énorme succès critique et commercial dès sa sortie en 2001. Avec un score de 91 %, il se classe dans les quarante meilleurs albums de tous les temps sur le site Metacritic. Le *Guardian* le place dans les cinq meilleurs albums de la décennie, le magazine *NME*[3] le considère comme le quatrième meilleur album de tous les temps, estimant qu'il peut « sauver le rock ». Un critique de *Rolling Stone*[4] déclare qu'il est « plus joyeux et intense que tout ce qu'on a pu entendre cette année » et le décrit comme « l'étoffe dont on fait les légendes ». Au cours de l'année suivante, les Strokes jouent à guichets fermés dans les salles de concert les plus prestigieuses du monde.

Comme pour la plupart des premiers albums d'artistes inconnus, le processus créatif de *Is This It* est loin d'être glamour. Les Strokes – une formation de cinq musiciens originaires de New York – créent leurs chansons dans un studio d'enregistrement sommaire au sous-sol d'un appartement du Lower East Side à Manhattan. La composition des morceaux incombe tout entière au chanteur Julian Casablancas, tellement accaparé par la création de nouveaux tubes que sa coupe de cheveux est loin d'être la plus réussie du groupe. Le résultat final, bien qu'il s'inspire savamment du rock garage et de la musique des années 1960 et 1970, est très novateur. Au fil de leur tournée de promotion, au cours de l'année suivante, Les Strokes se constituent rapidement un vivier de fans passionnés. Et, très vite, il est question du prochain album.

Si la sortie d'un premier opus revient à planter un drapeau dans le sable, un deuxième album constitue souvent le fonde-

---

3 Le *New Musical Express* (NME) est un magazine musical hebdomadaire britannique [N.D.T.].

4 Magazine américain orienté vers la pop culture, essentiellement la musique (N.D.E.).

ment d'une réputation. Très peu d'artistes deviennent des icônes grâce à un premier disque, mais cela peut arriver avec le suivant : *Nevermind* pour Nirvana, *Back to Black* pour Amy Winehouse, *Late Registration* pour Kanye West, *Steam* pour East 17. Ainsi, pour les Strokes, l'enregistrement d'un deuxième album reposant sur le succès du premier représente une étape vitale. Et, dans la mesure où *Is This It* a été couronné disque de platine, la barre est très haute.

Résultat : beaucoup de pression. De la part des fans, des critiques, de la famille et, bien entendu, des membres du groupe eux-mêmes. Des rumeurs courent, évoquant des sessions d'enregistrement ratées et l'arrêt du projet. Julian Casablancas est en tout cas suffisamment stressé pour déverser ses angoisses sur un journaliste de *Mojo Magazine* venu lui rendre visite : « Je me mets tellement de pression que j'ai peur de craquer. Et si un critique, ou le public en général, disait "Cette fois, il nous a vraiment laissés tomber" ? Ça me ficherait la tête en vrac et ça me ferait du mal. »

Conscient qu'on attend de lui un deuxième album solide, le groupe s'accroche et livre son nouveau disque, *Room on Fire*, à son label, juste à temps pour qu'il sorte pendant les pics de vente du dernier trimestre 2003. Les premiers CD pressés sont distribués à des journalistes acquis à leur cause. En ouvrant les recensions d'octobre, Casablancas devait être pétrifié par la crainte d'avoir déçu le public. J'espère qu'il était assis.

Les critiques sont globalement défavorables. Selon leurs auteurs, ce deuxième album reproduit les astuces du précédent sans en avoir l'originalité. Un journaliste du *Guardian* déclare : « Sur l'essentiel de *Room on Fire*, on est confronté à ce qui apparaît comme un groupe très fatigué tentant désespérément de se souvenir à quoi ressemblaient les meilleures parties de son premier album [...] La moitié de *Room on Fire* est du remplissage sans intérêt ». Aux États-Unis, *Entertainment Weekly*[5] exprime ce que de nombreux auditeurs ressentent vis-à-vis de ce disque : « C'est une pâle copie de *Is This It* »[6].

Se peut-il que le stress ait tué l'instinct créateur de Casablancas ? Son inventivité a-t-elle été écrasée par l'exigence d'originalité ? Il existe d'indiscutables preuves scientifiques démontrant que la pression exercée sur Casablancas – y compris par lui-même – est directement responsable de la destruction de sa capacité à créer. Il est possible que, passé un certain stade, cette pression ait cessé de lui insuffler de l'énergie et qu'elle ait muselé son imagination. Au lieu de fourmiller d'idées, son esprit s'est empli de bruits le distrayant de sa tâche. Lorsque nous sommes en situation de stress, notre ingéniosité a tendance à se carapater, et nous nous réfugions dans ce qui nous a semblé fonctionner la fois précédente. Nous répétons au lieu d'innover. Comme dit encore le type d'*Entertainment Weekly*, « il est fâcheux que les Strokes se répètent si tôt dans leur carrière ».

Quel rapport tout cela a-t-il avec votre propre emploi ? Eh bien, sur notre lieu de travail, le stress est devenu un état normal, et ça ne va pas en s'arrangeant. Les forces qui s'exercent de façon si négative sur le processus de création musicale conspirent également à perturber la prise de décisions au quotidien dans l'intégralité du monde du travail. L'évolu-

5 Magazine américain orienté vers les domaines du cinéma, de la télévision, de la musique, de la littérature... (N.D.E)

6 Cette épreuve a manifestement traumatisé Casablancas. En 2014, il a déclaré à *GQ* : « Un groupe est un super moyen de détruire une amitié, et une tournée un super moyen de détruire un groupe. »

tion de notre façon de travailler ne fait qu'ajouter à ces forces négatives. Autrement dit, le travail moderne se porte de plus en plus mal. Et les perspectives ne sont pas réjouissantes. Nous sommes coincés entre deux tendances qui modifient profondément la nature du travail et son impact psychologique sur nous. Comme elles sont de nature à bouleverser le monde, appelons-les des *mégatendances*. L'une est la *connectivité permanente*. L'autre est l'*intelligence artificielle*.

Ces vingt dernières années, les exigences du travail nous mettent sérieusement la pression. Le fait de recevoir ses e-mails sur son téléphone a fondamentalement transformé notre relation au travail. Nous sommes connectés à celui-ci en permanence – dans le train, dans le bus et sur le canapé. Nous travaillons plus longtemps sans pour autant être certains d'en faire davantage.

Au début, ça paraissait génial : recevoir des e-mails sur son téléphone créait une césure entre le lieu de travail et le travail lui-même. Nous étions libres de répondre à ces messages n'importe où – et cela nous paraissait réellement libérateur : enfin, nous pouvions informer nos clients des nouveaux tarifs du catalogue de peintures depuis le confort de notre canapé ; nous pouvions relancer la société de transport pour qu'elle nous envoie la facture du bus pour Corby alors que nous étions nous-mêmes dans le train ; Steve, du service commercial, pouvait envoyer à toute l'équipe une vidéo qu'un ami ouvert d'esprit avait partagée avec lui au pub vendredi soir. Nous n'avions pas conscience que recevoir nos e-mails sur notre téléphone allait nous amener à bosser plus. Et nous ignorions tout autant comment quantifier ce surcroît de travail.

Mais, aujourd'hui, nous le savons relativement bien. Un sondage réalisé auprès des travailleurs en 2012 établit qu'en moyenne, les employés de bureau britanniques ont vu leur journée augmenter de 26,6 %, soit deux heures par jour – de 7,5 heures à 9,5 heures[7]. C'est énorme, surtout si l'on considère que les salaires sont loin d'avoir suivi cette courbe. Plus significatif encore : notre disponibilité psychologique au travail s'étend bien au-delà de cette disponibilité physique déjà accrue. Selon une étude américaine, 60 % des actifs restent connectés à leur travail 13,5 heures par jour en semaine et cinq heures de plus le week-end – soit un total de plus de 70 heures de connectivité. Et, en nous rendant toujours plus disponibles, nous avons convaincu nos employeurs que c'est ainsi qu'il devait en être. Un sondage Gallup réalisé auprès des actifs à l'échelle mondiale montre que, dans les entreprises qui s'attendent à ce que leurs employés restent connectés en dehors des heures de bureau, 62 % de ceux-ci le sont effectivement.

Comme je l'exposerai plus loin, il n'est pas prouvé que l'allongement du temps de travail a des bénéfices en termes d'efficacité. En fait, tout semble suggérer que la loi des rendements décroissants s'applique à mesure que nos horaires augmentent, et que l'une de ses premières conséquences est une déperdition en termes de créativité. À force d'épuisement, nous atteignons ce que les psychologues appellent un état d'« affect négatif ». Et, avant tout, cela peut faire passer notre travail de quelque chose qu'on aime à une activité qu'on déteste. Les scientifiques ont établi que, si nous ne sommes pas dans un état personnel de profond bien-être, nous nous mettons à détester notre travail. En même temps qu'elle nous épuise, la connectivité nous rend malheureux. La moitié des

---

7 En France, 68 % des travailleurs ont des journées qui varient de 7,6 à 10,4 heures, d'après l'étude menée par *L'Express* (N.D.E.).

personnes qui consultent leurs e-mails en dehors des heures de bureau présente de hauts niveaux de stress, affirment des chercheurs qui ont analysé les doses de cortisol dans leur salive.

La seconde tendance – pardon, *mégatendance* – est l'intelligence artificielle.

L'avènement des robots est une perspective inquiétante – en grande partie parce que personne ne sait vraiment où il mène. Il semble évident que l'automation aura un impact crucial sur de nombreux emplois sous-payés. Mais, dans la mesure où l'intelligence artificielle est idéale pour effectuer des tâches répétitives, elle pourrait bien avoir des effets perturbateurs plus vastes. Les professions de la branche juridique figurent parmi celles qu'on estime les plus menacées. Pourquoi ? Il se trouve que, dans le droit, une grande partie du travail consiste à étudier des documents pour tenter de repérer des précédents dans des affaires antérieures. Autrement dit, procéder à une « reconnaissance de formes », une besogne que les ordinateurs savent effectuer de façon très rapide et efficace. Ainsi, bien que les professions juridiques semblent actuellement très attirantes, de nombreuses prévisions suggèrent que près de la moitié des métiers de ce secteur est amenée à disparaître à moyen terme. Bientôt, c'est un logiciel qui déterminera si « tel procès ressemble à tel autre procès qui a obtenu telle issue ».

Mais tout le monde n'est pas aussi pessimiste. Matthew Taylor, le PDG de la Royal Society of Arts, à qui la Première ministre Theresa May a demandé d'établir un rapport sur l'avenir de l'emploi, m'a confié : « Après analyse, il semble que la disparition croissante des boutiques de détail au profit de la vente en ligne ait contribué à créer des emplois. Certes, moins de personnes travaillent actuellement en magasin, mais l'augmentation du nombre d'employés dans les entrepôts ou affectés à la livraison a largement compensé la diminution de la main-d'œuvre dans le commerce de détail ». Néanmoins, il est difficile d'ignorer complètement les prévisions selon lesquelles la robotique met en danger les emplois actuellement payés moins de 30 livres l'heure (environ 33 euros l'heure).

Alors, quels sont les emplois qui peuvent perdurer ? De manière générale, plus une tâche est répétitive, plus il est aisé de substituer une machine à un être humain. Nous devons prendre conscience que les postes les plus difficiles à remplacer sont probablement ceux qui recourent à la matière grise afin de résoudre une foule de problèmes imprévisibles – autrement dit, des emplois occupés par des personnes qui doivent formuler des hypothèses permanentes : et si on essayait ceci ? Et si on utilisait un conditionnement différent ? C'est de la créativité au quotidien. De l'invention, de l'intelligence, de la réflexion – toutes choses que l'intelligence artificielle est moins susceptible de remplacer à court terme.

Cette mégatendance à la connectivité a une conséquence méconnue : le travail nous grille le cerveau. Si, aujourd'hui, la vie en général nous semble plus anxiogène, c'est parce que le travail, qui constitue l'essentiel de cette vie, est lui-même plus stressant. Certes, la pénibilité du travail n'est pas une notion nouvelle, mais les précédentes générations n'ont pas eu à subir l'absence de séparation entre travail et vie familiale, ni le besoin épuisant de vérifier, une fois de plus, si quelqu'un au bureau avait besoin de nous.

Le problème est le suivant : si nous voulons survivre aux conséquences de l'intelligence artificielle, il nous faut encourager des formes de travail plus créatives. Malheureusement, cette connectivité constante nous impose une telle pression et un tel stress qu'il est de plus en plus ardu de rester dans un état d'esprit créatif. Nous sommes soumis à une double contrainte. Comme je l'ai mentionné plus haut, les scientifiques décrivent parfois cet état comme un « affect négatif ». Dans ce livre, je vais vous montrer comment cinquante ans de recherches scientifiques ont révélé les inconvénients de l'affect négatif et les avantages de l'affect positif.

Tout semble indiquer que la capacité à changer et à améliorer la situation nous incombe. Nous sommes peu à être le chef sur notre lieu de travail. Même si nous dirigeons quelques personnes, la plupart des décisions organisationnelles sont prises par la haute direction. Malgré cela, nous pouvons intervenir sur notre propre bien-être et sur la manière dont nous interagissons au sein de notre équipe. Ce livre s'adresse à toute personne se trouvant dans ce cas de figure. Que vous soyez votre propre manager, ou que votre unique marge de manœuvre, en termes de réformes, soit de visionner une conférence TED sur le sujet en compagnie de votre équipe, vous êtes à même d'apporter des changements dans votre vie et celle de votre entourage.

Comment (re)tomber amoureux de son travail est composé de trois sections qui, ensemble, vous permettront de créer un meilleur environnement de travail. Toutefois, j'ai fait en sorte que chacune d'elles fonctionne de manière indépendante.

Les recharges – la première partie est consacrée aux façons d'emmagasiner notre propre énergie. Comment recharger les batteries à bloc ? Quelles sont les astuces qui rendent le travail plus gérable ? Comment passer de l'affect négatif à l'affect positif ?

La synchro – dans cette deuxième partie, je m'inspirerai de recherches scientifiques révolutionnaires pour vous proposer différentes façons d'insuffler confiance et cohésion à votre équipe. Je pars du principe que vous n'êtes pas tout-puissant – que vous ne pouvez pas imposer leur conduite à vos collègues. Mais votre patron ne sait pas forcément comment améliorer la situation. Les PDG ne lisent pas ce genre de livres, ils préfèrent s'inscrire à des formations qui coûtent des milliers d'euros. En revanche, j'ai vu des dizaines d'équipes qui fonctionnaient mieux parce qu'un seul de ses membres était motivé, qu'il avait une vision et s'était judicieusement documenté.

Le buzz – cette section est consacrée à la panacée du travail en équipe : une culture particulièrement stimulante – ce que j'appelle le *buzz*. Les éléments scientifiques les plus passionnants que j'évoquerai dans les parties 2 et 3 proviennent du Massachusetts Institute of Technology de Boston où un chercheur particulièrement inspiré a ouvert la voie en montrant que les équipes les plus efficaces ne se contentent pas de ronronner : elles vibrent de façon mesurable. Quelles leçons pouvons-nous en tirer pour stimuler la créativité, l'énergie et la réussite au travail ? Comment donner du buzz à une équipe ?

Le chercheur inspiré auquel je fais référence est le professeur Sandy Pentland. Jusqu'à ce qu'il intervienne, l'étude des différentes situations au travail consistait principalement à simuler celles-ci – de façon approximative – en laboratoire. Pentland a tourné le dos à cette manière de faire qu'il jugeait artificielle. À la place, lui et son équipe ont créé un « audimètre » – un petit capteur sociométrique qu'on accroche à son cou et qui intègre un badge d'entreprise comportant l'identité de son détenteur. Comme il est courant de porter ce genre d'accessoire pour entrer et sortir du bureau, aucune des personnes testées n'a eu à modifier son comportement. Le badge amélioré de Pentland a permis d'étudier ce qui se passe vraiment au travail, ce que font réellement les employés, et l'impact véritable de leurs décisions sur leur entourage. Grâce à ce même objet, il a également pu mettre en lumière ce qui ne fonctionne pas. Ses découvertes devraient nous permettre de redéfinir, dans le cadre professionnel, les comportements recommandés et ceux à éviter. Attention, les e-mails n'ont pratiquement aucune influence sur l'augmentation de la productivité.

Grâce à ce genre d'études, nous trouverons une façon de redonner du buzz à votre équipe. Choisissez un chapitre. Lisez-le, testez-le, apportez-le en réunion, prêtez-le à un ami. Vous verrez que nous sommes tous capables de rendre le travail plus agréable.

Au boulot ! Il est temps de redécouvrir le plaisir au travail.

– 1 –

LES RECHARGES

Douze actions performantes pour rendre le travail moins pénible

INTRODUCTION

Pourquoi se recharger ?

Alexandra Michel, ancienne banquière devenue chercheuse, a passé neuf ans à étudier le comportement de banquiers d'investissement à mesure qu'ils grimpaient les échelons dans le monde magique de la finance.

Les banques d'investissement ne sont pas réputées pour l'amour et l'attention qu'elles prodiguent à leurs équipes dans le cadre de leur travail. Pendant des décennies, un accord tacite a prévalu selon lequel les débutants devaient trimer quinze heures d'affilée – de 8 heures du matin à 11 heures du soir – en échange de la possibilité d'entrer dans le cercle béni des 0,1 % des super-riches. En 2015, Goldman Sachs a révélé que le salaire moyen pratiqué dans ses agences au Royaume-Uni était d'un million de livres (soit presque 1,2 million d'euros) – et comme ce chiffre inclut les employés de moindre niveau comme les secrétaires, le salaire moyen des banquiers eux-mêmes était encore plus élevé. Pour les mieux rémunérés, ce chiffre était facilement multiplié par quatre ou cinq. Les cadres qui travaillent quinze heures par jour au début de leur carrière ne gagnent peut-être qu'une part minime du gâteau, mais l'espoir de décrocher un jour le jackpot est suffisamment motivant pour les faire renoncer pendant quelques années au sommeil et à la vie privée.

Même si nous sommes peu nombreux à devoir subir de tels horaires, nous pouvons en apprendre beaucoup rien qu'en observant leurs conséquences sur le corps de ces banquiers.

À partir de là, nous sommes capables de déterminer les points de pression auxquels nous sommes nous-mêmes soumis.

L'étude menée par Alexandra Michel montre que le surmenage au travail a presque toujours un impact physique – perte ou prise de poids importante, chute de cheveux due au stress, crises de panique et insomnies. Au bout de trois ou quatre ans de ce régime, la santé peut être gravement affectée, avec l'apparition de diabète, de troubles cardiaques, hormonaux et immunitaires, même de cancers.

Souvent, les conséquences de ce surmenage sautent aux yeux : « Elle n'arrive pas à garder les yeux ouverts », a déclaré un client en observant l'une des employées.

Les retombées psychologiques s'avèrent tout aussi radicales : dépendance (aux médicaments, à la boisson, à la pornographie), perte d'empathie, dépression et angoisse. De fait, les effets corporels et mentaux sont inextricablement liés : l'épuisement crée un déficit physique que le corps s'efforce de combler au travers d'addictions mentales. « Je suis la personne la plus disciplinée du monde. Mais, parfois, j'ai l'impression que c'est mon corps qui mène la danse et qu'il me fait faire des choses dont j'ai honte, mais je ne peux pas m'en empêcher. Je suis désespéré », confie un professionnel de la finance. Une autre victime de ce type de dépendance ajoute : « Parfois, quand je me réveille le matin en me rappelant ce que j'ai fait la veille, je regrette que ce ne soit pas juste un mauvais rêve, et tout ce que je souhaite, c'est de pouvoir affronter la journée sans que mon corps reprenne le dessus sur mon mental. » Toujours dans le secteur bancaire, un autre témoin explique que le fait d'obliger son corps à se plier aux exigences de son emploi a des conséquences physiques : « Inconsciemment, je faisais tout mon possible pour anesthésier mon corps pour qu'il ne devienne pas une entrave dans mon travail. »

Michel en a conclu qu'au bout du compte, tous ces banquiers se transformaient en une version corrompue d'eux-mêmes. « Je me suis précipité en direction du taxi », se souvient l'un d'entre eux, « mais la portière était verrouillée. Le chauffeur voulait l'ouvrir, mais il n'y arrivait pas parce que je n'arrêtais pas de m'escrimer sur la poignée. Ça m'a mis dans un tel état de rage que je me suis mis à taper sur les vitres comme un fou en insultant ce pauvre type. » Un directeur de banque s'est confié à Michel : « Quand on perd le lien avec son corps, mais aussi l'autocompassion et le respect de soi, on fait peu de cas des autres. Quand ils sont au bout du rouleau, les financiers deviennent de véritables cannibales. » De façon alarmante, on constate donc que le surmenage physique affecte également le sens moral. Et, bien sûr, ce rythme effréné finit par éteindre toute étincelle de créativité : « À une époque, je me sentais vivante, et les idées me venaient facilement. Aujourd'hui, j'ai beaucoup de mal à en trouver et, souvent, elles ne sont guère originales », confesse avec regret une employée.

Comme on peut s'y attendre, ces charges de travail inhumaines font de nombreuses victimes dans le secteur bancaire. *Jeter après usage*. Pour les grandes firmes, le renouvellement des stocks de « chair fraîche » fait partie du processus. La compassion n'est pas de mise quand le turnover est aussi rapide. Et, après tout, ce n'est pas nouveau : dans la finance, ce genre de pratiques est monnaie courante depuis des décennies. Pendant longtemps, l'excès faisait la règle – de fait, c'était un passage obligé pour mériter sa place au sein de la constellation des gros salaires. En août 2013, Moritz Erhardt, un jeune homme de 21 ans, stagiaire dans le service d'investissement de la Bank of America Merrill Lynch (BAML), est décédé des suites d'une crise d'épilepsie. Des collègues ont alors révélé qu'il venait de passer trois jours sans dormir[8].

Après ce drame, les choses ont heureusement commencé à changer et on a assisté à un effort collectif pour améliorer la culture du travail dans la finance. À l'automne 2013, la direction de Goldman Sachs a demandé à ses dernières recrues de renoncer à leurs mauvaises habitudes : « Par pitié, ne travaillez pas le samedi », a-t-elle imploré avec une compassion toute neuve, recommandant par ailleurs aux cadres de se limiter à des semaines de soixante-dix ou soixante-quinze heures. Cette « règle du samedi » a ensuite évolué pour décréter que, de 21 heures le vendredi soir et jusqu'au dimanche matin, les employés ne devaient pas venir au bureau. Dans la foulée, le Crédit Suisse a également institué cette règle et la Bank of America Merrill Lynch a suggéré à ses salariés de ne pas travailler plus de vingt-six jours par mois. Ici, mes collègues américains marqueraient une pause pour « chercher l'erreur ». De toute évidence, le problème soulève de multiples questions. Sommes-nous censés pleurer sur le sort de ces aspirants millionnaires ? Ou bien applaudir la prise de conscience larmoyante des patrons de la finance ? Dans un cas comme dans l'autre, les excès de ce secteur nous révèlent une version extrême de ce qui se produit dans notre propre milieu professionnel.

Votre semaine de travail est, fort probablement, plus courte que celle des banquiers, mais, si trois ou quatre ans de ce régime infernal suffisent à ceux-ci pour souffrir de troubles parfois

8 Voir article dans *L'OBS* [en ligne], 1er mai 2014. Disponible sur : https://www.nouvelobs.com/societe/20140430.OBS5724/stagiaire-a-la-city-a-21-ans-il-est-mort-d-avoir-trop-travaille.html [N.D.T.]

irréversibles, on peut en déduire que le stress lié à notre propre travail possède également un impact, même s'il nous affecte moins vite. Comme les banquiers, nous faisons semblant d'aller bien. Nous n'en sommes pas encore au stade du cannibalisme, mais les premiers symptômes sont là, bien reconnaissables.

Une épidémie de burn-out est en train de ravager le monde. Bien entendu, de nombreux employeurs peu scrupuleux cherchent à se soustraire aux efforts qui permettraient d'éviter le surmenage de leurs salariés. Comme la finance, des secteurs entiers reposent sur une main-d'œuvre « jetable ». Ils embauchent de jeunes diplômés aux dents longues, les font trimer quinze heures par jour, puis les remplacent dès qu'ils craquent. Ils sont exploités jusqu'à l'épuisement, puis évincés pour être remplacés par de nouvelles recrues.

Mais si ces journées à rallonge existent depuis des générations dans certains secteurs d'activité, pourquoi leurs conséquences dramatiques ne sont-elles visibles que maintenant ? La réponse est simple : actuellement, nous sommes constamment connectés à nos téléphones[9]. Oui, les banquiers ont toujours passé énormément de temps derrière leur bureau, mais, avant l'avènement des portables, durant les sept petites heures où ils ne s'y trouvaient pas, ils laissaient véritablement le travail derrière eux. Aujourd'hui, même ce bref répit a disparu. Il est devenu impossible d'échapper à son travail. Face à cette mutation, on assiste à l'effondrement imminent de pratiques vieilles de plusieurs générations. Les secteurs bâtis sur la

---

9 Oui, j'ai personnellement passé plus de dix ans à travailler pour des marques technologiques comme YouTube, Twitter et Google, mais je n'essaie pas pour autant de vous dire qu'être *constamment* sur votre téléphone est une bonne chose, pas plus qu'un employé de McDonald ne chercherait à vous convaincre de manger des burgers à tous les repas.

main-d'œuvre jetable s'aperçoivent à présent qu'ils ont amené trop de leurs futures étoiles à s'éteindre.

L'état du travail moderne est tel que, d'étude en étude, on constate que plus de la moitié des salariés se déclare épuisée ou en situation de burn-out[10].

Une autre des tendances observées ces dernières années est l'isolement au travail. Des chercheurs ont découvert que, parallèlement à l'augmentation de l'épuisement, le sentiment d'isolement s'est lui aussi accru de façon spectaculaire[11]. Les employés arrivent au bureau, souvent pour s'asseoir au milieu d'un océan de fauteuils –, et tout ça pour se sentir seuls. Selon un récent sondage, 42 % des salariés britanniques n'ont pas un seul ami au travail[12]. Il s'agit d'un constat inédit. Historiquement, les personnes qui travaillent étaient plus heureuses et plus épanouies que celles au chômage. Par le passé, notre travail, quel qu'il soit, insufflait du sens et de la camaraderie dans notre vie.

Par quelque merveilleux caprice du temps, nous nous sommes soudain tous réveillés dans une ère où règnent les technologies les plus avancées. Si nous avons manqué une émission hier soir à la télé, nous pouvons la visionner sur notre portable dans le bus qui nous mène au bureau. L'appareil qui se niche dans notre poche nous permet de parler à n'importe qui partout sur la planète. À l'époque où cet

10 Une étude YouGov de 2015 révèle que 51 % des personnes interrogées se déclarent en état de burn-out ou d'épuisement. Un autre sondage, réalisé par Community Care, affirme que 73 % des assistants sociaux avaient le même sentiment. Une étude menée par Capital.fr révèle que 18 % des Français ont été victimes de burn-out et 79 % sont en fatigue nerveuse.

11 Des statistiques américaines montrent que l'épuisement a augmenté de 32 % au cours des vingt dernières années – jusqu'à toucher 50 % de la main d'œuvre.

12 En France, 93 % des personnes estiment que l'entreprise est un lieu où l'on se fait des amis. Néanmoins, 76 % d'entre eux avouent que « l'amitié au travail permet de gérer des situations difficiles ou de "faire passer" des décisions » Lefigaro.fr (N.D.E.).

avenir était encore une utopie, nous ne nous imaginions pas transformés en zombies titubant vers la pointeuse à la fin des journées de travail ; nous rêvions de robots majordomes qui nous servaient des boissons fraîches pendant que nous paressions au soleil.

Le scénario a mal tourné et le seul moyen de remédier à ce fiasco, c'est de l'analyser en détail.

Ce chapitre va vous entraîner dans un processus de guérison. Il expose un ensemble de changements destinés à vous faire retrouver le plaisir au travail – et à vous aider à le redonner à l'ensemble de vos collègues. Il regorge de récentes études scientifiques que vous pourrez partager avec votre patron et les membres de votre équipe pour proposer des moyens d'améliorer vos conditions de travail. Considérez-les comme des boosters de performance qui ont fait leurs preuves. Tous ces changements ont été testés : ils accroissent la productivité, la créativité et le plaisir au travail.

Au cours des quinze dernières années, il s'est produit des avancées incroyables dans notre compréhension du travail. Grâce aux neurosciences, à l'économie comportementale et à l'avènement de la *people analytics* – l'analyse des talents ou des effectifs –, nous n'avons jamais été aussi conscients des effets que le travail produit sur nous, et des actions à engager pour améliorer notre environnement professionnel. Vous trouverez ici de nombreuses suggestions efficaces, des idées qui transformeront véritablement votre relation au travail – et qui, par conséquent, vous rendront plus heureux.

Par le passé, travailler était beaucoup plus amusant qu'aujourd'hui. Mais tout n'est pas perdu. Nous devons accepter le fait que ce qu'on attend de nous a changé et nous adapter à ces exigences.

RECHARGE 1 : UNE MATINÉE EN MODE SOLITAIRE

À quoi ressemble votre bureau ? Il y a de fortes chances pour qu'il s'agisse d'un open space. Le seul débat concernant l'aménagement des bureaux est désormais le suivant : quel *genre* d'open space allez-vous mettre en place ? En général, tout converge vers une discussion destinée à déterminer si votre supérieur aura son propre bureau ou bien un espace devant une « salle de réunion » dans laquelle il finira par s'installer.

Le patron de Google a un bureau. Le patron de Facebook travaille devant une salle de réunion. Celui de Netflix n'a pas de bureau. Celui de Gap en a un (mais sans table de travail, ce qui laisse rêveur). Le comportement des patrons reflète ici deux facteurs : le désir de paraître en lien avec leur équipe et une lutte permanente pour que tout se fasse en bureaux open space.

Les bureaux fermés ont disparu à mesure que le travail devenait moins formel et que le port de la cravate n'était plus exigé – nous avions désormais le droit d'être un peu plus proches de la personne que nous sommes vraiment. Pour beaucoup, les bureaux fermés constituaient une relique de la hiérarchie. L'absence de couloirs et d'espaces délimités implique que l'entreprise encourage l'organisation horizontale sans s'encombrer des divers niveaux de management.

Bien entendu, si les open spaces sont devenus aussi populaires, c'est également parce qu'ils sont très, très bon marché. Quand les loyers sont élevés, l'une des économies les plus évidentes consiste à supprimer les cloisons. Selon un journaliste du *Financial Times*, le coût des espaces de travail à Londres en 2017 était d'environ 16 000 euros par open space, et les bureaux personnels étaient encore plus chers[13]. Voilà comment les cloisons ont disparu, cédant la place à de grands espaces ouverts. Pour beaucoup, ils étaient esthétiques et élégants. Le surcroît d'espace permet en effet d'accrocher des œuvres d'art aux murs ou de mieux décorer les lieux. La lumière naturelle circule mieux.

Et, selon ses partisans, l'open space améliore l'environnement de travail – il favorise les rencontres impromptues et fructueuses, et on peut s'échanger de merveilleux traits de génie d'un bureau à l'autre. John Ive, grand ponte du design chez Apple, a décrit sa vision des nouveaux locaux de l'entreprise en Californie, censés accueillir 13 000 employés ; pour lui, c'est un « manifeste pour l'ouverture et la liberté de mouvement ». Lors d'un entretien pour le magazine *Wired*[14], il a déclaré : « L'objectif est de construire un bâtiment où tous ces gens peuvent interagir, collaborer, déambuler et échanger ».

Le seul problème, dans cette vision utopique, c'est qu'elle est erronée. Les bureaux en open space ont fait l'objet de multiples études et la conclusion est toujours la même : en termes de productivité, c'est un désastre. Penchons-nous sur une enquête menée au sein d'une société pétrolière. « Le psychologue a mesuré le niveau de satisfaction des employés ainsi que leur niveau de stress, leur performance et les relations interpersonnelles avant le passage à l'open space, quatre semaines

---

13 Des études sur le coût des bureaux estiment que les open space permettent aux entreprises de faire minimum 10 % d'économie et jusqu'à 40 % à Paris et les grandes villes (N. D.E.).

14 Magazine californien qui traite de l'incidence de la technologie sur différents domaines, culturel, économique et politique. (N.D.E)

après cette transition et, enfin, six mois plus tard », explique le préambule à cette étude. Les découvertes n'ont guère été encourageantes : « Les employés souffrent sous tous rapports : le nouvel espace est perturbant, stressant et pesant et, au lieu de se sentir plus proches, les employés éprouvent une distanciation, de l'insatisfaction et de la rancœur. La productivité a baissé. » Selon une étude réalisée dans une autre entreprise, il a été démontré que, lors du passage à l'open space, le nombre d'e-mails échangés entre salariés a augmenté de 56 % en même temps que les interactions directes baissaient d'un tiers. Des recherches néo-zélandaises ont montré que, non seulement les bureaux en open space accroissaient la pression sur les travailleurs, mais qu'ils exacerbaient en outre les inimitiés – peut-être parce que les employés se sentaient frustrés de ne pas pouvoir faire correctement leur travail.

En présentant son open space de rêve à Apple, John Ive l'a décrit en des termes exaltants. Pourtant, à cette occasion, beaucoup des employés présents ont contesté sa vision. De fait, selon le *Silicon Valley Business Journal*, certains des ingénieurs les plus haut placés ont choisi d'aller travailler dans des bâtiments séparés. En d'autres termes, explique le journal, le bruit et la distraction occasionnés par l'open space n'étaient pas adaptés à la manière dont les équipes d'Apple créaient leurs célèbres produits.

Nous manquons singulièrement d'éléments en faveur de l'open space. Les personnes qui travaillent dans cette configuration posent beaucoup plus de congés maladie que celles qui officient dans des bureaux partagés avec quelques collègues (moins de six). Selon un rapport, les sources de distraction générées par l'open space sont telles qu'un travailleur est interrompu toutes les trois minutes : par les questions de ses collègues, par des conversations alentour, sans compter les multiples perturbations liées à la vie de bureau des temps modernes. Les experts affirmant qu'il faut parfois jusqu'à huit minutes pour retrouver sa concentration, le temps de travail perdu est donc considérable (certains ont même avancé que le temps nécessaire pour retrouver une concentration optimale pouvait monter jusqu'à vingt minutes). Le fait est que l'être humain n'est pas doué pour passer rapidement d'un sujet d'attention à l'autre. Une étude consacrée aux développeurs informatiques a montré que si un ingénieur travaille simultanément sur cinq projets, il perd 75 % de son temps à commuter mentalement de l'un à l'autre – ce qui ne lui laisse que 5 % d'attention à consacrer à chacun d'entre eux.

Nombre de projets simultanés	**Perte liée au changement de contexte**	**Pourcentage de temps résiduel disponible par projet**
1	0 %	100 %
2	20 %	40 %
3	40 %	20 %
4	60 %	10 %
5	75 %	5 %

Sophie Leroy, professeure en école de commerce, nous décrit ce phénomène : « La personne est obligée de cesser de penser à une tâche en particulier pour assurer pleinement le transfert de son attention et être efficace dans une autre », explique-t-elle. Pourtant, les recherches indiquent qu'il est difficile de détacher son attention d'un projet inachevé, et que ce transfert se fait au détriment de la tâche suivante. Selon Sophie Leroy, quand nous passons d'un travail – répondre à un mail, par exemple – à un autre – rédiger un rapport –, il existe un « résidu d'attention ». Nous continuons de penser au contenu de notre mail ou de nous demander à quel moment notre supérieur va y répondre. En définitive, nous mettons davantage de temps à effectuer un travail moins approfondi. Certains scientifiques sont allés jusqu'à suggérer que, lorsque nous sommes mentalement en mode multitâche, notre QI baisse de 10 points – à bien des égards, nous pouvons même donner l'impression d'être en état d'ébriété.

Les interruptions et distractions permanentes nous donnent aussi le sentiment d'abattre moins de travail. Tout ceci a un impact significatif sur l'appréhension que nous avons de notre valeur personnelle. La psychologue Teresa Amabile, qui a beaucoup étudié le sujet, a déterminé qu'au travail, les gens sont satisfaits lorsqu'ils sont certains d'avoir *progressé*. Et donc, non en répondant à une montagne d'e-mails, mais en se concentrant sur une seule tâche. C'est ce que le psychologue hongro-américain Mihály Csíkszentmihályi décrit comme un « flux ». Selon les termes de Csíkszentmihályi, ce flux consiste à « s'immerger complètement dans une activité à part entière. L'ego disparaît. Le temps file. Chaque action, chaque geste et chaque pensée découlent inévitablement des précédents, comme quand on joue du jazz. Chaque parcelle de votre être est impliquée et vous utilisez vos compétences de façon optimale ».

Teresa Amabile note que ces moments de « flux » ne doivent pas nécessairement être de longue durée. Souvent, les bénéfices apparaissent au terme de courtes périodes de concentration. En se plongeant dans plus de 9 000 journaux de travail qu'elle a demandé à des volontaires de tenir, elle et son équipe ont découvert que, pour les participants de l'étude, les journées les plus satisfaisantes étaient forcément celles où ils avaient accompli des progrès significatifs sur un projet en cours. Des journées où ils trouvaient un moment d'espace mental – généralement solitaire – où les idées prenaient enfin racine. Comme le rapporte l'un des participants à l'étude, « L'événement de la journée, c'est que j'ai pu me concentrer sur le projet en cours sans être interrompu. [Auparavant], les distractions étaient si nombreuses que je n'arrivais à rien. Pour finir, je suis allé discrètement m'installer dans une pièce isolée pour pouvoir avancer ». L'absence de distraction mène au calme, le calme mène au flux, le flux mène au progrès et le progrès mène au plaisir.

Tout ceci semble aller à l'encontre de ce qu'on nous raconte souvent ces temps-ci : que tout est dans l'effort collectif et le travail d'équipe. Certes, c'est bel et bien le cas à un moment donné et les discussions de groupe peuvent être productives dans les espaces ouverts qui leur sont dédiés. Néanmoins, nous fournissons généralement un travail plus efficace quand nous sommes isolés. S'il vous arrive de dire « Je n'avance pas dans mon travail » ou « J'arrive au bureau avant tout le monde pour pouvoir avancer », alors vous reconnaissez tacitement cet état de fait.

L'auteur et universitaire Cal Newport possède son propre terme pour décrire les implications de ce flux : le « travail profond », qu'il définit comme « une somme d'activités professionnelles effectuées dans un état de concentration absolue qui pousse les capacités cognitives à ses limites ». Pour atteindre cet état, il propose des solutions pratiques : « Je me suis mis à rencontrer davantage d'entrepreneurs », m'a-t-il expliqué, « surtout des PDG de petites start-up, qui appliquent ce que j'appelle le mode "matinée solitaire" : ils informent leur entourage qu'ils ne seront joignables qu'à partir de 11 heures ou midi et que, jusque-là, ils ne participeront à aucune réunion et ne répondront à aucun mail ou appel téléphonique. Ce type d'organisation s'inscrit dans l'idée que la première partie de la journée est *le temps de la profondeur*. Quant à la seconde partie, elle est consacrée à d'autres activités. » Cette approche entre en résonance avec une recommandation de Teresa Amabile selon laquelle nous devons adopter un modèle de travail mixte – un mélange d'isolement paisible et de sociabilisation. Selon Amabile, pour être professionnellement efficace, « il faut protéger de manière intransigeante les parties de la semaine de travail durant lesquelles le personnel est tenu à l'écart des distractions et interruptions qui constituent la norme de la vie organisationnelle ».

Et si vous vous y mettiez, vous aussi ? Pourquoi ne pas dire à votre équipe que le mercredi et le vendredi, par exemple, vous n'arriverez au bureau qu'à 11 heures et qu'avant cela, vous travaillerez chez vous ? L'un de mes collègues chez Twitter à Londres a mis en place sa propre version du mode matinée solitaire. David Wielding doit subir chaque jour quatre heures de transport – deux à l'aller, deux au retour – pour se rendre au travail et en revenir. Il a décidé que prendre le train pour Londres à l'heure de pointe était une perte de temps : les places assises avec tablette sont rarissimes et, la plupart du temps, il se retrouve debout, coincé entre les autres voyageurs. Aussi, il a choisi d'emprunter un train partant un peu plus tard, et donc beaucoup moins fréquenté. Là, il peut s'asseoir et poser son ordinateur et (grâce au fabuleux wifi de South Western Railways[15]) se concentrer sur des projets plus exigeants que

15 Société d'exploitation ferroviaire britannique [N.D.T.].

le traitement de ses e-mails ou des discussions rapides entre collègues. Certes, ces jours-là, il n'est pas au bureau à 9 h 30, mais quand il arrive, sa matinée solitaire lui a permis d'effectuer au minimum une heure de travail profond.

Publicitaire de renom et vice-président d'Ogilvy, Rory Sutherland va encore plus loin. Selon lui, il est inutile de venir au bureau pour répondre à ses e-mails. Nous ne devrions nous rendre au travail que pour discuter et rencontrer d'autres personnes. Il affirme qu'auparavant, « il fallait venir au boulot pour faire une photocopie, faire signer un document, présenter un exposé, envoyer un télex, voire passer un coup de fil à l'étranger – impossible d'y échapper, parce que ça coûtait 29 £ (33 € environ) et qu'on n'avait pas de facture détaillée à la maison. Par conséquent, le bureau remplissait une multitude de fonctions. Et, une fois qu'on avait quitté le bureau, il y avait une limite au travail qu'on pouvait effectuer – à moins de se contenter d'un stylo, d'un papier, et de ses capacités de réflexion ». Aujourd'hui, cependant, « 90 % des éléments qui constituent notre espace de travail sont disponibles à la maison pour peu qu'on ait une connexion internet correcte. La question se pose donc : à quoi sert le bureau, désormais ? » Selon Rory Sutherland, si l'on souhaite être aussi productif et engagé que possible, inutile de venir au bureau si c'est simplement pour rester assis devant son ordinateur et traiter son courrier électronique. Si l'on vient sur son lieu de travail, c'est pour rencontrer d'autres personnes – soit de manière planifiée, soit par hasard. « Le problème qui continue à me sauter aux yeux », ajoute-t-il, « c'est que, lorsqu'on échange par mails, on ne peut pas rencontrer les gens par hasard, c'est un comportement fondamentalement antisocial. »

Si le secret du bonheur et de l'épanouissement au travail réside dans le sentiment d'être efficace, alors essayez, vous et vos collègues, d'instituer une ou deux matinées en mode solitaire chaque semaine. Pourquoi ne pas le suggérer à votre équipe ?

POUR ALLER PLUS LOIN :

- Pensez à la dernière fois que vous avez mené un projet à terme dans des conditions satisfaisantes. Existe-t-il un moyen de recréer les mêmes conditions pour la tâche suivante ? Qu'auriez-vous besoin de décliner, d'annuler ou de déplacer pour disposer de trois heures de travail ininterrompues deux fois par semaine ?
- La plupart des gens estiment que le mode solitaire fonctionne mieux le matin, mais peut-être que dans votre cas, il sera plus efficace l'après-midi.
- Quand vous êtes en mode solitaire, tâchez d'éviter les distractions et les interruptions. Autrement dit, mettez votre téléphone en mode silencieux et déconnectez-vous de votre messagerie électronique.
- Gardez la trace du travail effectué en mode solitaire. Cela sera peut-être utile si vous devez convaincre ceux qui rechignent à tester cette méthode.
- Si vous vous apercevez que cette nouvelle approche ne fonctionne pas, mettez-la en œuvre d'autres jours de la semaine, à des moments différents de la journée.

RECHARGE 2 : DES RÉUNIONS AMBULATOIRES

Lorsqu'on est assis derrière son bureau ou enfermé dans une salle de réunion, en train de se creuser la cervelle pour trouver des idées, il peut sembler contre-productif de se lever de sa chaise pour aller se promener. Après tout, quand on est débordé de travail, faire une pause n'arrange pas les choses, au contraire : en définitive, on se retrouve avec autant de boulot et encore moins de temps pour le faire.

Pourtant, lorsqu'on fait circuler le sang dans son corps, il se produit quelque chose de magique. Et, pour beaucoup d'entre nous, se promener constitue l'une des meilleures façons de libérer sa pensée et de mobiliser ses synapses créatives. Comme l'affirme J. K. Rowling, « Rien de tel qu'une balade en pleine nuit pour faire le plein d'idées ». Un autre écrivain, Charles Dickens – auteur prolifique de quinze romans et de centaines de nouvelles, et éditeur d'un magazine hebdomadaire – travaillait en séquences quotidiennes intenses de cinq heures, de 9 heures du matin à 2 heures de l'après-midi, puis, une fois achevée sa version du travail profond, il effectuait une marche de quinze à vingt kilomètres. « Sans cela, impossible de rester sain », déclarait-il. C'est peut-être le philosophe Søren Kierkegaard qui a le mieux exprimé cet état de fait : « C'est en marchant que mes meilleures pensées me sont venues », écrit-il, « et je ne connais aucune pensée si lourde qu'on ne puisse la chasser en marchant ».

Pour autant, existe-t-il des preuves scientifiques de ce phénomène ? C'est une question que se sont posée Marily

Oppezzo et Daniel Schwartz, de l'université de Stanford. Au cours de leurs recherches, ils ont eu recours à une série de tests de créativité reconnus – comme celui des « usages alternatifs » dans lequel on remet un objet à un sujet en lui demandant de proposer des façons imaginatives, mais adéquates de l'utiliser (par exemple, quand on a montré une clé à un volontaire qui, inspiré par sa forme évoquant vaguement un œil, a déclaré qu'elle pouvait être utilisée comme troisième œil, sa proposition n'a pas été considérée comme une application « adéquate » ; en revanche, l'idée, émise par un autre sujet, qu'une victime à l'agonie puisse utiliser cette clé pour graver le nom de son assassin dans le sol a été retenue, même si elle a suscité quelques coups d'œil inquiets de la part des autres cobayes de l'expérience). Ces tests ont été appliqués de différentes manières : sur des personnes assises, puis en marche ; en marche, puis assises ; simplement en marche ou simplement assises.

Oppezzo et Schwartz ont alors découvert que marcher déclenchait un accroissement très significatif de la réflexion créative : 81 % des participants ont vu leur score de propositions augmenter quand ils marchaient au lieu d'être assis (l'augmentation moyenne étant de 60 %). Selon les chercheurs, ce mécanisme s'explique par le fait que l'exercice aérobique pendant (ou avant) la réflexion créative avait sur celle-ci un effet énergisant. Quand il s'agit de libérer les idées, marcher est très efficace, même si ce n'est pas la façon la plus efficace de résoudre des problèmes complexes de logique. Selon les termes de ces scientifiques, marcher n'est peut-être pas bon pour la réflexion convergente (autrement dit, trouver sans détour la réponse « correcte », standard, à une question), mais c'est un outil efficace pour la réflexion divergente (fournir des idées neuves et imaginatives). Mieux encore, cette efficacité perdure. Les volontaires qui sont allés marcher avant d'avoir besoin d'exercer leur créativité ont obtenu de meilleurs scores aux tests que ceux qui sont restés assis.

Les *lieux* de promenade entrent également en ligne de compte. Une autre étude, publiée en 2012, montre qu'une promenade de cinquante minutes au grand air aide à la concentration : déambuler dans un décor naturel a un effet purifiant et nous permet, par la suite, de nous rasseoir l'esprit bien dégagé.

Mais il ne s'agit pas seulement de trouver des idées productives. Les promenades constituent aussi une façon de se réunir. Chris Baréz-Brown, qui dirige une société d'entraînement au management appelée Upping Your Elvis, s'est bâti la réputation de stimuler l'imagination chez les cadres d'entreprise. Il est persuadé que la puissance créative déclenchée par la marche possède également un impact spectaculaire quand on la déploie aux côtés de collègues. Sa société adopte un procédé nommé « Walk it out »[16] qui aide à surmonter les obstacles psychologiques inconscients. La méthode de Baréz-Brown consiste à envoyer les employés se promener brièvement deux par deux – parfois pendant une demi-heure, souvent moins. Pendant cette sortie, l'un d'entre eux est censé parler en des termes virulents d'un dilemme auquel lui et son partenaire sont confrontés. Selon Baréz-Brown, les gens ont tendance à se montrer sceptiques avant de se lancer dans le processus : « Je vais essayer, mais je ne vois pas comment ça pourrait marcher ». Pourtant, rapporte-t-il, « une demi-heure plus tard, ils reviennent en s'exclamant : "Quelle révélation ! J'ai les idées

---

16 Litt. « Sortez-le » [N.D.T.].

tellement plus claires !" ». Baréz-Brown pense que l'efficacité de ce procédé provient de la perspective nouvelle qui émerge lorsqu'on démêle ses pensées en râlant et en pestant à leur sujet. « Souvent, on n'a pas l'occasion de parler de sa vie sans être censuré », affirme Baréz-Brown. « Mais en marchant côte à côte avec quelqu'un, on a le sentiment de pouvoir réorganiser ses pensées pour les présenter sous un nouveau jour. » Dans certaines situations, une demi-heure suffit, mais quand Baréz-Brown encadre des séances hors de l'entreprise, sa technique favorite consiste en fait à envoyer ses stagiaires se promener dehors pendant sept minutes et demie : une personne va écouter, l'autre va parler. « Souvent, à leur retour, les gens ont l'esprit plus clair – au sujet d'éléments auxquels ils n'ont pas prêté attention, de choses qui les perturbaient. » Échanger de cette façon leur permet de stimuler une réflexion divergente génératrice d'idées, elle-même exacerbée par la marche, tout en favorisant simultanément une pensée convergente qui aide à faire le tri.

On pourrait objecter que se balader en plein air en discutant de sujets potentiellement confidentiels est passablement dangereux. Et si on vous entendait ? L'intimité d'une salle de réunion n'est-elle pas préférable ? À en croire la Mafia, non. Joseph C. Massino, le seul chef mafieux de New York à n'avoir jamais coopéré avec les autorités, a un jour confié à un tribunal certaines des règles d'or présidant à une conversation discrète : « Ne parlez jamais dans un club, jamais dans une voiture, jamais au téléphone, jamais chez vous » (voilà qui me plaît : on dirait le petit manuel du parfait mafieux qu'aurait pu écrire le Dr Seuss). Massino a témoigné à la barre que les conversations qui se déroulaient lors de déambulations dans les rues étaient, de fait, les plus sûres. Si les membres de la Mafia – soupçonnant à raison que des agents du FBI les espionnent – pensent que parler en marchant est sans danger, alors je pense que ça ne vous posera pas de problème de discuter du prochain plan marketing en plein air.

Aussi, quand vous cherchez un moyen de rendre votre journée de travail moins écrasante – ou que vous voulez débloquer vos pensées –, il peut être utile de vous lever de votre bureau afin d'aller respirer l'air frais et vous dégourdir les jambes. Pour reprendre les mots du philosophe allemand Friedrich Nietzsche, « seules les pensées qu'on a en marchant valent quelque chose ».

POUR ALLER PLUS LOIN :

- Proposez une réunion ambulatoire à un collègue au lieu de vos réunions habituelles.
- Attendez-vous à ce que les tout premiers essais soient un peu embarrassants, et ne vous découragez pas.
- Gardez à l'esprit le fait que certaines personnes seront plus réceptives que d'autres à vos suggestions. Il est tout aussi probable que des partenaires hostiles auront tendance à saboter l'expérience. Ne vous laissez pas prendre au piège de leur scepticisme.
- Testez des promenades de durées différentes. Les séances de sept minutes et demie proposées par Chris Baréz-Brown sont juste assez longues pour stimuler la réflexion divergente avant de retourner s'asseoir pour endosser de nouveau une pensée convergente.

RECHARGE 3 : VIVE LES CASQUES !

Au bureau, la question des casques audio fait polémique, n'est-ce pas ?

Avez-vous été témoin de disputes concernant l'usage des écouteurs sur votre lieu de travail ? Avez-vous le sentiment que vos collègues plus âgés – ceux qui se sont forgé une idée très précise du travail à l'époque où il n'y avait pas encore un ordinateur sur chaque bureau – les méprisent, s'en plaignent ou ressassent l'époque bénie ou l'on savait travailler correctement ?

Les forums traitant de ressources humaines regorgent de ces dissensions sur le caractère nocif ou non des casques audios. Les personnes les plus jeunes ont tendance à voter pour ; les plus âgées s'en méfient. À l'occasion d'un article publié dans la *Harvard Business Review*, Anne Kreamer, ancienne patronne de Nickelodeon[17], a apporté de l'eau au moulin des conservateurs en exprimant son entière désapprobation à ce sujet : si, au début de sa carrière, elle avait porté des écouteurs, déclare-t-elle, elle aurait manqué « l'euphorie collective » quand une bonne nouvelle se propageait dans les bureaux.

Sans vouloir remettre en question sa recette du succès, je me demande si Kreamer n'a pas une vision un peu trop romantique du passé. Comme elle, je ne suis pas tout jeune, mais je n'ai aucun souvenir qu'on ait fait la ola dans aucun des endroits où j'ai travaillé. Peut-être que, chez Nickelodeon, on

17 Chaîne de télévision américaine ciblant les enfants et les adolescents. [N.D.T.].

applaudissait à chaque nouvel épisode des Razmokets[18] ? Cela dit, durant la période qu'évoque Kreamer, c'est-à-dire dans les années 1990, il est probable qu'à tout moment, un tiers, voire la moitié des employés, était au téléphone. Et nous sommes tous d'accord pour dire que la vision de collègues bondissant de joie autour de ceux-ci n'aurait pas suffi à les faire raccrocher au nez de leur correspondant, même si les collègues en question venaient de visionner un épisode hilarant de la série Kenan & Kel.

La vérité, c'est que, comme le pouvoir au travail est réparti inégalement entre les générations, il est devenu banal de mettre sur le dos des milléniaux[19] et de la génération Z[20] toutes les choses que les patrons n'aiment pas. Les écouteurs font partie des éléments qu'on reproche aux employés les plus jeunes. Il existe une croyance erronée selon laquelle, dans les bureaux où les casques sont interdits, on peut assister à des échanges hautement philosophiques que les collègues notent frénétiquement sur un tableau blanc pour en extraire la recette miracle du prochain plan marketing. En réalité, l'ambiance est sensiblement la même dans les bureaux où les casques sont autorisés et dans ceux où ils sont bannis.

Les écouteurs sont avant tout un mécanisme de compensation : ils permettent à ceux qui les portent de ne pas se laisser distraire dans un milieu où, sinon, ils seraient constamment interrompus. Tout comme les cadres supérieurs d'Apple voulaient éviter les bureaux ouverts (voir recharge n°1), les porteurs de casques veulent préserver leur espace. Il se trouve que, dans les vastes bureaux en open space à l'américaine, on

18 Série télévisée américaine (*Rugrats*) née dans les années 1990.
19 Génération qui regroupe l'ensemble des personnes nées entre 1980 et 2000 (N.D.E.).
20 Personnes nées à partir de 1995 (N.D.E.).

diffuse souvent du bruit blanc (en direct ou *via* des écouteurs) afin de neutraliser les sollicitations sonores indésirables.

De mon point de vue, les casques ne devraient pas être interdits. Au contraire, on devrait les *célébrer,* au même titre que l'on célèbre Noël. Autrement dit, seulement de manière ponctuelle, pour marquer l'occasion : la meilleure manière de travailler avec des écouteurs, c'est d'établir des moments où ils sont autorisés et d'autres où chacun accepte de s'en passer. Si vos supérieurs ne sont pas adeptes des matinées en mode solitaire ou si vous ne disposez pas d'un espace où travailler au calme, le meilleur moment pour les écouteurs, c'est le matin. S'immerger efficacement dans le travail aux toutes premières heures du jour correspond mieux au rythme circadien de la plupart des gens.

En revanche, les heures qui précèdent et suivent le déjeuner sont plus adaptées à une période sans casque. Ce sont des moments de la journée où l'on peut partager et discuter entre collègues. Comme le dit l'ancien patron de Campbell's Soup, « Ces milliers de petites interruptions ne vous détournent pas du travail, elles *sont* le travail ». Certes, c'est plus facile à dire quand on se trouve dans un bureau individuel bien insonorisé : au cours des dix dernières années, les interruptions au travail ont certainement largement dépassé ce que même le baron de la soupe pouvait supporter.

Jusqu'ici, j'ai eu tendance à me concentrer sur les inconvénients de l'interruption. Mais penchons-nous un instant sur ses avantages, car, même s'il est prouvé que les interruptions sont mauvaises pour la cognition et la résolution de problèmes complexes, elles peuvent en revanche se révéler souveraines lorsqu'il s'agit de réflexion créative. Et, là encore, une utilisation adaptée des casques peut jouer un rôle essentiel.

La notion de cerveau droit et de cerveau gauche est désormais familière à la plupart des gens. Certains ont peut-être même entendu parler de ce que Daniel Kahneman, prix Nobel d'économie, appelle le « Système 1 » (prise de décision rapide, automatique et intuitive) et « Système 2 » (réflexion lente et analytique). Il convient de noter que, si de nombreux scientifiques utilisent aisément ces termes simplifiés pour illustrer différents types de comportements, les hémisphères droit et gauche du cerveau ne sont pas dédiés à des tâches précises, et le cerveau ne comporte pas non plus de zones spécifiques lentes ou rapides. Lisa Feldman Barrett, qui fait autorité dans la compréhension du cerveau, nous rappelle la chose suivante : « Kahneman prend la précaution de préciser qu'il s'agit d'une métaphore, mais beaucoup semblent ignorer cette recommandation et persistent à résumer les Systèmes 1 et 2 à des masses dans le cerveau ». Aussi frustrant que cela nous paraisse, le fonctionnement du cerveau est beaucoup plus brouillon que nous le souhaiterions.

Certaines écoles avancent que le cerveau contient des neurones bien définis affectés à des tâches incroyablement précises (une étude suggère qu'il existe une cellule cérébrale qui semble être universellement stimulée, par exemple par un stimulus tel que de l'actrice américaine Jennifer Aniston, et la neuroéconomie, une toute nouvelle branche de recherche, semble déterminée à découvrir quels neurones nous amènent à prendre des décisions spécifiques). Feldman Barrett, en revanche, affirme que, même si le cerveau peut effectivement affecter une cellule à l'idée d'une actrice de sitcom (au hasard), cette cellule sera située dans des zones différentes en fonction des personnes. Notre cerveau contient des réseaux interconnectés dédiés à l'exécution de différentes fonctions. Si, par exemple, nous voulons travailler dans la concentration, ce qui exige une « réflexion convergente » (voir Recharge n° 2), les scientifiques affirment que nous allons stimuler le *réseau exécutif.* Il s'agit d'un système cérébral qui nous permet de passer outre les sources de distraction afin de nous concentrer ; il nous est utile quand, par exemple, nous voulons répondre à nos mails professionnels. Si, au contraire, nous souhaitons développer une réflexion plus imaginative – autrement dit, « divergente » –, il nous faut réduire l'activité de notre réseau des fonctions exécutives et autoriser notre réseau du *mode par défaut* (MPD) et notre réseau de *saillance* à combler l'espace libéré.

Le réseau de saillance observe les stimuli alentour et prédit leur implication dans nos actions. Le réseau MPD semble être inactif lorsque nous agissons, mais se réveille lorsque nous nous souvenons du passé ou pensons aux autres ; c'est la partie du cerveau affectée à la rêvasserie. Comme je l'ai souligné dans la recharge n° 2, marcher constitue une façon d'activer ces deux zones : la scientifique Marily Oppezzo et ses collègues ont démontré les bénéfices de ce procédé. Fondamentalement, pour être créatif, il faut laisser l'esprit vagabonder et imaginer – ce qui n'a rien de simple quand notre réseau exécutif tourne à plein régime. La réflexion divergente s'obtient plus aisément lorsque nous sommes en mouvement.

Le publicitaire Rory Sutherland nous explique comment les idées émergent : « J'ai remarqué qu'Archimède avait eu son idée [de la poussée] au moment où il entrait dans son bain, et non alors qu'il était assis dans sa baignoire. Parce que c'est souvent quand on est à la frontière entre deux actions que ces éclairs de génie apparaissent. Pour une raison que j'ignore, cela se produit aussi en descendant d'un train. Ces étranges et brefs moments semblent incroyablement productifs et profitables. C'est comme si on exerçait son cerveau à sortir du carcan de préjugés où on lui a appris à s'enfermer, et c'est quand il s'ouvre fugacement que nous vient une idée créative ou une illumination ». En d'autres termes, quand le réseau de saillance et le réseau MPD sont occupés à gérer les tâches de routine, l'esprit peut vagabonder de façon inattendue. Dans la même veine, quand les scientifiques se penchent sur la créativité, ils s'aperçoivent que les personnes les plus facilement distraites par des stimuli hors de propos sont aussi celles qui produisent davantage d'idées, et de meilleures. Quand on cherche des idées, les distractions sont une bonne chose.

Cette théorie s'est vue renforcée par trois chercheurs de l'université de Columbia qui ont démontré que, quand on essaie d'être inventif dans le cadre d'une résolution de problème, un glissement d'attention peut se révéler plus productif qu'une concentration soutenue sur un seul sujet. Ces chercheurs ont donné à trois groupes de personnes deux problèmes à résoudre. Un groupe devait se concentrer sur le premier problème avant de passer au second. On a demandé au deuxième groupe de passer d'un exercice à l'autre à intervalles réguliers et prédéfinis. Quant au troisième groupe, il était libre d'employer son temps comme il le souhaitait.

On aurait tendance à penser que le troisième groupe obtiendrait les meilleurs résultats à ces problèmes. Or, c'est le deuxième groupe – celui qui devait passer d'un exercice à l'autre à intervalles fixes – qui a décroché les meilleurs scores. Mais pourquoi ? L'équipe de Columbia a fourni l'explication suivante : « Parce que, quand on doit résoudre un problème exigeant de la créativité, on se retrouve souvent dans l'impasse sans s'en apercevoir. On tourne en rond autour des mêmes idées infructueuses, sans parvenir à prendre conscience qu'il est temps de passer à autre chose. » Ces scientifiques ont conclu que le groupe qui était obligé de changer d'exercice à intervalles réguliers remettait à zéro son processus de réflexion et découvrait au passage de nouveaux points de vue et d'autres alternatives. Il ne s'agit pas là d'une expérience isolée : les chercheurs Steven Smith, David Gerkens et Genna Angello ont demandé à des volontaires de produire des listes de mots en leur proposant chaque fois deux catégories différentes (comme « objets froids et objets lourds » ou « objets à emporter en camping et aliments qui font grossir »). Ils ont découvert que les personnes qui passaient d'une liste à l'autre fournissaient davantage de réponses – et des réponses plus originales – que celles qui se consacraient sans interruption à une catégorie avant de passer à la seconde.

En 1939, James Webb Young, un publicitaire américain, a écrit le meilleur petit guide créatif de l'histoire, *A Technique for Producing Ideas*[21]. Vous pouvez télécharger ou acheter un exemplaire de cet instructif opuscule pour le prix d'une tasse de café. Dans ce texte, Webb Young nous rappelle ce que nous savons déjà tous, « c'est-à-dire qu'une idée n'est rien de plus qu'une combinaison nouvelle d'éléments anciens ». Il affirme que les idées apparaissent quand nous repérons l'occasion d'allier deux pensées : « Le deuxième principe le plus important, c'est que la capacité à combiner des éléments anciens de manière nouvelle dépend largement de la capacité à établir des relations entre eux ». En notant ce phénomène, ce publicitaire avait plus de cinquante ans d'avance sur notre

21 Webb Young, James, *A Technique for Producing Ideas*, McGraw-Hill Education New York, (new edition) 2003.

inventeur préféré, Steve Jobs. Jobs a dit quelque chose de remarquablement semblable : « La créativité, c'est juste une histoire de connexion. Quand vous demandez aux personnes créatives comment elles font une chose, elles se sentent un peu coupables parce qu'en réalité, elles ne l'ont pas vraiment faite, elles ont juste vu quelque chose. Après coup, cela leur a semblé évident. C'est parce qu'elles sont parvenues à connecter leurs expériences et à synthétiser de nouvelles choses ».

Alors, en quoi consiste la célèbre technique de James Webb Young ? Elle comporte trois étapes simples :

1. Rassemblez des matières premières – idéalement, aussi diverses et provocantes que possible. Webb Young nous avertit cependant que ce processus peut être laborieux et ingrat. Selon lui, il est même souvent tellement ennuyeux que nous tentons de l'éviter. « Au lieu de rassembler systématiquement ces matières premières, nous restons plantés là en espérant être frappés par l'inspiration. »
2. Condensez ces informations. La méthode préférée de Webb Young consistait à établir de petites fiches. « Il faut prendre les différents éléments que vous avez collectés et les palper minutieusement avec les tentacules de l'esprit. Vous prenez une information, vous la retournez dans tous les sens, l'observez sous différentes lumières, et en ressentez la signification. Vous rassemblez deux faits pour voir comment ils s'assemblent. » Très vite, vous allez vous sentir frustré : « Vous allez vous lasser d'essayer d'assembler les pièces du puzzle ».
3. Le traitement inconscient. « Dans cette troisième étape, ne faites aucun effort direct. Laissez tomber le problème et évacuez-le de votre esprit autant que

possible. » Webb Young affirme même que le sommeil est un puissant allié quand il s'agit de faire évoluer de nouvelles idées. Après avoir mis le problème de côté, « consacrez-vous à ce qui stimule votre imagination et vos émotions ». Allez vous promener, écoutez de la musique, regardez un film.

Webb Young affirme qu'une fois effectué ce travail préparatoire (souvent frustrant), « l'idée va surgir de nulle part ». En général, cette idée va vous tomber dessus alors que vous ne pensez pas vraiment au problème en cours. « Elle vous viendra au moment où vous vous y attendez le moins – en vous rasant, en vous douchant ou le plus souvent, quand vous êtes à moitié réveillé le matin. »

Qu'il s'agisse des conclusions de Webb Young ou des expériences scientifiques citées plus haut, un fil rouge se dessine : les idées créatives sont formées par la collision de deux idées ou plus – et cette collision tend à se produire plus facilement quand nous avons un défi à relever et sommes sensibles aux distractions. Et c'est là que les casques audio ont un rôle à jouer : une fois que nous avons accompli un travail efficace avec nos écouteurs sur les oreilles, nous pouvons entrer dans une zone créative rien qu'en les retirant.

Si vous voulez tenter l'expérience, il vous faudra sans doute en discuter au préalable avec les membres de votre équipe. Soumettez-leur certains des éléments de recherche que j'ai évoqués ici. Expliquez-leur ce qu'est le travail profond et la façon dont se forment les idées. Ensuite, demandez-leur de créer leurs propres règles. Peut-être faut-il un déclencheur : pourquoi ne pas mettre une émission de radio en bruit de fond pour servir d'amorce ? Peut-être souhaitez-vous consacrer une heure et demie après le déjeuner à des discussions entre collègues ? Comme les expériences scientifiques ci-dessus l'ont montré, une organisation disciplinée du temps (selon un programme approuvé par l'équipe) donne souvent de meilleurs résultats que des moments de pause informels au quotidien.

Ben Waber, ancien patron de Humanyze, une société d'analyse de l'organisation du travail, souligne que certaines de ces phases quotidiennes existent déjà sous forme embryonnaire dans la plupart des bureaux. « La concentration au travail s'accroît au cours de la majeure partie de la journée, à l'exception des moments avant et après le déjeuner, et juste avant que les employés quittent le travail. » Il affirme que les temps de conversation auxquels il assiste dans les bureaux sont déjà circonscrits : « De midi à 13 heures, et après 16 heures, les interactions font plus que tripler [dans les bureaux open space], mais, à d'autres moments de la journée, il y a beaucoup moins de conversations ». Une autre étude des interactions en milieu professionnel a montré que la période la plus bruyante avait lieu entre 14 h 30 et 16 heures. L'après-midi semble donc plus propice aux bavardages et aux discussions. C'est un élément qui vous sera utile pour définir une journée où l'on peut à la fois gérer le flux de travail et produire des idées.

Et le casque audio pourrait être votre arme secrète.

POUR ALLER PLUS LOIN :

- Souvenez-vous que les gens ont souvent une vision radicale des écouteurs : ils les adorent ou les détestent. Alors, avant de faire quoi que ce soit, discutez avec vos collègues. Assurez-vous de savoir quel moment leur conviendrait le mieux pour autoriser les casques au bureau.
- Si vous vous servez d'ordinateurs portables au travail, profitez de leur flexibilité pour créer des zones avec casque et des espaces dédiés à la conversation.
- Si vous faites partie de ceux que les écouteurs rebutent, demandez-vous si vous n'êtes pas simplement nostalgique d'une époque révolue. Réfléchissez alors à la façon d'améliorer le fonctionnement de votre lieu de travail.

RECHARGE 4 : À BAS L'HYPERACTIVITÉ !

La prochaine fois que vous prendrez l'ascenseur, je veux qu'après avoir choisi votre étage, vous ne fassiez rien. N'appuyez pas sur le bouton de fermeture des portes. N'attrapez pas votre téléphone. Contentez-vous d'attendre. Attendez que les portes se referment. Je soupçonne que la simple pensée de ne rien faire du tout vous met mal à l'aise. Après tout, c'est tellement différent de votre comportement habituel ! L'ascenseur arrive et, si les portes ne s'ouvrent pas aussitôt, vous appuyez de nouveau sur le bouton, juste pour que tout le monde comprenne à quel point vous êtes occupé. Peut-être vous acharnez-vous un peu sur cette touche, comme sur la manette d'une console de jeux, histoire de voir si ça accélère un peu ce fichu ascenseur.

Quelqu'un m'a récemment parlé de l'étrange comportement dont, enfant, il était témoin chez son père. Celui-ci rentrait du travail et s'asseyait dans un fauteuil. C'était tout. Pas de télé, pas de radio, pas de livre. Pas d'échanges avec les autres membres de la maison. Il était juste assis en silence, comme perdu dans ses réflexions. À mon avis, si quelqu'un lui avait demandé à quoi il pensait, il aurait simplement répondu : « À rien de particulier ». Ce n'était pas de la cognition, seulement de la contemplation.

Aujourd'hui, une telle inactivité semblerait affreusement improductive. Nous avons besoin d'agir et nous acceptons qu'en cette ère d'hyperstimulation et d'activité intense, rester assis à ne rien faire semble une perte de temps barbare. Nous sommes tous devenus hyperactifs.

Et ce n'est pas toujours la fin du monde. Cela signifie que nous sommes capables d'accomplir beaucoup de choses. Un adage managérial affirme : « Si vous voulez qu'une tâche soit effectuée, confiez-la à quelqu'un d'occupé ». Nous pensons que l'action génère la productivité.

Revenons à notre ascenseur. Selon l'endroit où vous vivez dans le monde, le bouton de fermeture des portes peut être programmé pour ne pas fonctionner ou pour diffuser un message audio annonçant la fermeture des portes après un temps prédéfini. Dans de nombreux pays, le temps minimum d'ouverture des portes est réglementé pour permettre aux personnes se déplaçant en fauteuil roulant ou à mobilité réduite d'avoir le temps d'entrer dans la cabine ; aussi est-il inutile de s'acharner sur cette touche[22]. En 2004, le *New York Times* a rapporté que le bouton des passages piétons permettant de traverser les rues les plus fréquentées dans les grandes villes est programmé pour ne pas fonctionner aux heures de pointe : les passants voient le panneau devant eux s'allumer, mais ce n'est qu'un leurre. Les systèmes de régulation sont paramétrés pour optimiser les mouvements massifs de circulation automobile, pas pour obéir aux piétons pressés. Nous sommes entourés d'appareils qui nous mentent pour essayer d'apaiser notre *besoin d'agir*.

22 Le temps minimum exigé par l'Americans with Disabilities Act (loi sur les Américains avec handicap) de 1990 est de trois secondes. Au Royaume-Uni, le HM Government Building Regulations (loi sur la réglementation des bâtiments) de 2010 stipule un minimum légal de cinq secondes. [La réglementation européenne (norme NF EN 81-70) précise que « les portes doivent rester ouvertes un laps de temps suffisant pour le passage des usagers, y compris pour ceux qui se déplacent avec difficulté » [N.D.T.].

Tout cela, c'est bel et bien de l'hyperactivité. L'une des conséquences de la surstimulation systémique dans notre vie, c'est cette inconfortable fébrilité – le sentiment permanent de ne pouvoir venir à bout de tout ce qu'il nous faut accomplir. L'accroissement de la connectivité a créé davantage d'attentes dans le milieu professionnel. Selon Radicati Group, en Californie, une personne envoie et reçoit en moyenne presque 130 mails par jour. Comme ce chiffre est issu d'une étude des pratiques de 2,8 milliards d'utilisateurs de messagerie électronique partout dans le monde, il est plus que probable que, pour les employés de bureau occidentaux, la moyenne des messages reçus et envoyés soit plus proche de 200. Ensuite, il y a les réunions. La plupart des entreprises ne conservent pas la trace du temps passé en réunion – peut-être par honte –, mais de récents sondages montrent qu'au Royaume-Uni23, un employé de bureau passe en moyenne seize heures hebdomadaires en réunion. Aux États-Unis, une autre étude révèle que les managers y consacrent vingt-trois heures par semaine.

Mais cela ne s'arrête pas aux messages et aux réunions. Le volume d'informations que chacun d'entre nous traite actuellement donne le tournis. Daniel Levitin, auteur de *L'Esprit organisé*, déclare : « En 2011, les Américains ont intégré au quotidien cinq fois plus d'informations qu'en 1986 – soit l'équivalent de 175 journaux. Pendant notre temps libre, en dehors du travail, chacun d'entre nous traite 34 gigaoctets ou 100 000 mots par jour »[24].

---

23 En France, l'Institut des Hautes Études de l'entreprise révèle les mêmes conclusions (N.D.E.).

24 Daniel Levitin, *The Organized Mind: Thinking Straight in the Age of Information Overload,* Penguin, Londres, 2015 [trad. fr. *L'Esprit organisé,* Héloïse d'Ormesson, Paris, 2018].

Résultat : nous nous retrouvons pour la plupart dans un état d'anxiété permanent où nous n'éprouvons jamais le sentiment du devoir accompli. Nos parents se sentaient probablement mal à l'aise quand ils n'avaient pas tout rayé sur leur liste de choses à faire griffonnée à la main. Aujourd'hui, même l'euphorie passagère qui nous traverse en voyant que notre messagerie est vide est étouffée par le sentiment qu'il nous reste à accomplir d'autres tâches négligées entretemps.

L'hyperactivité est une véritable pathologie, et c'est pourquoi les spécialistes du stress au travail ont observé une augmentation des niveaux d'anxiété chez les personnes qui éprouvaient le besoin d'être constamment connectés. Au Royaume-Uni, les maladies liées au stress professionnel représentent la moitié des arrêts de travail[25]. La pression et les exigences professionnelles nous rendent malades.

Alors, que faire pour résister à ce sentiment d'urgence qui nous consume ? De mon point de vue, il convient en premier lieu de prendre conscience qu'activité ininterrompue n'est pas synonyme de productivité accrue. « Avant, nous n'avions qu'une réunion par semaine », m'a confié un groupe de talentueux architectes londoniens. « Une seule réunion. Ça suffisait. Ensuite, on reprenait le boulot. Aujourd'hui, on a des réunions destinées à organiser des réunions. » Leur conclusion ? « En tant qu'entreprise, nous continuons de construire le même nombre de bâtiments. Mais ça se fait dans des conditions beaucoup plus douloureuses. »

Lorsque vous aurez pris conscience que l'hyperactivité n'est pas la panacée, l'étape suivante consiste à calibrer les priorités.

25 En France, les arrêts de travail liés au stress professionnel représentent 17 %. Lors de son enquête, *Les Échos* a découvert que 31 % des salariés ayant un arrêt se rendent tout de même au travail pour ne pas voir leur salaire diminuer (N.D.E.).

ASAP[26], cet acronyme anglophone désormais universel, peut créer un niveau d'anxiété néfaste dans le cadre professionnel. Comme le dit le fondateur de Basecamp, un éditeur de logiciels, « ASAP est un terme inflationniste [...] En un rien de temps, on s'est mis à coller l'étiquette ASAP sur tout et n'importe quoi »[27]. La prochaine fois que vous exigez que quelque chose soit fait d'urgence, demandez-vous si vous en avez réellement besoin ASAP. En rendant certaines tâches moins pressantes, vous serez plus honnête avec vous-même et vous contribuerez à créer un meilleur environnement de travail à vos collaborateurs.

Par-dessus tout, prenez le temps de penser sans rien faire. Un moment de calme et de tranquillité réduira votre niveau de stress. En outre, il stimulera votre créativité. Sandi Mann, professeure à l'université de Central Lancashire, devenue une sorte d'experte de l'ennui, défend l'idée qu'il nous faut faire appel au pouvoir du réseau MPD que j'ai évoqué dans la recharge n° 3. « Une fois qu'on a commencé à rêvasser et permis à son esprit de divaguer », dit-elle, « on se met à penser un peu au-delà du conscient, à empiéter sur l'inconscient. Cela permet la mise en place de connexions différentes. En réalité, c'est vraiment fabuleux. » Autrement dit, quand votre cerveau passe en mode par défaut, il connecte des idées disparates. Au lieu de consommer de l'énergie en effectuant des va-et-vient entre des exigences urgentes et concurrentes, il s'immerge dans un agréable état de rêverie. Pour que cela se produise, cependant, il faut sincèrement accepter l'ennui

26 *As soon as possible* : aussi vite que possible [N.D.T.].

27 Jason Fried et David Heinemeier Hansson, *Rework, Change the Way You Work Forever*, Vermilion, Ottawa (Canada), 2010, p. 268. [trad. fr. *Réussir autrement*, Maxima, Paris, 2010].

résultant d'une inactivité totale. Interdiction de jouer avec son téléphone ou d'écouter des livres audio – libérez votre esprit de toute stimulation.

En revanche, si vous succombez à l'hyperactivité, vous risquez d'être piégé dans une sorte de cercle vicieux. « Nous avons découvert que, quand les gens sont stressés, ils ont tendance à détourner plus rapidement leur attention », déclare Gloria Mark, auteure de recherches dans ce domaine. Et, bien entendu, plus vous transférez votre attention d'un élément sur l'autre, plus vous devenez stressé. Les effets à long terme peuvent être graves. Des scientifiques se sont penchés sur le cas d'adolescents qui consacraient leurs soirées à passer sans interruption d'un réseau social à l'autre. Ils se sont aperçus que ce comportement avait des conséquences à moyen terme sur leur mode de réflexion : « Au bout de deux ans de ce régime, ils sont moins créatifs et imaginatifs par rapport à leur avenir personnel et à la résolution de problèmes sociétaux ».

Alors, la prochaine fois que vous entrerez dans un ascenseur, pressez le bouton et attendez. Ces quelques secondes d'inactivité ouvriront peut-être la voie à votre prochaine idée de génie. Ce père assis sur son fauteuil n'était pas en train de ne rien faire : il donnait un espace de réflexion à son esprit.

POUR ALLER PLUS LOIN :

- Ne considérez pas les vides dans votre agenda (ou celui des autres) comme des moments où vous ne travaillez pas. Les meilleures idées viennent souvent quand nous sommes inactifs et que notre esprit vagabonde.
- Essayez de conduire sans mettre de musique. De vous doucher sans la radio. De faire du sport sans Spotify. Examinez les pensées qui viennent remplir l'espace vacant.
- Autorisez-vous des moments d'oisiveté. Observez ce que vous ressentez après coup. Êtes-vous moins anxieux et moins stressé ?
- Vous découvrirez peut-être que la méditation peut vous aider – pour certaines personnes, elle permet d'écarter les inquiétudes persistantes et de créer de l'espace mental.

RECHARGE 5 : ÉCOURTEZ LA SEMAINE

J'ai du mal à imaginer qu'une personne saine d'esprit puisse refuser d'écouter Andy Murray, légende du tennis, mais je le souligne quand même : il est essentiel que vous prêtiez attention à celui que je considère comme l'Anglais le plus fabuleux. Murray a en effet découvert quelque chose qui va vous permettre d'appréhender votre travail sous un nouvel angle.

Je vous expliquerai pourquoi dans un instant, mais, pour le moment, prenons le temps de nous pencher sur la façon dont notre semaine de travail s'est dilatée ces dernières décennies.

Autrefois, nous quittions le bureau le soir et nous rentrions simplement à la maison. Aujourd'hui, les mails s'invitent dans le train, sur le canapé et jusqu'aux toilettes. Même quand nous sommes au bureau, la journée s'alourdit à cause des fardeaux que constitue, selon les termes de Linda Stone, chercheuse chez Microsoft, l'« attention partielle continue ». Tandis que nos pensées sont sollicitées de toute part, nous divisons constamment notre attention entre les flux des mails et les réunions tout en gardant un œil sur notre téléphone portable ou notre tablette, soucieux de sujets autres que ceux auxquels nous sommes censés nous consacrer dans l'instant.

Et nous nous reprochons d'être incapables de suivre le rythme. Le travail moderne place sur nous une quantité d'attentes inhumaine, mais nous nous répétons que, si nous ne sommes pas à la hauteur, c'est de notre faute. Si nous tapons frénétiquement des réponses à nos messages à bord du train qui nous ramène chez nous, ce n'est pas par conscience professionnelle, mais de crainte qu'on nous considère comme un tire-au-flanc. Le pire, c'est que certains experts avancent que le secret de la réussite, c'est de recourir à des astuces destinées à accroître notre productivité – autrement dit, en faire plus en moins de temps. Livres et podcasts suggèrent qu'il est possible d'obtenir le succès professionnel en ne travaillant que quatre heures par semaine. Voilà qui me fait penser à cet auto-stoppeur, dans le film *Mary à tout prix*, qui a l'idée géniale de damer le pion à la vidéo à succès « Vos abdos en huit minutes » en commercialisant sa propre méthode en sept minutes. J'aurais dû suivre son exemple et appeler ce livre *La semaine de trois heures*. De façon implicite, ces ouvrages et podcasts véhiculent un message clair : le problème, ce n'est pas le travail, c'est *vous*. Le sous-entendu est évident : *pour être à la hauteur, changez de comportement, espèce de dinosaure.*

Comme l'affirme Daniel Levitin dans *L'Esprit organisé*[28], il y a des limites à ce que nous sommes capables de faire. « Le cerveau humain est configuré pour prendre un certain nombre de décisions par jour », écrit-il, « et une fois que nous atteignons cette limite, nous ne pouvons pas la dépasser, quelle que soit l'importance des décisions à prendre. » Relisez cette phrase et réfléchissez à ce qu'elle signifie dans le cadre de votre travail. La cognition humaine suit ses propres règles. Nous ne pouvons pas nous tuer à la tâche et nous attendre à obtenir des résultats de qualité.

Et si vous voulez une preuve de ce qu'avance Levitin, jetez un coup d'œil à cet article que Kathleen Vohs et ses

---

28 *op. cit.*

collègues ont publié dans le *Journal of Personality and Social Psychology*[29] en 2008. Ils ont observé que, quand on demande aux étudiants volontaires de faire un grand nombre de choix triviaux (par exemple, « Quelle vidéo aimeriez-vous voir en cours ? ») ou de prendre des décisions logiques (« Résolvez cette énigme [insoluble] »), ils ont tendance à donner des symptômes de lassitude mentale ou d'« épuisement de l'ego ». Cette fatigue les amène à opter pour des occupations requérant peu d'énergie – comme regarder la télé ou jouer à des jeux vidéo – plutôt que pour des activités exigeant de la concentration – comme réviser ou lire –, même quand on leur promet une récompense substantielle[30] en cas de succès. À force de trop se concentrer sur des sujets futiles, leur cerveau est devenu incapable d'accéder à la créativité au moment où il en avait besoin.

C'est là que les sages paroles d'Andy Murray entrent en jeu. En 2013, alors qu'on lui demandait pourquoi les matchs les plus longs étaient plus difficiles, il a expliqué que ce n'était pas tant à cause de l'effort physique – après tout, les joueurs de tennis s'entraînent pour développer une résistance herculéenne – que de la fatigue mentale liée à la prise rapide de milliers de décisions. À un certain stade, la qualité des décisions en question commençait à baisser.

J'ai conscience que cette affirmation va à l'encontre de ce que nous avons l'habitude d'entendre. On nous a rabâché que, professionnellement, les heures supplémentaires étaient la clé du succès. Nous pensons que, pour vraiment nous démarquer, nous devons ressembler à la chef d'entreprise Marissa Mayer

29 Revue scientifique mensuelle américaine orientée vers la psychologie sociale et l'étude de la personnalité. (N.D.E)

30 Sous la forme de crédits universitaires dans leur domaine d'études.

qui, en figurant à trente-trois ans dans la liste des cinquante femmes les plus influentes de *Fortune*, est simultanément devenue la première femme à apparaître en tête du Top 40 des moins de quarante ans publié par ce même magazine. Quand on lui demande de détailler sa recette du succès telle qu'elle a contribué à la créer aux tout débuts de Google – où elle était l'employée n° 20 –, elle a déclaré que l'ensemble des premiers salariés de Google avait collectivement décidé de travailler 130 heures par semaine chacun. Elle raconte qu'elle-même est parvenue à ce résultat en diminuant le nombre de pauses pipi, en dormant sous son bureau et en « travaillant au moins une nuit entière par semaine, sauf quand j'étais en vacances – ce qui était rare ».

Bonté divine. Et le pire, c'est que rien ne prouve scientifiquement que ce martyre professionnel fonctionne. Certes, la plupart d'entre nous se rappellent avoir travaillé tard pour rendre à temps un devoir universitaire ou pour tenir un délai un peu serré au bureau. Mais il s'agissait de pics d'activité où les retombées étaient à la hauteur de l'effort fourni et que l'on compensait par des grasses matinées et un bon gueuleton.

L'histoire confirme ce que suggère la science : moins on travaille longtemps, plus on est productif. En 1810, l'industriel progressiste Robert Owen a fait campagne pour la journée de dix heures et, une décennie plus tard, il a lancé le slogan « Huit heures de travail, huit heures de détente et huit heures de sommeil », persuadé que la productivité augmenterait en adoptant ce cycle. Et cela a fonctionné. À la fin du siècle, en 1893, la durée hebdomadaire de travail à l'usine métallurgique de Salford est passée, malgré les réticences, de 56 heures à 48 heures, avec pour résultat un accroissement de la production totale. Et quand, au siècle suivant, les usines Ford ont réduit la journée de labeur à huit heures tout en doublant le salaire journalier pour qu'il atteigne 5 $ minimum – un geste que beaucoup ont considéré comme radical et provocateur –, les bénéfices de la société ont doublé dès l'année suivante. Le rapport annuel de Ford, publié en janvier 1914, a des allures de texte inspiré quand on le compare à ce que nous avons l'habitude de lire de la part des entreprises contemporaines : « Nous croyons fermement que la justice sociale commence chez soi [...] Persuadés que la division de nos revenus entre capital et travail est inégale, nous avons réfléchi à un plan de répartition adapté à notre activité ». Certes, il s'agissait d'un écran de fumée : Ford, ennemi juré des syndicats, n'avait rien d'un pionnier inspiré en matière d'amélioration des conditions de travail. Toutes ses décisions étaient guidées par l'intérêt économique. L'entreprise ne s'est pas trompée en prédisant que le changement des habitudes de travail de ses employés lui permettrait d'accroître ses profits (grâce à des calculs élémentaires, les dirigeants de Ford ont compris qu'en appliquant des services de huit heures, ils pourraient programmer trois services de huit heures par jour au lieu de deux de neuf heures).

Pour essayer de comprendre combien d'heures doit compter une semaine de travail optimale, il convient de se pencher sur les recherches menées par John Pencavel de l'université de Stanford. En 2014, il a entrepris une étude exhaustive du phénomène des journées de travail à rallonge. Ses données sont issues des registres d'ouvriers d'une usine de munitions anglaise pendant la Première Guerre mondiale, en partie à cause de la précision de ces documents d'archives, mais aussi parce que Pencavel pensait que, comme ces ouvriers travaillaient en temps de guerre dans un secteur crucial, ils étaient animés d'une sérieuse motivation. Après tout, personne n'a envie de voir son pays perdre une guerre.

Ses découvertes sont sans équivoque. La semaine idéale de travail était de cinquante heures maximum. Comme l'explique Pencavel, « Le produit marginal des heures travaillées reste constant jusqu'à 50 heures [environ], au-delà desquelles il décline ». Après 55 heures ou 60 heures, quand l'épuisement s'installe, le taux de production se met en effet à chuter. Selon les données de Pencavel, les ouvriers qui travaillaient 70 heures par semaine (dix heures par jour et sept jours par semaine) n'obtenaient pas de meilleurs résultats que ceux qui travaillaient 55 heures.

La coupure du week-end avait aussi un impact positif. Le rendement était plus élevé lors d'une semaine de 48 heures suivie d'un dimanche chômé que pendant une semaine de 56 heures (sans journée de repos). Imaginez un peu : un seul jour de repos rendait chaque journée travaillée tellement plus productive que ce dimanche chômé était largement amorti.

Si cet exemple tiré de la Première Guerre mondiale vous semble trop lointain, il en existe de beaucoup plus récents dont on peut s'inspirer. Prenez McKinsey, le célèbre cabinet de conseil en management. Scott Maxwell en a été l'un des dirigeants (avant d'entamer une brillante carrière dans le capital-risque) et il se souvient que l'un de ses premiers mentors lui a souligné un dysfonctionnement dans l'organisation de la société. À l'époque, chez McKinsey, les employés travaillaient comme des machines, sept jours consécutifs. Si vous n'étiez pas au bureau toute la semaine, les collègues vous faisaient les gros yeux et vous reprochaient votre indolence. Mais Jon Katzenbach, le mentor de Maxwell, fit un jour discrètement remarquer à celui-ci que ses croyances religieuses l'obligeaient à ne travailler que six jours par semaine (même s'il ne le disait à personne) et que, malgré cela, il abattait manifestement plus de boulot que ses collègues présents chaque jour. Katzenbach en a conclu que ce surmenage volontaire était performatif plutôt que productif – autrement dit, c'était juste pour la galerie, comme dormir sous un bureau ou avoir l'air de retenir un besoin pressant depuis une heure. Et Katzenbach est allé encore plus loin : il avait le sentiment qu'une semaine de quatre jours lui conviendrait parfaitement.

Au moment de créer son propre fonds de capital-risque, Scott Maxwell décide d'analyser la corrélation entre les heures travaillées par ses employés et leur productivité. D'ailleurs, il ne se contente pas de l'analyser – il la traque. Ses découvertes sont éloquentes : « Pour chaque heure travaillée au-delà de quarante heures par semaine, la productivité décroît. En fait le rendement est à son apogée juste *en deçà* de quarante heures hebdomadaires ». Maxwell a donc imposé une nouvelle politique : interdiction de travailler la nuit et le week-end, et interdiction de travailler pendant les vacances. Il a demandé à ses employés de travailler moins pour être certain qu'ils en fassent plus. Et il était fier d'envoyer ses salariés chez eux de bonne heure.

Stewart Butterworth, PDG de la start-up Slack, a adopté une approche similaire dans son entreprise de communication. Slack croit fermement que la journée de travail doit être précisément délimitée. L'entreprise met en avant un slogan, « Travaille dur et rentre chez toi », qui se reflète dans sa décision de supprimer les tables de ping-pong et les Baby-foot dans les bureaux et d'encourager les employés à développer leurs propres activités (du kitesurf à l'entrepreneuriat) dans leur vie privée.

Qu'il s'agisse des ouvriers d'usine évoqués par Pencavel ou des cols blancs de Slack, nous avons donc vu que, pour être au sommet de notre productivité, les heures supplémentaires ne servent à rien.

Ce qui concerne des entreprises spécifiques s'applique tout aussi bien aux pays tout entiers. Davantage d'heures de travail ne sont pas synonymes de davantage de productivité ou de prospérité. D'ailleurs, une analyse de 2013 publiée dans *The Economist* montre que les pays qui travaillent le moins affichent la productivité la plus élevée[31]. Les pays présentant un fort investissement en capital par tête se révèlent plus productifs. L'Allemagne, par exemple, récompense cette productivité en raccourcissant les horaires journaliers, ce qui permet, par ricochet, de préserver le personnel du burn-out.

Alors, quelle est la bonne réponse ? De mon point de vue, nous devons changer notre approche du travail et aborder cette notion avec davantage de fermeté. Si nous l'envisageons comme 40 heures de productivité ininterrompue, cela nous oblige à prendre des décisions, à nous demander si les réunions de trois heures sont vraiment une manière efficace d'employer notre temps. De même, cela nous amène à remettre en question la façon dont nous exploitons le temps de transport. Cela nous pousse également à réfléchir davantage aux conditions dans lesquelles nous produisons nos meilleures performances.

---

31 Certes, cela pose ici l'inévitable question de l'œuf et de la poule. Pourtant, il est intéressant de constater que les découvertes de Pencavel trouvent des échos ailleurs. Voir, par exemple, l'article de Martin Anota, « Productivité et temps de travail » [en ligne], 27 avril 2017. Disponible sur : https://blogs.alternatives-economiques.fr/anota/2017/04/27/productivite-et-temps-de-travail

Voici un exercice de pensée très utile : considérons le travail comme un ensemble de blocs de 41 heures répartis sur une semaine. On peut décider d'utiliser quelques-uns de ces blocs un samedi matin pour plancher sur un projet qui traîne depuis un moment. En contrepartie, cela signifie qu'on pourra quitter le bureau plus tôt le mercredi suivant – pour aller au cinéma, par exemple.

Ou encore, imaginez que vous adoptez la technique recommandée par Tony Schwartz. Schwartz, auteur à succès (il a également servi de nègre littéraire à quelqu'un de très connu, mais je vous interdis de chercher qui c'est), s'est servi de sa propre expérience de l'épuisement pour mettre en place une organisation destinée à révolutionner le lieu de travail. Son Energy Project propose de transformer notre obsession des heures supplémentaires en une meilleure compréhension de la manière dont nous gérons nos pics d'énergie. La plupart des gens travaillent mieux en cycles d'énergie de 90 minutes. Pour être le plus efficace possible, le mieux est de se préparer à maximiser le rendement de chaque cycle.

Vous avez peut-être entendu parler de cette grande expérience sociale en Suède, au cours de laquelle le temps de travail quotidien d'une partie des employés municipaux de Göteborg a été réduit à six heures sans réduction de salaire (ceux qui, en tant que groupe de contrôle, ont conservé une journée de sept heures ont dû avoir l'impression d'être professionnellement floués – imaginez comme ce doit être exaspérant de voir chaque jour ses collègues rentrer chez eux avec une heure d'avance « pour le bien de l'expérience »). Les fonctionnaires qui ont eu la chance de bénéficier de cet aménagement ont vu leur taux d'absentéisme chuter, leur santé s'améliorer et leur productivité s'accroître. L'un de ces participants a confié au *New York Times* que cette expérience avait « changé sa vie ». Un autre a résumé ce qui se produit quand on vous demande de réaliser un travail dans un temps réduit : « Pour faire simple, nous travaillons plus efficacement ».

Pour la plupart d'entre nous, la journée de six heures est une utopie. Mais, si nous devons travailler quarante heures (ou moins) par semaine, autant que ce soit dans la concentration et l'efficacité. Rien de plus.

POUR ALLER PLUS LOIN :

- Arrêtez de considérer les heures supplémentaires comme une panacée. Définir des plages de travail concentré va vous permettre d'être aussi efficace tout en conservant du temps pour vous détendre, pour penser et être créatif.
- Obligez-vous à quitter le bureau à l'heure, à moins qu'une affaire urgente vous y retienne, et encouragez vos collègues à faire de même.
- Partagez votre temps en blocs d'une heure. Si vous acceptez une tâche supplémentaire, demandez-vous ce que vous êtes prêt à ne pas faire en échange.
- Souvenez-vous qu'au mieux, travailler plus nuit à l'énergie, à la créativité et à l'imagination. Et, au pire, cela mène à l'épuisement et au burn-out.

RECHARGE 6 : ÉVINCEZ VOTRE MÉCHANT CONTREMAÎTRE INTÉRIEUR

Notre chemin de vie ressemble un peu à ça. D'abord, nous allons à l'école où il y a des règles pour tout : se lever à l'heure, aller en classe, faire ses devoirs. Ensuite, si nous décidons de poursuivre nos études, nous entrons brièvement dans un univers parallèle où toutes ces règles n'ont plus cours : ce serait bien d'arriver avant 11 heures du matin, mais ne vous cassez pas la tête ; vous rendez votre dissertation avec deux jours de retard, mais ce n'est pas grave. Et pour finir, en intégrant le monde du travail, on assiste au retour des anciennes règles : soyez à votre poste à 9 heures du matin ; traitez vos mails ; arrivez à l'heure aux réunions.

Le problème est que nous revenons très vite à ces exigences. N'avez-vous jamais regardé autour de vous, au bureau, en vous demandant « *Où sont-ils tous passés ?* » Même si nous savons que nos collègues sont probablement en train de faire leur travail, nous reproduisons les normes de l'école et de la discipline : nous avons besoin que les gens soient devant nous pour être sûr qu'ils travaillent.

Pour moi, la meilleure description de cet état d'esprit provient de l'exaltant Dan Kieran, auteur accompli et fondateur d'Unbound, une plateforme de financement participatif. Il a créé une culture créative et brillante où les idées sont audacieuses et la prise de risque encouragée. Pourtant, comme il me l'a confié, il a du mal à se libérer d'un préjugé bien ancré : « Je m'en veux pour ça », avoue-t-il, « mais il est évident que je suis possédé par un "méchant contremaître" ». Si le bureau semble particulièrement calme et désert, il lève la tête et demande « Où sont-ils tous passé ? ». Et pourtant, comme il est le premier à le reconnaître, « pour gérer une entreprise dans laquelle les gens ont vraiment envie de travailler, il faut lutter contre l'instinct de contremaître et plutôt se concentrer sur les performances de ses employés ».

Le contremaître veut qu'on pointe à l'heure. Il veut qu'on travaille à son bureau et non qu'on discute de l'émission de télé d'hier soir. Kieran a parfaitement raison : non seulement le contremaître existe bel et bien, mais il est profondément enraciné en nous et il est très difficile de s'en débarrasser.

Le Results-Only Work Environment ou ROWE[32] propose une manière différente de procéder. Créée par Cali Ressler et Jody Thompson, et très vite adoptée par de grandes sociétés comme Gap et Best Buy, la méthode ROWE consiste à définir des objectifs clairs à court terme pour les équipes, puis à les laisser travailler absolument comme elles l'entendent. Les personnes qui appliquent le ROWE ne sont pas tenues de respecter des horaires fixes. En fait, elles ne sont même pas obligées de venir au bureau. Les réunions n'ont lieu que si les salariés le souhaitent. Sous bien des aspects, le ROWE est au travail ce que l'université est à l'école : si les objectifs sont atteints, peu importe la manière. Cela sonne le glas du « présentéisme », le fait d'être assis derrière son bureau ne signifie pas qu'on travaille, et inversement.

Les créateurs du ROWE expliquent que l'entreprise, avant de prétendre se concentrer sur les résultats du travail plutôt

32 Environnement de travail orienté uniquement vers les résultats. Stratégie de management des ressources humaines créée en 2003 [N.D.T.].

que sur la présence au bureau, doit procéder à une purification de l'espace professionnel. Lors de ce processus, on expurge le bureau de ses « scories », c'est-à-dire « des commentaires négatifs qui apparaissent naturellement en milieu professionnel et qui sont basés sur des croyances obsolètes vis-à-vis du temps et du travail ». En d'autres termes, l'équivalent des opinions toxiques de votre propre contremaître intérieur.

Certes, une telle approche n'est pas adaptée à tous les secteurs. En réalité, elle convient mieux à un travail hautement individualisé où le besoin de collaboration et de présence physique (dans une boutique, par exemple) n'est pas indispensable. Mais si les salariés travaillent seuls, ou s'ils contrôlent entièrement certains aspects de leur métier, c'est une manière idéale d'optimiser l'autonomie. Une ancienne correspondante internationale employée par un grand journal m'a raconté que, à l'époque où elle était basée dans une capitale européenne, elle sillonnait la ville pour s'en imprégner et comprendre ce qui s'y passait en fréquentant les cafés, en bavardant avec les gens, en interviewant des influenceurs pour écrire ensuite des articles bien informés plusieurs fois par semaine. Quand elle est rentrée au Royaume-Uni, on lui a donné un bureau dans un coin, juste à côté des toilettes. Si elle n'y était pas à 9 heures du matin, son patron lui demandait ce qu'elle comptait faire pour améliorer ses performances. Elle était passée d'un travail de type université à un travail de type école. Résultat : moins de plaisir à travailler – et un journalisme de moindre qualité. Gardons cependant à l'esprit que Best Buy, la société où le ROWE a été le plus pratiqué, a aboli ce système en 2013 en arguant qu'il n'exploitait pas au mieux les performances de ses équipes. « Ce [système] était basé sur le postulat que le bon modèle de management est toujours la délégation », a déclaré le PDG de Best Buy à un journaliste, laissant entendre que, comme tout le travail avait été confié à des individus autonomes, les équipes n'étaient plus aussi solidaires.

Clairement, il y a un équilibre à trouver. Que le ROWE fonctionne ou pas dans votre milieu professionnel, à vous de décider quel moyen terme vous convient le mieux. Mais le principe de cette méthode est efficace, ne serait-ce que parce qu'il s'agit d'un contrepoids essentiel à notre méchant contremaître du XVIIIe siècle. Si vous vous surprenez à murmurer une réflexion désobligeante à quelqu'un qui arrive au bureau à 9 h 30, c'est un signal d'alarme. Si vous êtes au courant que Phil doit aller chercher ses enfants un mercredi après-midi, mais que vous vous retrouvez à marmonner une phrase du genre « Phil tire encore au flanc » tandis que votre malheureux collègue tente de quitter le bureau sans se faire remarquer, il est temps d'agir.

Ce n'est pas seulement parce que les contremaîtres sont mauvais pour le moral ou parce qu'ils risquent de mettre des bâtons dans les roues à quelqu'un qui fait parfaitement bien son boulot. Ces contremaîtres intérieurs nous obligent aussi à regarder par le petit bout de la lorgnette de la productivité. L'auteur Daniel Pink m'a confié en ce sens une anecdote impliquant Chris Christie, ancien gouverneur du New Jersey. Christie est le pur produit de ce mouvement politique mondial où, pour accéder à des positions de pouvoir, on fait allègrement passer des chiffres ordinaires pour du « bon sens ». En 2016, après des recherches considérables, un projet de loi bipartite avait été élaboré pour rendre obligatoire une pause quotidienne de 20 minutes pour les écoliers de moins de 11 ans dans le New Jersey. Les raisons en étaient évidentes : l'attention des enfants (et donc, leur capacité d'apprentissage) était, de façon mesurable, améliorée par cette pause. C'est alors que Christie est venu mettre son grain de sel, dans la plus pure tradition du méchant contremaître : « C'était un projet stupide », a-t-il déclaré avant d'y mettre son veto.

Le problème, c'est qu'en dépit de toutes les preuves et démonstrations scientifiques du monde, nous nous retrouvons souvent face à des Chris Christies. Ils nous embrouillent avec des histoires de « bon sens » ou en se déclarant contre les « idées à la mode ». Après quoi, en général, ils émettent un rire bien gras en cherchant l'approbation des autres hommes dans la pièce.

Si nous voulons améliorer nos conditions de travail, il nous faut évincer les contremaîtres. Y compris celui qui nous habite tous.

POUR ALLER PLUS LOIN :

- Concentrez-vous sur ce que vous (et vos collègues) vous êtes donné comme objectifs plutôt que sur la façon dont vous les avez atteints.
- Si vous pensez que les objectifs atteints ne sont pas suffisants, penchez-vous sur ce problème au lieu de simplement suggérer qu'il faut travailler plus.
- Bannissez les plaisanteries sur les gens qui prennent leur demi-journée ou s'octroient une grasse matinée. Une simple déclaration d'intention peut être un bon début : « Interdiction absolue de se moquer si quelqu'un arrive plus tard ou part plus tôt aujourd'hui ! » Cela permet de ne pas mettre la pression sur votre entourage.
- Improvisez une séance d'« élimination des scories » lors de laquelle les membres de votre équipe pourront évoquer ce qu'ils ressentent quand leurs collègues leur lancent des piques.

RECHARGE 7 : METTEZ LES NOTIFICATIONS EN VEILLEUSE

Le cortisol a parfois mauvaise presse. Pourtant, si cette hormone est associée au stress, psychologique autant que physique, son rôle est avant tout de fournir davantage d'énergie au corps. Le cortisol, c'est comme appuyer sur la pédale d'accélérateur d'une voiture. À petites doses, il nous rend plus attentif, plus concentré. En revanche, le danger survient quand on a le pied au plancher. Une équipe de chercheurs allemands dirigée par Clemens Kirschbaum a par exemple montré qu'un afflux de cortisol dans le cerveau nuit à notre capacité de mémorisation. Nous ne savons pas vraiment pourquoi ce phénomène se produit, mais il semblerait qu'il soit lié aux effets des hormones du stress sur l'hippocampe. Selon les scientifiques, l'hippocampe et l'amygdale réagissent de concert pour stocker les expériences stressantes, mais au lieu de les enregistrer dans leurs moindres détails, ils semblent juste en prendre note. Le cerveau veut savoir que vous avez eu peur le jour où vous avez vu un serpent, mais il ne souhaite pas que vous reviviez l'angoisse de cette rencontre.

Certes, il arrive que la pression du moment mène à d'extraordinaires prouesses humaines. La psychologue Teresa Amabile cite l'exemple de la mission Apollo XIII lors de laquelle, suite à une explosion à bord, les directeurs de vol du centre de contrôle de Houston, au Texas, ont travaillé sans relâche afin d'inventer un moyen pour que les astronautes bricolent un filtre à air en utilisant les ressources limitées du module lunaire. Pour finir, leurs solutions ingénieuses – y compris le détournement de la couverture d'un manuel d'instructions – ont sauvé la mission, ainsi que la vie des astronautes. Mais la plus grande découverte d'Amabile, c'est que de tels épisodes constituent des exceptions plutôt que la règle. Après avoir compilé les données extraites des journaux de bord de personnes se trouvant dans des situations plus banales que ces astronautes, des employés de bureau, en l'occurrence, elle a conclu que, dans la plupart des circonstances, la créativité et le stress sont des ennemis mutuels. Ils ne peuvent coexister confortablement. Selon ses termes, « Quand la créativité est menacée, elle finit généralement par mourir ».

Les preuves de cette assertion sont à la fois cohérentes et répandues. Prenez ainsi les performances des équipes locales au football. Comment se peut-il qu'un match joué à domicile ait l'« avantage du terrain » ? Si le seul facteur qui détermine le résultat était la compétence des joueurs, les scores des matchs à domicile seraient sensiblement les mêmes que ceux des matchs en déplacement. Mais ce n'est pas le cas : les équipes qui jouent à domicile gagnent toujours 60 % de leurs matchs[33]. Pourquoi ? Parce qu'un public fourni de supporters réduit le niveau de stress de l'équipe et accroît sa capacité à jouer efficacement et de façon créative (ceci s'applique à tous les sports : les études montrent que la densité des foules de supporters à domicile crée aussi un avantage sur le terrain pour le hockey sur glace).

Suivant le même mécanisme, un public local qui hue les joueurs qu'il est censé soutenir va gêner l'équipe. Après la

33 Notons que ce n'est pas seulement dû au stress des joueurs : il est en effet clairement établi que les officiels des matchs font preuve de ce que les scientifiques appellent de l'« évitement » ; autrement dit, pour ne pas se faire crier dessus pendant le match, ils encouragent l'équipe locale.

défaite 3-0 de Newcastle face à Liverpool, ponctuée des sifflets du public de St James'Park, Joey Barton, footballeur caractériel devenu commentateur, puis entraîneur, ne doute pas qu'il y ait un lien entre hostilité et défaite. Barton était plus franc que la plupart des joueurs osent généralement l'être : « Je n'ai pas encore rencontré le fameux public dont je m'attendais à entendre les encouragements », déclare-t-il. « Au lieu de ça, ce public a été féroce ; je crois que je n'ai jamais entendu un public aussi féroce. Les supporters veulent la victoire et ils la veulent sur-le-champ, mais, à moins qu'ils ne changent de mentalité et se mettent à soutenir leur équipe même quand elle perd, les choses n'évolueront pas ».

Cette interprétation pourrait largement contribuer à expliquer l'énigme que représente la série de contre-performances de l'équipe de football anglaise (malgré la présence de joueurs qui, en club, font preuve de leur talent). Lorsque Gareth Southgate, son entraîneur, cherchait à déterminer les raisons du succès de Raheem Sterling, la star de Manchester City, il a cité son état d'esprit et non ses capacités : « On voit qu'il a confiance en lui. On voit les décisions qu'il prend, sa foi devant la cage de but. Ce n'est pas forcément parce qu'il est techniquement meilleur. Il réfléchit juste davantage aux options pour conclure : sans précipiter les choses, de façon plus posée ». Mais voyez la réaction de Sterling qui, confronté à des critiques tellement radicales de la part des supporters anglais, s'est lui-même surnommé « l'honni » dans l'un de ses posts sur les réseaux sociaux en 2016 : « Parfois, j'ai le sentiment qu'il y a un peu trop de négativité », avoue-t-il. « J'aimerais entendre quelques commentaires positifs, juste pour que les joueurs sachent que tout le monde les soutient. Si vous voulez que votre pays joue bien, comme on dit, donnez-lui un éclairage positif. Faites en sorte que les joueurs partent pour la Coupe du Monde la tête claire, en sachant que vous êtes tous derrière eux, avec eux. » Les propos de Sterling font écho aux données analysées par Teresa Amabile. Souvenez-vous de sa conclusion : « Quand la créativité est menacée, elle finit généralement par mourir ». Pour la Coupe du Monde 2018, le public avait moins d'attentes vis-à-vis de l'équipe d'Angleterre, ce qui a largement contribué à alléger son stress. Résultat, elle a fini à la troisième place.

C'est la même chose dans le monde artistique. J'ai déjà évoqué les difficultés auxquelles Julian Casablancas a été confronté lors de la réalisation du deuxième album des Strokes (voir p. 18). Aux États-Unis, ce « syndrome du deuxième album » est parfois appelé le « sophomore slump », ou « crise de l'étudiant de deuxième année ». Récemment, les deuxièmes albums des chanteurs Sam Smith et Duffy, tout comme celui du groupe MGMT, ont répondu à une critique enthousiaste par une déception créative. Dans le domaine de la télévision, le comédien Harry Hill s'est lui aussi battu pour rester constamment inventif en même temps que son niveau de stress augmentait. Pour son entourage, il avait un boulot de rêve, il écrivait et interprétait la plus grosse comédie du Royaume-Uni, suivie par six millions de téléspectateurs chaque semaine. Mais le *Harry Hill's TV Burp*, une revue loufoque des programmes télé de la semaine passée intégrant une kyrielle de gags endiablés généralement mis au point quelques heures seulement avant la diffusion, a commencé à montrer des signes de fatigue. Après plus de dix ans à faire lentement monter l'audimat, Hill s'est senti brisé et épuisé. Dans un article, un journaliste dit de lui et de son équipe d'auteurs qu'ils sont « lessivés ». Malgré les rumeurs affirmant qu'on avait offert à Hill 3 millions de livres par an pour créer 26 nouveaux épisodes chaque année, le showman se sentait dépassé par ce que le public attendait de lui. « Le problème, avec *TV Burp*, c'est que ça a envahi ma vie », explique-t-il au *Daily Telegraph*. « C'était un mélange d'ennui et de stress extrêmes. Le retour de bâton a été très violent. » Ou encore, comme il le confie au *Daily Mirror* : « Ma femme Magda dit que je ressemble à un robot quand je fais *TV Burp*. Elle affirme que, pendant six mois, je suis là physiquement, mais non mentalement. Une année, j'ai enchaîné 21 épisodes – la plupart des séries n'en comportent que six. À la fin, j'étais devenu complètement fou. Rien qu'en entendant le générique d'*Emmerdale*[34], j'avais la gorge serrée. Je ne plaisante pas, j'avais vraiment des idées suicidaires [...] enfin, pas suicidaires, mais bon, très, très bizarres ».

Le stress est épuisant et atrophie la créativité et, en outre, il nous pousse à méjuger nos accomplissements. « Même si, sous la pression des délais, les gens travaillent et en font de plus en plus, et peuvent même se sentir *plus* créatifs », affirme Amabile, « cette pression les amène généralement à penser de façon *moins* créative ». Au cours de ses recherches sur les employés de bureau, elle a découvert qu'une fois que les salariés sentaient de la pression, un gouffre croissant s'ouvrait entre l'appréciation de leurs performances et leurs performances réelles : « Dans l'estimation de leur propre créativité au quotidien, les participants à notre étude avaient généralement le sentiment d'avoir été plus créatifs quand les délais étaient serrés. Malheureusement, leur journal de bord faisait mentir ces auto-évaluations. De toute évidence, leur réflexion

34 Série britannique diffusée à partir de 1972, inédit dans les pays francophones [N.D.T.].

créative diminuait à mesure que les contraintes de temps augmentaient ».

Grâce aux travaux de Jaak Panksepp, nous comprenons aujourd'hui un peu mieux les effets à long terme du stress sur la créativité. Panksepp, chercheur à la Washington State University, a consacré sa vie à étudier le cerveau des rats pour prouver que ses rongeurs chéris manifestaient beaucoup des modèles de pensées – et d'émotions – présents chez d'autres mammifères, y compris les humains (il a noté, par exemple, que les rats peuvent rire quand on les chatouille[35]). Au cours de ses recherches, il a classé le fonctionnement du cerveau des mammifères en sept systèmes de contrôle émotionnel, chacun étant lié à une fonction particulière de la cognition humaine. Il était convaincu que ces systèmes – la quête, la rage, la peur, le désir sexuel, la panique, la tristesse et le jeu – étaient générés non pas par le cortex cérébral, la zone associée à la pensée complexe, comme on le croyait jusque-là, mais par l'amygdale et l'hypothalamus. En d'autres termes, ces émotions sont programmées dans notre comportement instinctif, et nous avons donc très peu de contrôle conscient sur elles. Dans le cas des rats, Panksepp a découvert que l'excitation de la quête était souvent plus puissante que la satisfaction de l'accomplissement. Ils cessaient de se nourrir quand ils étaient à satiété, mais ne semblaient jamais se lasser de fureter. Selon Panksepp, le cerveau de chacun de ces rats était un « système exploratoire : il s'agissait de générer des attentes, de rechercher des récompenses ». Cela correspond à la vision du cerveau développée par Sophie Scott, neuroscientifique anglaise,

35 Les photos de cette expérience sont plutôt sordides : des fils qui dépassent de crânes de rats. Ça ne me procure aucun plaisir, mais j'ai quand même appris quelque chose.

qui considère celui-ci comme une « machine chercheuse de nouveauté ». Les rats de Panksepp manifestent un désir inné d'explorer de nouveaux lieux, de tenter de nouvelles choses, de tester les ouvertures, ce que Panksepp décrit comme les « systèmes recherche et jeu ». En termes humains, ces systèmes correspondent à ce que vous et moi nous appelons la créativité.

Du moins, c'est le cas jusqu'à ce qu'on active la peur chez ces rats. Quand Panksepp déposait des poils de chat parmi ses cobayes, ils étaient aussitôt terrifiés alors même qu'ils n'avaient jamais été confrontés à de vrais chats : c'était une réaction primale (qu'on a observé chez des rats qui n'avaient que 18 jours). Et, une fois que les rats étaient effrayés, ils mettaient un terme à leurs jeux créatifs et à leurs explorations. En outre, il leur fallait entre trois et cinq jours pour revenir à ces activités après le retrait des poils de chat (la cage était nettoyée de fond en comble, mais le traumatisme persistait dans leur corps). Avec les humains, cette latence est décrite par Teresa Amabile comme « une gueule de bois liée au stress ». Le seul souvenir de leur angoisse passée soumettait ces rats à leur propre version de cette « gueule de bois ».

Ce qui m'amène au véritable sujet de cette recharge n° 7 : les Smartphones. Selon Tom Jackson, professeur à l'université de Loughborough, chacun d'entre nous, dans une journée de huit heures, est interrompu par 96 mails en moyenne. Beaucoup de ces messages vont déclencher dans notre corps un afflux de cortisol induit par le stress. Les scientifiques affirment que presque la moitié des personnes qui consultent leur messagerie professionnelle en dehors des heures de travail montre des signes de stress élevé.

Et ce stress nuit à la créativité. « Chaque mail que l'on reçoit ajoute une tâche supplémentaire et, en fin de journée, on est très fatigué. Quand le soir arrive, on constate une baisse de la créativité et de la productivité du personnel », explique Jackson dans le quotidien *The Guardian*.

Il va sans dire que, de nos jours, les Smartphones ne sont pas la seule source de stress professionnel, et qu'il nous est impossible de faire abstraction de ces appareils. Mais si nous diminuions leur impact, ne serait-ce qu'un peu ? Si nous supprimions toutes les alertes de notre téléphone ?

Il peut sembler idiot de suggérer que nous serions plus heureux en retirant les badges d'icône d'application sur notre écran d'accueil, mais c'est la meilleure (et la plus simple) des solutions à notre portée[36]. Parce que ce badge, qui affiche le nombre de nouveaux messages reçus, nous titille sans cesse, nous suppliant de jeter un coup d'œil aux nouvelles tâches qu'on nous a transmises. Ce n'est pas seulement un élément perturbateur : certains chercheurs vont jusqu'à affirmer que ces notifications peuvent nous amener à manifester les symptômes du TDAH (trouble du déficit de l'attention avec ou sans hyperactivité). Ils soulignent également que plus nous effectuons de transferts d'attention entre le travail en cours et ces notifications, moins nous consacrons d'application mentale à l'un comme aux autres. C'est un exemple des « pertes liées au changement de contexte » que j'évoquais plus haut (voir Recharge n° 1). Comme le déclare l'un de ces experts, « la plupart des tâches liées à la mémoire de travail exigent de l'attention, et les traces mnésiques s'estompent dès que l'attention est détournée ».

---

36 Sur Android, allez dans Paramètres, Notifications, sélectionnez Gmail (ou une autre application de messagerie), désactivez. Sur IOS, allez dans Paramètres, Notifications, Mail (ou une autre application de messagerie), désactivez toutes les notifications.

Contrairement à ce que nous affirmons (ou croyons) tous, notre mémoire de travail ne peut traiter correctement qu'une chose à la fois. Être multitâche est un mythe, en particulier chez les personnes qui pensent être douées pour cela : lors d'une expérience où l'on demandait aux sujets de parler pendant qu'ils conduisaient, on a constaté que c'étaient précisément ceux qui avaient le plus confiance dans leur capacité à allier ces deux activités qui se trompaient le plus (ils montraient le plus grand écart entre leur compétence perçue et leur performance réelle). Pour être plus productifs, nous devons nous concentrer sur une seule chose à la fois. J'ai mentionné l'efficacité des interruptions pour stimuler la réflexion créative, mais la concentration est un superpouvoir qui nous plonge dans des niveaux de réflexion plus profonds et nous permet de donner forme à nos idées.

Il y a quelque temps, Telefónica[37] et l'université Carnegie-Mellon (USA) ont collaboré sur l'étude suivante : si on demandait à des volontaires de désactiver toutes les notifications de leur téléphone pendant une semaine, quel impact cela aurait-il sur leur bien-être ? Ce projet, baptisé le challenge « Do not disturb » (« Ne pas déranger »), s'est aussitôt heurté à un mur. Comme l'explique Martin Pielot de Telefónica, « Nous n'avons trouvé personne à recruter. Tout ce qu'on a récolté, ce sont des regards vides et horrifiés. Aussi, pour finir, nous avons réduit la durée d'étude à 24 heures ». Il est intéressant de noter que ce défi de 24 heures a porté ses fruits. On nous rappelle constamment qu'il faut soixante jours pour prendre une habitude, mais les chercheurs impliqués dans ce projet ont découvert que, deux ans plus tard, la moitié des

37 Entreprise espagnole de télécommunications (N.D.E.).

volontaires qui avaient procédé à ce changement pendant seulement un jour n'étaient pas retombés dans leurs travers générateurs de stress. Beaucoup d'entre eux ont constaté une hausse de leur productivité : il leur était « plus facile de se concentrer, surtout en travaillant sur ordinateur portable », a affirmé l'un d'entre eux.

Pour Anna Cox, professeure spécialisée en interactions homme/machine à l'University College de Londres (UCL), ce changement relativement modeste dans notre manière d'opérer est un exemple de « microlimite ». Les microlimites sont des stratégies qu'on peut mettre en place afin que la technologie soit moins néfaste pour nous – et pour nous faire sentir qu'on a repris le contrôle. « Les gens consultent en permanence les réseaux sociaux sans réfléchir, juste parce que c'est là, sur leur téléphone », déclare Anna Cox au magazine *New Scientist*. « Tout ce qui peut rendre ce geste un peu plus complexe va vous permettre de perdre ces mauvaises habitudes. » D'autres microlimites peuvent consister à désinstaller une application de messagerie pendant les vacances ou à mettre notre Smartphone en mode avion pendant le repas.

Nous devrions tous envisager de désactiver nos notifications de messagerie, sur notre ordinateur comme sur notre portable. Paramétrez votre messagerie de telle sorte que le nombre de messages non lus n'apparaisse que lorsque vous l'avez ouverte. Les personnes qui l'ont fait m'avouent qu'elles en ont retiré un sentiment d'espace. « J'ai fait tout le trajet jusqu'à mon bureau sans penser à mes e-mails », déclare l'une d'entre elles. « J'ai ouvert un document de travail et je n'ai pensé à consulter mes e-mails que beaucoup plus tard », explique une autre, surprise. Faites savoir à votre entourage que vous serez toujours joignable au téléphone si nécessaire.

Mais sinon, ne traitez les problèmes que lorsque vous êtes prêt.

Gardons à l'esprit qu'en désactivant les notifications, nous gagnons en énergie et en créativité au travail. En choisissant de répondre à nos messages dès qu'ils nous parviennent, nous pouvons éprouver une satisfaction passagère, certes, mais s'ils sont vecteurs de stress, ils vont réduire notre efficacité plutôt que l'accroître.

Ce changement et la réduction de stress qu'il induit pourraient bien être bénéfiques à votre créativité. Laissons le dernier mot au footballeur Raheem Sterling, qui évoque la baisse de pression sur le mental : « Nous savons ce dont nous sommes capables, je crois en nos capacités, il nous faut juste du soutien. Faites-moi confiance ».

POUR ALLER PLUS LOIN :

- Réduisez votre stress en ignorant de temps à autre les exigences de votre travail sur votre esprit et votre corps. Comme pour les footballeurs et les musiciens, comme les rats qui sentent les poils de chat, nous ne pouvons être créatifs en état de stress.
- Désactivez les notifications sur votre Smartphone et tenez un journal avant/après pour voir comment les choses évoluent.

RECHARGE 8 : ALLEZ DÉJEUNER

Laura Archer, directrice au Museum of London[38], avait du pain sur la planche. Responsable de toutes les collectes de fonds du musée, elle devait constamment trouver de nouveaux moyens de mettre en place des partenariats avec d'autres établissements culturels ou des entreprises londoniennes. En même temps, il lui fallait dynamiser les abonnements au musée afin de couvrir les frais de fonctionnement de l'une des principales institutions de Londres.

Aussi, comme on le fait souvent quand on a la pression et qu'on éprouve le sentiment de ne pas s'en sortir, elle s'est mise à travailler un peu plus. Cela semblait logique, si elle voulait rendre ses projets dans les délais et montrer à ses collègues qu'elle y mettait du sien. Et, peu à peu, c'est sa pause déjeuner qui lui a fourni le temps supplémentaire dont elle avait besoin.

Les conséquences ont été désastreuses, comme le rapporte Laura Archer dans son blog (et son livre) *Gone for Lunch*[39] (« Pause déjeuner ») et lors d'une conversation que nous avons eue par la suite. « Je crois que je n'avais pas remarqué les avantages des pauses déjeuner, en dehors du fait que c'étaient des moments que je trouvais très agréables », m'a-t-elle confié. « C'est seulement quand je m'en suis privée, à cause d'une grosse charge de travail, que je me suis aperçue quels effets cela produisait sur moi. En gros, j'ai craqué. J'ai craqué moralement. J'ai craqué physiquement. J'ai craqué dans le lien que j'entretiens avec mon travail. J'ai craqué sur le plan alimentaire.

---

38 Musée de Londres, consacré à l'histoire de la ville.

39 Laura Archer, *Gone for Lunch: 52 Things to Do in Your Lunch Break* [Pause déjeuner - 52 activités à faire à l'heure du repas], Quadrille, Londres, 2017.

Si je ne quittais pas mon bureau de la journée, le soir venu, je rêvais d'un plat préparé ou à emporter. Quelque chose de facile et de réconfortant. Et qui, probablement, n'était pas très sain pour moi. Avec ça, il me fallait un verre de vin, que je sois seule, à la maison, ou quand j'allais directement rejoindre des amis, un petit remontant. La caféine aussi. Normalement, je ne bois pas de café, mais là, j'en avalais un à deux par jour, pour moi, c'était beaucoup. Et j'avais aussi très envie de sucre. »

Ces effets se sont multipliés : « C'est devenu vraiment grave. Je me sentais très lourde. Je passais des semaines tellement malsaines, en termes d'énergie et de régime que, le week-end venu, tout ce que je voulais, c'était une très longue grasse matinée le samedi. Après ça, on a envie d'animation et d'énergie, alors on sort et on s'alcoolise le samedi soir. Ensuite, grasse matinée le dimanche. Résultat, à la fin du week-end, on est crevé et pas du tout prêt à affronter la semaine à venir. Et on repart pour exactement le même cycle. »

Laura Archer est loin d'être un cas unique. Les employés sont de plus en plus familiers de la pratique qui consiste à déjeuner *al desko*, c'est-à-dire assis à leur bureau, en tapant à deux doigts leurs e-mails, un sandwich dans l'autre main. Un sondage réalisé en 2015 par Bupa[40] révèle que presque deux tiers des Anglais se sentent incapables de prendre ne serait-ce qu'une pause de vingt minutes à midi ; beaucoup d'entre eux prétextent la pression exercée sur eux par leur responsable pour sauter le repas[41].

40 Groupe international de soins de santé dont le siège social est situé au Royaume-Uni et qui dessert aujourd'hui 32 millions de clients dans 190 pays [N.D.T.].

41 Dans les années 1990, les salariés français s'arrêtaient en moyenne 1 h 30 en moyenne pour déjeuner, aujourd'hui la pause moyenne est de 22 minutes, révèle une étude menée par Lefigaro.fr (N.D.E.).

Tout concourt pourtant à démontrer que c'est une bien terrible façon de travailler et de vivre. Les symptômes manifestés par Archer – fatigue chronique, fringales de malbouffe et d'alcool – se retrouvent chez la plupart des personnes qui choisissent de sauter un repas pour gagner du temps. Et là, nous ne parlons pas seulement du sentiment général de fatigue lié au surmenage. Des chercheurs ont découvert que les gens sont épuisés par ce que les experts appellent l'« autorégulation ». Si on nous laissait faire, nous nous avachirions sur le canapé après avoir enfilé cet affreux bas de survêtement que nous trouvons si confortable et, au bout du compte, nous nous sentirions reposés. En revanche, si on nous demandait de passer un long week-end chez nos beaux-parents, en compagnie desquels il nous faut surveiller nos paroles et notre langage corporel tout en feignant un intérêt poli, notre ardeur serait vite refroidie. C'est ça, l'autorégulation. Et elle a aussi des conséquences dans ces histoires de pauses déjeuner. Si nous nous sentons obligés de sauter cette pause, ont découvert les chercheurs, nous souffrons invariablement d'épuisement mental et physique parce que nous allons à l'encontre de nos envies.

La fatigue persistante qu'évoque Archer mérite plus ample examen. Nous sommes tous dotés d'un réservoir de carburant mental que même une heure d'exercice physique (à la salle de musculation, par exemple) peut contribuer à remplir. Sans cette nécessaire stimulation, la fatigue s'accroît. Les psychologues Emily Hunter et Cindy Wu ont récemment établi une corrélation entre le fait de sauter le déjeuner et l'épuisement éprouvé le week-end (un peu comme Archer quand elle déclare que travailler à l'heure du déjeuner lui gâche son samedi soir). Theo Meijman et Gijsbertus Mulder ont avancé que cela peut même provoquer des troubles du sommeil. Alors, pour justifier le fait que vous prenez une pause repas, déclarez que vous ne voulez pas gâcher votre week-end en famille ou entre amis.

En outre, quand on supprime cette pause, c'est évidemment notre productivité qui en souffre dans les heures suivantes. On a déjà noté que, l'après-midi, les performances des travailleurs sont moins élevées. Qu'on s'arrête ou non pour déjeuner, nos jugements sont nettement moins bienveillants et nos décisions moins judicieuses que le matin. Aussi, comme le note Daniel Pink dans son ouvrage *Le bon moment : La science du parfait timing*[42], les magistrats ont tendance à prononcer des jugements plus sévères après le déjeuner et les médecins à établir des diagnostics moins précis. Au centre médical de Duke, en Caroline du Nord, une étude a démontré que la probabilité d'une erreur médicale était quatre fois plus importante à 16 heures (avec 4,2 %) qu'à 9 heures. Et cela, indépendamment du fait qu'on saute ou non le déjeuner. Si l'on incluait, dans les facteurs d'analyse, le renoncement à cette pause, les résultats seraient encore pires.

C'est là qu'entre en scène le pouvoir régénérant des pauses : si nous nous en octroyons une à midi, la fatigue de l'après-midi midi est moindre et nous pouvons nous rééquilibrer. Daniel Pink nous offre un nombre incalculable d'exemples montrant les avantages qu'il y a à adapter nos exigences à la « chronobiologie » de notre corps. Au Danemark, on a découvert que les enfants bénéficiant d'une récréation avant un examen dans l'après-midi compensaient très largement les diminutions de performance qu'ils manifestaient en général

42 Daniel H. Pink, *When: The Scientific Secrets of Perfect Timing*, Canongate Books, Edimbourg (Écosse), 2018 [trad. fr. *Le bon moment : La science du parfait timing*, Flammarion, Paris, 2019].

en deuxième partie de journée. Francesca Gino, de Harvard, a établi que, si les notes aux examens scolaires ont tendance à baisser à mesure que la journée avance (malheureusement, c'est particulièrement vrai pour les enfants les plus en difficulté), le fait d'ajouter un moment de détente améliorait grandement la situation. « S'il y avait une pause après chaque heure de cours », ajoute Gino, « les notes aux examens s'amélioreraient même au cours de la journée. »

Il découle de tout ceci que nous devons modifier deux choses dans nos habitudes de travail. En premier lieu, accomplir les activités les plus importantes le matin. C'est à ce moment que nos idées sont les plus claires et que nous sommes le plus capables de relever des défis cognitifs complexes. Ensuite, nous devons prendre conscience que nous n'abattrons pas davantage de boulot en ne prenant pas de pause. Je soupçonne que nous le savons tous instinctivement, mais nous espérons toujours être l'exception qui confirme la règle. Quand on doit choisir entre traiter ses e-mails en déjeunant au bureau, ou aller marcher et retrouver à son retour ces mêmes e-mails auxquels trente autres sont venus s'ajouter, la décision semble évidente : n'importe qui se rangerait à la première option. Même si le prix à payer est une baisse de productivité dans l'après-midi.

Avant que vous ne me répondiez « peut-être, mais ce genre de choses n'est pas pour moi », regardez comment Laura Archer décrit le pouvoir transformateur de la pause déjeuner : « Ça donne un second souffle », m'a-t-elle confié. « Quand on retourne au bureau, on est aussi frais que le matin parce que l'esprit s'est reposé ; le corps s'est reposé. Et le week-end venu, quand on revient sur la semaine écoulée, on pense “Super, cette semaine, je suis allée voir trois expositions d'art qui me faisaient envie". Et le mieux, c'est qu'avec le recul, je constate que j'ai passé une année pleine de couleurs et de créativité. J'ai mis bout à bout toutes mes pauses déjeuner et calculé que ça correspond à trente jours de congés annuels. »

Il est intéressant de noter que ce que nous faisons pendant nos pauses repas peut aussi contribuer à notre bonheur. Les personnes introverties vont frémir, mais des scientifiques de l'université d'Oxford ont découvert que manger systématiquement seul plutôt qu'avec les autres est une des causes premières du sentiment général d'insatisfaction (juste après une maladie mentale préexistante). Le professeur Robin Dunbar, directeur des recherches, nous explique pourquoi : « Les activités qu'on fait autour d'une table avec les autres sont excellentes pour stimuler le système endorphinique, qui fait partie du système cérébral de gestion de la douleur. Les endorphines sont des opiacés, elles sont chimiquement de la même famille que la morphine, elles sont produites par le cerveau et vous font planer. C'est ça que vous obtenez quand vous faites tous ces trucs sociaux ». Alors, pour booster votre plaisir, prévoyez quelques pauses déjeuner en compagnie de vos collègues.

Le nombre des collègues en question peut également avoir son importance. Comme l'explique Ben Waber de Humanyze – dont les badges sociométriques permettent de mesurer les interactions dans les bureaux –, la taille des tables de déjeuner sur le lieu de travail peut avoir une incidence directe sur le niveau de communication dans le milieu professionnel. « Dans une entreprise », dit-il, « nous avons vu que les employés les plus productifs, et de loin, étaient ceux qui déjeunaient avec onze autres personnes, parfois dix ou neuf [les performances de ces employés étaient supérieures d'au moins 10 %]. Les personnes les moins productives mangeaient toujours avec seulement trois autres collègues. Parfois seulement deux. » Intrigués, Waber et ses collaborateurs ont examiné l'agencement de la cafétéria. « Près d'une des portes, toutes les tables avaient douze places. Près de l'autre porte, elles n'en avaient que quatre. De fait, on ne part pas déjeuner en compagnie d'onze personnes. Ce qui se passe, c'est qu'on s'assoit à une table, d'autres gens viennent vous rejoindre et on commence à discuter. Et, plus tard dans la semaine, on a beaucoup plus de chance d'interagir avec quelqu'un si on a déjeuné avec lui. » Les employés qui déjeunaient dans cette cafétéria étaient des ingénieurs en informatique. Le fait qu'ils discutent désormais entre eux a eu pour conséquence directe d'améliorer la qualité de leur travail. De toute évidence, ce phénomène a de vastes implications dans toutes les branches professionnelles.

Je souhaite cependant vous mettre en garde : oui, bavarder avec ses collègues au déjeuner peut aider à assouplir la communication au bureau, mais ce n'est pas une règle qu'on doit imposer. Cela doit se produire naturellement. Une équipe de chercheurs dirigée par John Trougakos de l'université de Toronto a découvert que, quand les employés se sentaient obligés de socialiser d'une certaine façon pendant le repas, leur niveau de stress augmentait. Même un déjeuner en équipe peut saper votre énergie si c'est une obligation. Écouter pendant une heure son patron parler de sa nouvelle voiture peut se révéler encore plus épuisant que rester au bureau pour répondre à ses e-mails. Ou, comme le déclare John Trougakos, l'obligation de créer du lien social pendant la pause repas « entraîne un surcroît de stress, car ces activités exigent des employés qu'ils régulent leur comportement ».

Laura Archer s'est aperçue que le meilleur moyen de rester autonome pendant ses pauses de midi était de les planifier. Après tout, rares sont les collègues qui tenteront de programmer une réunion de déjeuner le mardi s'ils constatent que vous êtes déjà prise par votre cours de yoga. En rendant vos pauses déjeuner autonomes et en les planifiant, vous retrouverez un esprit assez clair pour pouvoir donner le meilleur de vous-même tout l'après-midi. Il est temps de dire « pause » !

POUR ALLER PLUS LOIN :

- Organisez des pauses. Prévoir une activité pendant la pause déjeuner prend un moment, mais vous force à changer de décor. Laura Archer s'est rendu compte que, même quand elle ne prenait qu'une ou deux pauses par semaine, cela permettait de limiter le sentiment de stress qui la menaçait.
- Variez les pauses. Allez déjeuner (avec des gens que vous appréciez), allez vous asseoir sur un banc dans le parc, allez vous promener, inscrivez-vous à un cours de sport. Essayez de consacrer ce temps à quelque chose que vous avez l'intention de faire depuis un moment (écrire une lettre, téléphoner à vos grands-parents).
- Déclinez les réunions qui empiètent sur votre pause déjeuner. Demandez à l'organisateur de trouver un autre moment. Un refus, même poli, s'il est répété plusieurs fois, peut faire réfléchir le plus agressif des planificateurs sur les bons horaires de réunion.

RECHARGE 9 : DÉFINISSEZ VOS NORMES

Et si on vous disait que, pour retrouver le plaisir au travail, il fallait en faire un peu moins ? Se détacher du boulot ? L'écarter – juste un peu – de votre vie ? C'est ce que je vais vous suggérer ici. Mais d'abord, partons en Scandinavie.

Très peu de gens, hors de la Suède, ont entendu parler de Birgitta Lundblad, Elisabeth Oldgren, Kristin Ehnmark et Sven Säfström. En 1973, ces quatre employés de banque ont été pris en otages dans leur agence de la Kreditbanken. Nous savons bien, en revanche, ce qui leur est arrivé durant leurs six jours de captivité : à la grande surprise des négociateurs, ils ont développé de l'attachement envers leurs ravisseurs. On aurait pu s'attendre à ce qu'ils expriment de la colère ou de la peur, mais, au lieu de cela, chaque fois qu'on leur manifestait une marque de gentillesse (aussi basique que l'autorisation d'aller aux toilettes ou une distribution de nourriture), ils montraient de la gratitude envers les personnes qui menaçaient leur vie (des personnes qui, en vérité, les terrorisaient avec des nœuds coulants et de la dynamite) et, pour finir, ils éprouvaient même une telle compassion envers elles qu'ils ont refusé de témoigner à charge lors du procès. Cette réaction inattendue est devenue célèbre sous le nom de « syndrome de Stockholm ».

Beaucoup d'entre nous subissent une sorte de syndrome de Stockholm au travail, mais sans que le preneur d'otages soit clairement défini. Les exigences émanent de partout à la fois – pas seulement de notre supérieur direct, mais de nos collaborateurs et de nos clients, hors de l'entreprise – et nous ne réagissons pas en exprimant de la frustration ou de la colère, mais une résignation muette. Le psychologue Martin Seligman a baptisé cette attitude l'« impuissance apprise ». Nous nous sommes tellement habitués à cette situation que nous avons fini par l'accepter.

Seligman a découvert cet état psychologique en 1965, par hasard, alors qu'il menait des recherches sur la dépression. Il s'est inspiré du « conditionnement classique » rendu célèbre par Pavlov, qui consistait à faire sonner une cloche avant de distribuer de la nourriture à des chiens, les animaux finissant par associer le tintement de la cloche à la distribution de nourriture. C'est en affinant cette expérience que Seligman est arrivé à la théorie de l'impuissance apprise. Il a attaché trois groupes de chiens à un harnais. Dans le premier groupe, les chiens ont été attachés durant une courte période, puis libérés. Les groupes 2 et 3 sont restés attachés. On faisait subir à chaque chien du groupe 2 un choc électrique qu'il pouvait arrêter en pressant un levier. Chaque chien du groupe 3 était attaché en parallèle à un chien du groupe 2 et subissait un choc de même intensité et de même durée, mais n'avait pas la possibilité d'arrêter le choc, il était tributaire des chiens du groupe 2 qui pouvaient actionner le levier qui les libérerait. Les chiens du groupe 3 ne pouvaient donc pas agir eux-mêmes pour échapper au choc, ils se résignaient à l'idée qu'ils ne pouvaient rien faire pour remédier à la situation et choisissaient tout simplement de renoncer. Au final, les chiens des groupes 1 et 2 se sont vite rétablis de l'expérience, alors que les chiens du groupe 3 ont appris à être impuissants, à rester passifs en gémissant, et ils ont développé des symptômes similaires à ceux de la dépression.

L'impuissance acquise imprègne le monde moderne du travail. Nous sommes submergés de demandes et d'attentes exprimées par d'autres, mais nous avons fini par tout accepter parce que nous supposons que c'est ainsi que ça doit se passer et qu'on ne peut pas y échapper. Leslie Perlow, ethnographe à Harvard, s'en est aperçue au cours de ses recherches sur la nature du travail productif. Instinctivement, elle a compris que la connectivité permanente en dehors du lieu de travail – lire ses e-mails pendant le dîner, par exemple – nuit aux relations personnelles et est loin d'être aussi productive que nous avons tendance à le penser. Pourtant, chaque fois qu'elle discutait avec les ingénieurs ou les consultants en management, on lui répondait invariablement qu'elle ne percevait pas les nuances de la situation et que les choses étaient comme elles étaient parce que c'est ainsi qu'elles devaient être. « Chacun de ces groupes était convaincu que, pour être compétitif, sa façon d'agir était la meilleure », déclare-t-elle.

Intriguée par cette acceptation passive de la connectivité constante, Perlow a décidé d'étudier un groupe dont le travail avait « complètement infiltré la vie » – son raisonnement étant que, pour paraphraser Sinatra, « Si ça peut changer ici, ça peut changer partout »[43]. Le groupe qu'elle a choisi était constitué de cadres du Boston Consulting Group, qui clamaient que leurs clients exigeaient soin et attention 24 heures sur 24, 7 jours sur 7, et que leurs requêtes étaient susceptibles de leur parvenir à toute heure du jour et de la nuit. Selon ces consultants, il était essentiel de rester tard au bureau, et tout aussi crucial de passer des heures sur ses e-mails lorsqu'ils

43 Référence à un extrait de la chanson *New York, New York*, « If I can make it there, I'll make it anywhere » (si je peux réussir ici, je réussirai partout) [N.D.T.].

se trouvaient hors de la société. Perlow a estimé que chacun d'entre eux consacrait de 20 à 25 heures à traiter leurs e-mails sur leur téléphone quand ils n'étaient pas au bureau et que leurs correspondants attendaient d'eux qu'ils répondent aux messages dans l'heure suivant la réception.

La première demande de Perlow a été modeste : elle voulait voir si les membres du groupe accepteraient de passer une soirée par semaine sans consulter leurs e-mails. Cependant, elle a été claire sur le fait que l'ensemble de l'équipe devait respecter cette règle. Si une seule personne traitait ses e-mails lors de sa soirée « off », toute l'expérience serait un échec. C'était un défi difficile à relever pour ces cadres de BCG habitués à lancer un branle-bas de combat chaque fois qu'une urgence survenait.

Et, bien entendu, une urgence s'est produite. Pourtant, Perlow a constaté avec plaisir que l'équipe réagissait avec détermination et sans faillir à la règle qu'elle lui avait imposée. « C'est ta soirée off – ne t'inquiète pas : on gère ta partie », ont affirmé les autres membres à la personne désignée.

Mais c'est l'effet général provoqué par de tels moments qui s'est révélé le plus surprenant : maintenant que les consultants devaient se déconnecter une soirée à tour de rôle, l'équipe dans son ensemble s'est mise à collaborer de façon plus efficace à de nombreux points de vue. Quand les membres avaient une importante soirée prévue, ils demandaient au reste du groupe l'autorisation de se rendre indisponibles. Ils se sont mis à partager davantage d'éléments de leur vie privée. Mieux encore, cette déconnexion totale (et rappelons qu'il ne s'agissait que d'une seule soirée) avait sur ces travailleurs épuisés un effet incroyablement régénérant. L'une des volontaires de l'étude a confié à Perlow : « Mon chef de projet m'a poussée hors du bureau pour être sûr que j'allais prendre cette soirée de repos alors même que c'était une semaine chargée. Le lendemain, j'étais vraiment en forme ». Selon Perlow, « les équipes bénéficiant de ces soirées off manifestaient davantage de plaisir au travail, une envie accrue d'envisager une carrière à long terme dans la société et une plus grande satisfaction vis-à-vis de leur équilibre entre vie professionnelle et vie privée ». Comme si, lorsqu'on est au plus bas, on se mettait à penser du mal du travail qu'on aime. L'épuisement induit des sentiments que nous n'éprouverions pas quand nous sommes au mieux de notre forme.

Forte de ces constats, Perlow s'est lancée dans une expérience encore plus ambitieuse, toujours avec ces cadres du Boston Consulting Group : elle leur a proposé d'essayer de mettre en place un programme leur permettant de se déconnecter à tour de rôle de la Matrice en se rendant complètement injoignables pendant une journée entière. Pas d'appels, pas de textos, pas d'e-mails, pas de messagerie instantanée, rien. Comme elle s'y attendait, cette suggestion a été reçue avec beaucoup d'inquiétude. « Au début, l'équipe a montré énormément de réticences face à cette expérience », se rappelle-t-elle. « La responsable du groupe, qui avait beaucoup soutenu le premier test, s'est sentie angoissée à l'idée de devoir prévenir ses clients que chaque membre de l'équipe serait indisponible un jour par semaine. »

Mais étonnamment, le résultat de cette journée déconnectée a été le suivant : chacun est retombé amoureux de son travail. La communication entre collègues est devenue plus « intentionnelle » : ils se sentaient plus profondément connectés entre eux. Perlow confie que la plus grande révélation de cette expérience, c'est que l'équipe a fini par être convaincue qu'elle « fournissait un meilleur service au client ».

Mais qu'est-ce que la communication intentionnelle ? Pour le savoir, j'ai contacté Deborah Rippol qui, à l'époque, était chasseuse de têtes pour l'éditeur de logiciels Buffer. Buffer est une société fascinante à observer quand on réfléchit à la manière dont nous travaillerons dans le futur. Je ne suis pas sûr qu'elle dispose de toutes les réponses, mais elle fait de son mieux pour poser les bonnes questions. À l'époque où, confrontée aux problèmes de visa de l'un de ses fondateurs, Buffer a abandonné ses bureaux de San Francisco, les membres de l'équipe se sont mis à travailler à distance partout dans le monde. Ils passaient d'un lieu à l'autre, équipés de leur seul ordinateur portable et d'une connexion wifi. Cette réaction dynamique à leur premier défi s'est ancrée dans leur psyché, perdurant alors même qu'ils avaient résolu leurs problèmes et rouvert un bureau en Californie.

Deborah Rippol m'a décrit la répartition des soixante-dix employés de Buffer : « Nous avons des gens dans quarante villes, seize pays et onze fuseaux horaires ». Et elle m'a expliqué de quelle façon ils collaborent. « Nous voulons que nos coéquipiers soient heureux où qu'ils soient. Cela signifie que chacun doit sentir qu'il a la capacité de prendre des décisions et l'opportunité de collaborer efficacement avec les autres. Et pour cela, la communication synchrone ne fonctionne pas très bien. Si vous avez un groupe de personnes basées dans le fuseau horaire de New York, elles peuvent échanger en direct sur Slack (une messagerie instantanée d'équipe). Là, elles prennent une décision. Mais ensuite, la France et Singapour se réveillent et les employés établis là-bas n'ont pas pu donner leur avis sur le sujet. »

La communication synchrone (communication en temps réel) est coordonnée par le temps : le ping-pong permanent des messages instantanés. Par conséquent, nous avons l'impression de devoir suivre le rythme d'un dialogue mené à travers une multitude de différents supports à la fois. La communication asynchrone (en mode différé) peut être inadaptée lorsqu'une réaction rapide est nécessaire, mais si un délai a été prédéfini, elle peut aboutir à des prises de décisions plus réfléchies. Les intervenants interviennent à tour de rôle à une heure qui leur convient. Ils évitent ainsi l'urgence et l'immédiateté au profit de la réflexion. « L'une des valeurs de Buffer est "prends le temps de réfléchir" », affirme Deborah Rippol. « Avec les problèmes de décalage horaire, il est difficile de développer des normes de communication plus efficaces. Nous essayons d'éviter le genre de mail qui se conclut par "Que penses-tu de ça ?" Ce type de question ouverte ne marche pas quand il y a un décalage de 8 à 12 heures. Il convient d'être plus spécifique pour obtenir une réponse. »

Se relayer, donc, plutôt qu'intervenir constamment tous ensemble, offre potentiellement d'énormes avantages. Si on ne commente pas un sujet en permanence, les interventions, quand elles auront lieu, auront plus de poids. Et quand on dépend des autres membres de l'équipe pour reprendre le flambeau en notre absence, on se met à avoir davantage confiance en eux et on collabore mieux avec eux. Au final, on se sent plus satisfait et reposé.

POUR ALLER PLUS LOIN :

- Ne partez pas du principe que vos conditions de travail sont gravées dans le marbre.
- Définissez en équipe un programme de repos pour chacun et tenez-vous à ce planning.

RECHARGE 10 : PRENEZ DES VACANCES NUMÉRIQUES

Nous avons tous été témoins de la façon dont les mèmes[44] envahissent le monde, s'implantant en quelques jours dans la culture populaire. Le Ice Bucket Challenge[45], par exemple, s'est imposé sur Facebook et au-delà, pratiquement du jour au lendemain. Le Mannequin Challenge (rester figé comme une statue pendant que les caméras vous filment) est même arrivé jusqu'à votre vieille tante. Ce sont des idées virales qui se propagent dans l'urgence et l'enthousiasme.

Je reconnais que travailler dur n'est pas une idée qui se diffuse comme un virus, mais qu'à tout le moins, elle se répand comme une moisissure. Et son facteur de développement n'est pas l'enthousiasme, mais la propagation.

Quand des chercheurs de Microsoft ont observé l'impact que les habitudes des patrons, en termes de travail hors bureau, avaient sur leurs subordonnés, ils ont découvert que, pour chaque heure qu'un patron passait à effectuer de manière visible des tâches en dehors des horaires de bureau (envoyer un mail le samedi ou tard le soir en semaine), leurs subordonnés directs ajoutaient eux-mêmes vingt minutes chacun à leur ardoise. Et si un patron décidait de faire place nette dans sa messagerie électronique un dimanche, inévitablement, ses employés se mettaient à leur tour au boulot, comme si une

44 Image, texte ou événement décliné en masse sur Internet (N.D.E.).

45 Défi consistant à se verser un seau d'eau glacée sur la tête avant d'inviter ses amis à faire de même [N.D.T.].

spore de champignon s'était implantée dans leur ordinateur. Autrement dit, leur travail devenait une infection fongique.

Cette contagion s'effectue aussi par d'autres moyens. Si, par exemple, votre patron sort son portable et se met à envoyer des e-mails au cours d'une réunion, vous avez deux fois plus de chances de l'imiter. Nous singeons nos supérieurs hiérarchiques.

Comme je l'ai mentionné dans la recharge n° 9, rompre un moment avec les réunions, les e-mails et la connectivité peut avoir un effet vivifiant sur notre mental. L'ethnographe Leslie Perlow a fort justement observé que, lorsque nous sommes dans un environnement connecté en permanence, nous avons souvent beaucoup de mal à faire abstraction de tous les messages numériques dont on nous inonde. Pourtant, cette déconnexion peut rendre moins étouffantes les exigences professionnelles qu'on nous impose. Elle réduit également notre niveau d'anxiété : comme je l'ai déjà évoqué, la moitié des salariés qui consultent leurs e-mails en dehors des horaires de travail montrent des signes de stress aigu. Le cortisol qui envahit notre système sanguin (voir la recharge n° 7) pour nous donner un afflux d'énergie crée aussi un état psychologique similaire à celui des animaux de la savane quand ils repèrent un prédateur. Certes, nous pensons que nous consultons nos e-mails *pour éviter d'être stressés au travail*, mais notre corps ignore ce fait. Il pense que nous déclenchons une injection de cortisol parce qu'un danger se profile.

L'effet à moyen terme de ces afflux de cortisol dans notre corps est l'épuisement. C'est comme le creux énergétique qui suit l'excitation induite par la caféine. Cependant, en faisant une pause, vous pouvez retrouver attention, mémoire et créativité. C'est pourquoi les week-ends sont si importants. Les recherches sur la productivité de John Pencavel (présentées dans la recharge n° 5) montrent que les ouvriers étaient plus productifs pendant une semaine de 48 heures avec dimanche chômé que dans une semaine de 56 heures où ils travaillaient le week-end. En faisant une pause, les ouvriers étaient réellement plus performants.

Il peut être utile de s'attarder un instant sur la productivité, parce que c'est devenu une obsession – et un souci – dans notre ère high-tech. L'une des plus grandes énigmes de ces deux dernières décennies, c'est que nous avons fait des progrès technologiques sans précédent, mais nous ne semblons pas pour autant être plus productifs. C'est un phénomène que l'historien Paul David a soigneusement étudié et je trouve son point de vue très convaincant : selon lui, nous n'avons pas compris comment exploiter les outils dont nous disposons désormais. Il établit une analogie entre l'avènement de la haute technologie et celui des moteurs électriques. Ceux-ci représentent une avancée formidable sur les machines à vapeur qu'ils supplantent. Ils sont plus petits, plus précis et peuvent être manipulés par un seul individu. Pourtant, il a fallu un bon moment pour que les pratiques industrielles s'adaptent à ses capacités : il y a une période de latence et d'apprentissage.

L'ennui, c'est que nous n'avons pas encore appris à utiliser les outils que nous ont fournis les récentes innovations. Nous pensons être extrêmement productifs en réduisant à 20 ou 30 les e-mails en attente dans notre messagerie. En réalité, tout ce que nous avons fait, c'est répondre à quelques demandes courantes de nos collègues. Nous n'exploitons pas notre temps de manière efficace, même si nous en consacrons de plus en plus à notre travail. Si, en revanche, nous cessions de vouloir être à tout prix actifs, que nous rechargions notre cerveau pour nous concentrer sur ce qui est réellement important (le travail profond que j'ai décrit dans la recharge n° 1), nous serions beaucoup plus efficaces. Comme me l'a confié Cal Newport, « l'environnement de travail moderne est activement hostile au travail profond. Je pense qu'à long terme, tout cela ne représentera qu'un détail anodin dans l'évolution du travail intellectuel. En d'autres termes, je crois que, vu notre manière d'aborder le travail intellectuel, quand nous regarderons en arrière, disons d'ici quinze ans, nous dirons que c'était un désastre en termes de productivité ».

Il y a vingt ans, Erik Brynjolfsson et Lorin Hitt ont découvert que les entreprises qui tiraient le meilleur profit de l'informatisation ne s'étaient pas contentées d'ajouter des octets dans leur machinerie professionnelle – elles s'étaient réinventées : elles avaient démonté, puis remonté leurs propres rouages. Au cours de ce processus, elles avaient modifié leur structure et s'étaient décentralisées. De fait, elles avaient reproduit ce que Peter Drucker, théoricien du management, avait souligné en 1988 pour évoquer « l'avènement de la nouvelle organisation ». Selon lui, les vainqueurs du futur seraient les entreprises riches en technologie qui s'orienteraient vers « des organisations plus horizontales, moins hiérarchisées, où des employés hautement qualifiés endosseraient des responsabilités impliquant des niveaux croissants de décisions ». Il n'a rien dit sur le fait de répondre à davantage d'e-mails ou de travailler le week-end.

C'est ici qu'interviennent les chefs d'entreprise actuels. Au lieu de se féliciter d'être aussi ostensiblement actifs, ils devraient encourager une culture qui promeut le travail profond, et non l'envoi d'e-mails. Ils devraient interdire le traitement des messages le week-end parce qu'il s'agit du moment où le personnel recharge ses batteries énergétiques et créatives. Il n'y a guère plus destructeur qu'un salarié qui balance des e-mails un dimanche matin – non seulement cette attitude nuit à la créativité de l'expéditeur et des destinataires, mais elle propage aussi, comme une moisissure, la culture des e-mails du dimanche entre collaborateurs. Les entreprises auront beau peindre leurs valeurs en grosses lettres sur un mur ou épouser la culture du positif, si elles autorisent le traitement des e-mails le week-end, elles sabordent leur propre philosophie.

Certes, je comprends très bien pourquoi on peut éprouver le besoin de gérer sa messagerie en dehors des heures de travail. Cela permet d'éviter le sentiment de culpabilité que déclenche un mail laissé sans réponse. Cela donne une brève sensation de soulagement : nous ne prenons pas de retard. Et, comme je crois que nous devrions tous avoir l'autonomie de travail qui nous convient, je ne me poserai certainement pas en défenseur d'un régime où les messageries sont inaccessibles en dehors des horaires de bureau, comme cela a été imposé par certains dirigeants ou certaines entreprises. En revanche, il faut garder à l'esprit qu'en décidant d'envoyer un message le week-end, nous détruisons l'autonomie d'un collègue. Avant de cliquer sur « envoi », réfléchissez bien.

Le meilleur équilibre s'obtient en décourageant l'échange d'e-mails le week-end tout en conservant les moyens de gérer les urgences qui ne manqueront pas de survenir. Cela peut prendre la forme d'un groupe WhatsApp, d'un listing SMS ou même d'un coup de fil. Chacun d'entre nous peut être confronté à des situations où il doit être averti d'un événement important, qui implique éventuellement le bien-être d'un de nos collègues. Mais, en général, dans un environnement de travail favorable, une règle très simple doit prévaloir : pas d'e-mails le week-end. Et si certains l'enfreignent, contentez-vous de leur demander gentiment de « lever le pied sur les e-mails le week-end » ou de leur rappeler posément ce principe lors de réunions d'équipe afin que même les employés les plus égocentrés réfléchissent à leurs pratiques. Vous verrez que leur réponse sera, en général, du style « Je n'avais pas conscience de ça ».

Par le passé, j'ai eu un chef qui, dans le « mode d'emploi » qu'il avait élaboré pour ses nouveaux subordonnés, déclarait de manière agressive : « Vous pouvez choisir de travailler ou non le week-end, mais, pour ma part, je le fais ». Les seuls moments où il n'envoyait pas d'e-mails, c'était pendant ses footings du samedi et du dimanche matin. Il a été licencié peu après. Son « mode d'emploi » n'a toujours pas été publié. C'est une œuvre que personne ne regrettera.

POUR ALLER PLUS LOIN :

- N'envoyez pas d'e-mails le week-end. C'est tout. Après 18 heures le vendredi, décompressez. Offrez-vous un verre de vin, du fromage, un plat à emporter, ce que vous voulez.
- Si vous tenez à traiter un message sans urgence, enregistrez votre réponse comme brouillon et envoyez-la à la première heure le lundi matin. Certaines applications de messagerie, comme Boomerang, vous permettent de programmer les envois.

RECHARGE 11 : OFFREZ-VOUS UNE BONNE NUIT DE SOMMEIL

Rien de tel, ou presque, qu'une bonne nuit de sommeil. C'est plus efficace que n'importe quel séminaire sur l'optimisation des performances. Le sommeil prolonge notre vie, accroît notre créativité, nous protège des maladies cardiaques, de la sénilité et du cancer, aide à prévenir les rhumes et nous rend considérablement plus heureux et plus séduisants. Et c'est gratuit.

Mon étude du plaisir au travail a d'emblée été mise à mal quand j'ai pris conscience que les deux manières d'obtenir ce plaisir sont loin d'être directement liée à l'exercice de notre profession. Pour être plus heureux (au travail ou ailleurs), nous devons dormir davantage. Et nous devons passer plus de temps en compagnie d'amis (heureux). Plus loin, nous parlerons de la façon d'établir des relations plus proches et plus amicales. Le sommeil possède un grand pouvoir régénérant. Il nous donne non seulement un profond sentiment de bien-être, mais il accroît aussi notre capacité à exécuter les tâches qui se présentent. Huit bonnes heures de sommeil réduisent également notre dépendance à la caféine et aux sucreries. Hormis ces bienfaits sur la santé, et ils sont énormes, le sommeil nous aide avant tout à nous *sentir mieux*[46].

Les scientifiques ont découvert que les personnes qui se couchent plus tôt et dorment le même nombre d'heures

46 Le guide le plus exhaustif sur les bienfaits du sommeil : Matthew Walker, *Why We Sleep: The New Science of Sleep and Dreams*, Penguin, Londres, 2018 [trad. fr. *Pourquoi nous dormons*, La Découverte, Paris, 2018].

chaque nuit ont moins de pensées négatives. Certes, il existe des gens qui affirment n'avoir pas besoin de 7 heures de sommeil par nuit. Vous en avez certainement rencontré. Ils dénigrent la paresse du commun des mortels et affirment que ce qu'ils font est normal. C'est faux. Selon les scientifiques, la grande majorité de ces « petits dormeurs » doivent recourir à des mesures radicales pour se stimuler et rester alertes. Souvent, on s'aperçoit qu'ils se mentent quant à leur capacité de veille. Des chercheurs ont entrepris de scanner le cerveau de personnes qui prétendent pouvoir se passer de sommeil, ils se sont aperçus qu'un nombre étonnant d'entre elles se mettait à somnoler sitôt allongées dans la cabine de scanner. Ils en ont conclu que 95 % des volontaires à cette étude exagéraient leur résistance au sommeil. Étrange de renforcer son prestige en se privant de quelque chose d'aussi vital…

Mais alors, quels effets le sommeil a-t-il vraiment sur nous ? Même à l'heure actuelle, nous ne connaissons pas encore tous ses mécanismes, mais la science est parvenue à en dévoiler quelques-uns. En premier lieu, c'est apparemment pendant le sommeil que notre cerveau effectue ses principaux travaux de développement et de réparation. Dans les années 1990, on a découvert que si on bloquait, chez les bébés rats, le sommeil REM (Rapid Eye Movement, ou mouvements rapides des yeux), qu'on appelle également sommeil paradoxal, leur cortex cérébral ne montrait aucun signe de développement. Par ailleurs, même après qu'on leur ait permis de retrouver un sommeil normal, ces jeunes rats présentaient des retards de développement et, devenus adultes, ils étaient incapables de s'intégrer dans un groupe[47].

Le sommeil nous aide également à trier et à comprendre ce que nous vivons en état de veille. En fait, le sommeil paradoxal fait souvent défiler nos souvenirs. Cela a été prouvé de manière irréfutable en 2001 par une expérience révolutionnaire menée par Matthew A. Wilson de l'Institut Picower pour l'apprentissage et la mémoire (MIT). Lui et son équipe ont placé des rats dans un labyrinthe – une sorte de piste de course dotée de récompenses – puis enregistré les différents motifs d'activité tandis qu'ils parcouraient le dédale. Les scientifiques se sont ensuite aperçus que, lorsque les rats s'endormaient, ces mêmes motifs cérébraux étaient reproduits à plusieurs reprises. « Nous avons découvert », déclare Wilson, « que de brèves séquences mémorielles correspondant à des parcours spécifiques dans le labyrinthe étaient rediffusées en courtes scènes, mais à grande vitesse. Un trajet de quatre secondes en temps réel se rejouait en 100 à 200 millisecondes ». Comme si les temps forts étaient encodés dans la mémoire des rats à travers cette rediffusion permanente. En outre, les chercheurs ont remarqué que les rats ne revenaient jamais sur des pans de mémoire impliquant un comportement détaché ou du repos. Il semblerait que le sommeil ait inscrit en eux les moments de la journée dignes d'être retenus et qu'il ait écarté le reste. Il aidait les rats à comprendre les expériences significatives vécues en état de veille.

Cela contribue en grande partie à expliquer pourquoi on dit souvent que « la nuit porte conseil ». Dans la recharge n° 3, j'ai

47 Le traitement infligé à ces pauvres bêtes me fait frémir. Enfant, j'étais un membre actif d'Animal Aid et de Greenpeace. Mais la science est la science.

décrit comment, dans la « technique de production d'idées » de James Webb Young, le repos est déterminant pour produire de nouvelles idées. De fait, cette intuition est étayée par de solides études scientifiques. Les chercheurs Robert Stickgold et Matthew Walker, par exemple, l'ont démontré dans un projet où des étudiants étaient soumis à un problème mathématique consistant à décoder des nombres. Ceux auxquels on accordait une nuit de sommeil entre deux séries de problèmes résolvaient la seconde série 16,5 % plus vite que ceux qui enchaînaient les séries sans temps de repos. Ils ont également prouvé leur agilité d'esprit d'une autre façon : dans les énigmes, on avait caché une « astuce » permettant leur résolution en un temps bien moindre que celui qui était normalement requis : 25 % de ceux qui n'avaient pas dormi entre les deux séries n'ont pas repéré cette astuce ; 59 % de ceux qui ont dormi huit heures l'ont vue.

Pour les deux tiers d'adultes qui, partout dans le monde, ne dorment pas suffisamment, le pronostic n'est guère optimiste. Non seulement leur santé s'en trouve affectée, mais ils ne font pas leur travail aussi bien qu'ils le pourraient. L'expérience montre que les médecins, chauffeurs et militaires fatigués commettent des erreurs qui auraient pu être évitées. Une étude internationale portant sur les infirmières a révélé que, lorsqu'elles ne dormaient pas assez, leur capacité à prendre de bonnes décisions était perturbée et leur niveau de stress accru. Comme ces rats qui, en dormant, revivent en accéléré leur parcours à travers un labyrinthe, nous devons octroyer à notre cerveau le temps de trier, d'organiser et d'interpréter la journée passée afin de mettre de l'ordre dans nos idées.

Ainsi, si votre charge de travail vous semble insurmontable, et si vous vous dites que vous allez devoir bosser tard le soir pour en venir à bout, prenez le temps de réfléchir. Vous arriverez sans doute mieux à vos fins après huit heures de sommeil.

POUR ALLER PLUS LOIN :

- Imposez-vous une heure de coucher régulière et essayez de vous y tenir.
- Boire de l'alcool avant d'aller au lit peut nuire à la qualité du sommeil. Assurez-vous d'équilibrer les soirs où vous buvez et ceux où vous vous couchez à jeun.

RECHARGE 12 : UNE CHOSE À LA FOIS

Penchons-nous sur cette idée persistante – celle à laquelle vous osez à peine penser, ou que vous ne confiez à vos amis que quand vous êtes un peu ivre. Vous soupçonnez fortement que vous seriez plus heureux si vous changiez d'activité, n'est-ce pas ? Vous pourriez faire le tour du monde. Vous aimeriez peut-être devenir agriculteur, faire pousser des courgettes ou des brocolis bio. Notre relation au travail a toujours été complexe. Si nous sommes sans emploi, nous sommes malheureux (les chômeurs ressentent davantage d'émotions négatives et moins d'émotions positives que les actifs ; non seulement ils s'inquiètent de leurs revenus, mais aussi de leur statut social, de leur quotidien et de leurs projets de vie). Pourtant, quand nous avons un emploi, nous le considérons bien souvent comme l'activité que nous aimons le moins. Nous affirmons également que ce que nous détestons le plus, c'est côtoyer nos supérieurs. Il n'est pas étonnant, donc, que la culture des courgettes nous semble si séduisante.

Dans ce domaine, les statistiques ne sont guère encourageantes. Les employés de bureau à qui l'on demande d'évaluer leur vie sur une échelle de un à dix lui attribuent en moyenne six. En utilisant une application de Smartphone pour collecter un million d'observations émises par des dizaines d'individus au Royaume-Uni, des chercheurs ont découvert que travailler était pratiquement ce que ces personnes détestaient le plus au monde, juste avant « être cloué au lit par la maladie ». Les trajets pour se rendre sur son lieu de travail sont aussi considérés comme une activité particulièrement désagréable. Cela dit, notons que, si être employé de bureau vous vaut un 6, les agriculteurs ne récoltent qu'un 4,5. Même si vous aviez une jolie terrasse où vous installer le soir en compagnie de votre gentil chien Rex, vous n'obtiendriez sans doute que 5,5. Il semble donc que la culture des courgettes ne soit pas la solution. Quelle est-elle, alors ?

Nous savons depuis longtemps que l'argent ne fait pas le bonheur. Du moins, si une certaine quantité d'argent est nécessaire au sentiment de sécurité et de bien-être, cela ne signifie pas que plus on a d'argent plus on est heureux. Ce qu'on ne sait pas, c'est que l'inverse, en revanche, peut être vrai. Les chercheurs Andrew Oswald et Jan-Emmanuel De Neve ont comparé les performances de fratries pour voir si les adolescents plus heureux s'en sortaient mieux financièrement une fois adultes. Ils ont découvert que les jeunes qui déclaraient être les plus satisfaits de leur vie avaient des revenus beaucoup plus élevés par la suite. Oui, mais combien gagnaient-ils en plus ? Selon les mesures admises de calibrage du bonheur, les données montrent que pour 1 % de satisfaction supplémentaire exprimée à l'âge de 22 ans, ils gagnaient annuellement 2 000 livres (2 250 euros environ) de plus à l'âge de 23 ans (bien entendu, ce n'est pas le cas pour le minuscule nombre de professions où les salaires sont élevés et le stress écrasant, comme dans la finance). Socialement, c'est un peu déprimant : quelqu'un qui vient d'une famille pauvre a moins de chance d'être satisfait de sa vie. Le stress lié à la pauvreté et les effets déprimants de celle-ci ont tendance à rendre les gens plus pessimistes, un état d'esprit qui se transmet d'une génération à l'autre. Betty Hart et Todd Risley, de l'université du Kansas, ont découvert qu'arrivés à l'âge de quatre ans, les enfants des familles à faibles revenus qu'ils ont étudiées avaient entendu 125 000 mots dévalorisants de plus que de louanges. En revanche, ceux qui grandissaient dans des foyers aisés avaient entendu 560 000 compliments de plus que de paroles décourageantes. Si, comme c'est certainement le cas, les paroles que nous entendons affectent notre opinion de nous-mêmes et la formation de nos ambitions, ce sont de cruelles nouvelles.

Cependant, si vous êtes capable d'être heureux au travail, vous êtes non seulement susceptible de gagner plus, mais vous avez également plus de chances de conserver votre emploi. Les scientifiques appellent cela la « causalité inverse ». En substance, la relation fonctionne dans les deux sens. C'est une situation gagnant-gagnant (ou perdant-perdant). Au même moment, des chercheurs de l'université de Warwick ont découvert que la productivité des travailleurs heureux est susceptible d'augmenter de 12 %. Les employés malheureux, au contraire, manifestent une baisse de productivité de 10 % – soit, au total, 22 % de différence entre eux et leurs collègues satisfaits.

Alors, comment être plus heureux au travail ? En premier lieu, je vous recommande d'adopter les recharges précédentes, pour toutes les raisons évoquées. Mais vous devez aussi les appliquer parce que la concentration accrue qu'elles vous offrent est en soi une source de plaisir. Les scientifiques démontrent sans cesse que les distractions permanentes mènent sans faillir à l'insatisfaction. Des psychologues de l'université de Harvard, à l'aide d'une autre application de Smartphone permettant de savoir ce que les gens pensaient et faisaient au travail, ont découvert que 46,9 % d'entre eux ne faisaient et ne pensaient pas grand-chose. Ils étaient plongés dans une sorte d'absence (nul doute que ce manque de concentration provenait pour beaucoup de ces transferts d'attention que j'ai mentionnés dans la recharge n° 1, même si les chercheurs ne se sont pas spécifiquement penchés sur la question). Et si ces petites escapades mentales peuvent être plaisantes, il semble que ce soient les pensées les plus sombres qui perdurent : les volontaires de l'étude les plus enclins à ces moments d'inattention étaient 17,7 % moins heureux que leurs collègues plus concentrés. Comme disent les chercheurs, « un esprit qui s'égare est un esprit insatisfait ».

Si vous voulez être plus heureux dans votre travail, faire une chose à la fois est une solution au même titre que la productivité. Comme j'ai tenté de le montrer tout au long de cette section consacrée aux recharges, il existe différents modes de travail applicables dans différentes circonstances. Par moments, nous avons besoin d'être détendus et d'avoir de l'espace de réflexion pour laisser affluer les idées divergentes. Mais une idée n'aura de valeur que si nous disposons de la concentration nécessaire pour lui donner vie. À une époque où la plupart d'entre nous ont des dizaines d'onglets Internet ouverts en même temps dans notre navigateur, et où nous basculons rapidement d'une activité à l'autre pour tenter d'avancer, il est aisé de se dire que cette précipitation nous permet d'abattre plus de travail. Or, c'est tout le contraire : l'esprit sera plus créatif si l'on a achevé davantage de tâches au préalable. Et pour venir à bout de ces tâches, il faut se concentrer.

POUR ALLER PLUS LOIN :

- Si vous trouvez des moyens de vous concentrer (en désactivant les notifications, en vous installant dans un endroit calme du bureau, en mettant un casque), non seulement vous serez plus efficace au travail, mais vous serez plus heureux.
- Si vous pouvez vous concentrer pour être plus heureux au travail, vous vous mettrez également en position de réussite : vous avez tout à y gagner.

– 2 –

LA SYNCHRONISATION

Huit outils pour souder les équipes

Synchro 1 : Déplacez la machine à café
Synchro 2 : Proposez une pause-café
Synchro 3 : Écourtez les réunions
Synchro 4 : Créez du lien social
Synchro 5 : Riez
Synchro 6 : Dynamisez l'intégration
Synchro 7 : Arrêtez (de jouer) le mauvais chef
Synchro 8 : Laissez les gens tranquilles

INTRODUCTION

Ce qu'un chef du Saint Empire romain germanique nous a appris sur le travail

Il peut sembler surprenant d'affirmer que nous avons beaucoup à apprendre, sur le travail, d'un empereur germanique du XIIIe siècle. Frédéric II était un personnage plutôt compliqué et je ne pense pas que ses simagrées lui auraient valu d'être apprécié au bureau. Même si, d'un côté, il peut se glorifier d'avoir créé un empire qui a rassemblé l'essentiel de l'Allemagne, de l'Autriche et de la République tchèque actuelles, ses ambitions agressives entraînaient des guerres permanentes et des luttes politiques qui auraient rendu les réunions hebdomadaires inutilement tendues. Le pape Honorius III le couronna empereur à Rome. Peu après, la situation se détériora quand le successeur d'Honorius, le pape Grégoire IX, dans une version médiévale de ce qu'on appellerait aujourd'hui une querelle Twitter, se mit à le traiter d'antéchrist.

Mais c'est davantage la curiosité scientifique de Frédéric qui lui vaut d'être cité dans un ouvrage sur le travail moderne. De façon inhabituelle et peut-être exceptionnelle pour son époque, ce dirigeant manifestait le désir sincère de comprendre le monde en général et les humains en particulier, même s'il menait ses études avec l'éthique d'un gamin arrachant les pattes des insectes. Pour l'une de ses expériences, par exemple, il ravit un homme à sa famille et l'enferma dans un tonneau, sans eau ni nourriture, afin de découvrir si, au moment de sa mort, son esprit s'échapperait en perçant un petit trou dans le bois. Il s'avéra que non. Dans ce qu'on pourrait qualifier de test A/B[48] meurtrier, il fit donner à deux hommes le même repas. Le premier fut ensuite invité à se lancer dans une énergique partie de chasse nocturne et le second à prendre une bonne nuit de sommeil. Au retour du chasseur, les deux sujets furent éviscérés afin que Frédéric puisse comparer les effets de l'exercice physique, d'une part, et du repos prolongé, d'autre part, sur le système digestif. Par la suite, les gens ont eu tendance à éviter le regard de l'empereur quand il avait l'air d'être en quête d'un nouveau sujet d'expérience.

Mais ce sont ses expériences sur les enfants qui se révélèrent particulièrement affreuses. Déterminé à découvrir la langue naturelle de l'être humain, celle qu'on parlerait si on ne nous en enseignait aucune, Frédéric a fait installer six nourrissons dans une pouponnière en ordonnant à leurs nourrices de n'interagir avec eux en aucune façon : il leur était interdit de leur manifester de la tendresse ou de leur parler. Le résultat a dû surprendre et décevoir Frédéric. Victimes de négligence sociale, les bébés n'ont pas révélé la vraie langue atavique. Privés de toute affection et d'attention humaine, et du sentiment d'être reconnu par les autres, ils se sont laissés mourir. Frédéric venait de mettre à jour une vérité fondamentale : quand nous n'avons pas l'impression d'être aimés ou d'appartenir à un groupe, nous abandonnons.

Et même aujourd'hui, c'est une vérité fondamentale qu'on oublie parfois.

Prenez la pyramide des besoins de Maslow, ce célèbre modèle du XXe siècle qui cherche à montrer qu'il existe une hiérarchie

48 Technique de marketing où l'on présente aux sujets testés des déclinaisons d'un même objet pour définir la version la plus appréciée des consommateurs [N.D.T.].

dans la satisfaction des besoins – certains ne peuvent être comblés avant que les précédents aient été assouvis (des petits malins sur Internet ont suggéré qu'à la base de la pyramide se trouvent des besoins encore plus fondamentaux comme « batterie » et « wifi »).

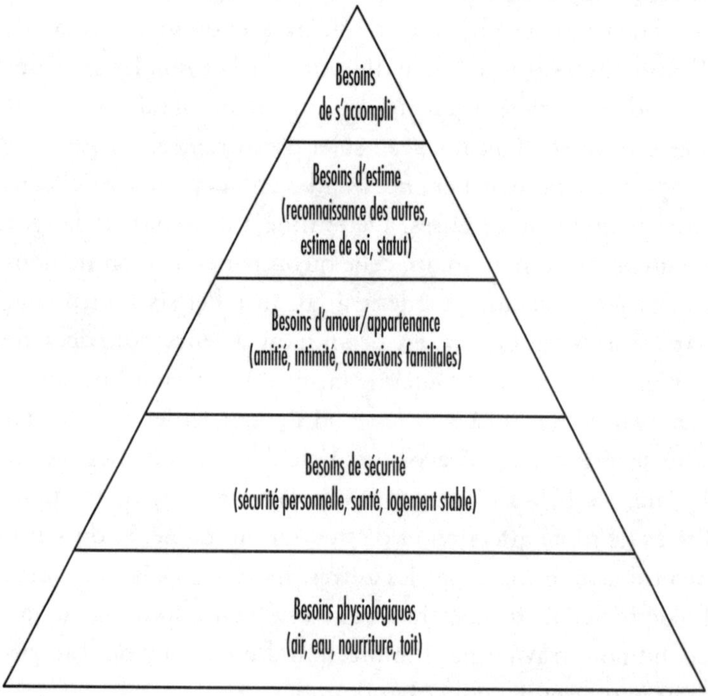

Selon Maslow, les éléments essentiels de l'existence humaine sont des besoins aussi physiologiques que respirer, boire, manger, s'abriter et dormir. Puis, après la sécurité personnelle viennent l'amour et l'appartenance, suivies de l'estime (celle des autres et la nôtre) et enfin le besoin suprême, le plus élevé de tous : l'accomplissement de soi.

Il s'agit d'un modèle frappant, presque universellement acclamé et accepté en tant que guide solide de la motivation humaine. Mais je suis pratiquement certain qu'il est faux. Pensez aux bébés de la cour de Frédéric II. La pyramide de Maslow n'explique absolument pas pourquoi des enfants qui étaient nourris et soignés mouraient uniquement parce qu'ils étaient privés d'amour et d'affection.

Trente ans après Maslow, Roy Baumeister et Mark Leary ont publié à ce sujet un article abondamment cité. Selon eux, Maslow se trompait en suggérant que l'appartenance ne prenait d'importance qu'après la satisfaction d'autres besoins plus fondamentaux. Au contraire, affirmaient-ils, le sentiment d'appartenance est parallèle aux besoins physiologiques. Les humains ont toujours voulu que leurs réalisations soient validées, reconnues et appréciées des autres. Nous ne sommes pas naturellement faits pour agir seuls. « Il suffit de jeter un simple coup d'œil aux études du comportement social pour voir que la plupart des actes humains se font probablement au nom du sentiment d'appartenance », déclarent les deux chercheurs. « Sans ce sentiment d'appartenance, nous avons l'impression de n'avoir aucune valeur. Selon nous, cette appartenance peut être aussi nécessaire que la nourriture, et la culture humaine est fortement conditionnée par la pression qui nous est faite de maintenir cette appartenance. »

Nous voulons que les gens nous prêtent attention, nous apprécient, soient conscients de nos bonnes actions. Si on fait un don à une association, mais que personne n'en est témoin, ce geste a-t-il réellement eu lieu ?

Les découvertes de Baumeister et Leary sont étayées par une grande étude des dossiers médicaux de plus de 3,4 millions d'adultes par Julianne Holt-Lunstad. Selon ses recherches, l'isolement accroît de 50 % le risque de mort prématurée (à titre de comparaison, l'obésité ne l'augmente que de 30 %). « La connexion sociale aux autres est largement considérée comme un besoin humain fondamental, crucial pour le bien-être comme pour la survie », conclut-elle. En d'autres termes, être seul, pour l'être humain, est bien pire qu'une mauvaise alimentation.

Chaque fois que notre sentiment d'appartenance est mis à mal, nous sommes traumatisés. Frédéric II a montré que les bébés privés d'attention ne peuvent survivre. Aujourd'hui, les adolescents et les adultes dénués de relations stables présentent des niveaux plus élevés de maladies physiques et mentales. Ils sont plus susceptibles de manifester des problèmes comportementaux, ils commettent plus de crimes et ont davantage d'accidents de voiture. Ils sont également plus enclins aux tentatives de suicide.

Si ce constat est vrai dans notre vie en général, il l'est aussi dans la vie que nous menons au travail. Certes, à la maison, nous avons besoin de nous sentir à notre place. Mais c'est la même chose dans notre milieu professionnel. Il est essentiel que nous nous sentions appartenir au groupe de personnes avec lequel nous partageons cinq journées par semaine.

À quoi ressemble le sentiment d'appartenance en milieu professionnel ? La plupart des gens frémiraient à l'idée d'appliquer à leurs collègues les mêmes termes que ceux que nous utilisons pour nos proches, des mots comme « famille » ou « amour ». Mais la vérité, c'est ce que les membres d'une équipe disent régulièrement éprouver, les uns envers les autres, de l'amitié et des sentiments proches de l'amour familial. Au cours d'une conversation avec un pompier de Londres, j'ai été frappé en l'entendant dire que les soldats du feu se sentent bien plus motivés quand ils partagent le même enthousiasme et ressentent une connexion émotionnelle entre eux. Un point de vue largement partagé par le pompier londonien (anonyme) que l'*Independent* interrogeait sur la culture professionnelle des personnes qui avaient risqué leur vie à plusieurs reprises pour combattre le féroce incendie de la tour Grenfell[49] : « On est des gars marrants, on aime rire et se faire des blagues ».

Sigal Barsade, professeure à Wharton, avance l'idée que dans notre milieu professionnel, nous devrions davantage parler d'amitié, d'appartenance et d'amour. Ces mots font frémir la plupart des entreprises, confie-t-elle, et bien sûr, ils n'ont pas exactement la même signification que lorsqu'on les utilise dans le cadre privé, à propos de notre partenaire et de notre famille. Néanmoins, au travail, nous éprouvons ce que Barsade décrit comme de « l'amour amical ». « Les employés ne laissent pas leur humanité au vestiaire quand ils entrent dans l'entreprise », explique-t-elle. Ils « ne laissent pas leur émotion au vestiaire [...] Non seulement l'amour amical a sa place, mais il est bénéfique au personnel et à la marche globale de l'entreprise ».

Ses propres recherches (qui englobent 3 200 employés dans sept secteurs industriels différents) montrent que « l'amour amical » s'accompagne d'une plus grande satisfaction au travail, d'une plus grande implication vis-à-vis de l'entreprise, mais aussi d'un sens des responsabilités accru. Ce dernier phénomène peut paraître quelque peu surprenant. Normalement, nous associons la responsabilité à des cultures strictes et directives où la peur nous pousse à dépasser nos limites pour

49 Incendie survenu le 14 juin 2017 dans un immeuble de logements sociaux de 24 étages (N.D.T.).

répondre à des exigences élevées. Mais Barsade a découvert que c'était l'inverse. Nos propres exigences de qualité sont au plus haut, affirme-t-elle, quand nous sentons une forte affiliation avec notre groupe.

Selon Barsade, ce type d'amour est contagieux. Par conséquent, les supérieurs doivent montrer l'exemple. Ils doivent faire montre d'empathie envers les autres pour que cet amour se répande plus largement. Si cela vous semble peu plausible, rappelez-vous que le concept de contagion émotionnelle est établi et reconnu. Quand nous étions des bébés dans les bras de notre mère, nous éprouvions un besoin incontrôlable d'imiter le visage de la personne devant nous. C'est la même chose à l'âge adulte : la bonne humeur d'une personne ou ses bonnes manières sont hautement contagieuses. Chris Voss, ancien négociateur du FBI, affirme qu'il a obtenu ses plus grands succès auprès de preneurs d'otages en manifestant une gaieté sincère qu'il projetait dans des négociations où la vie d'hommes et de femmes était en jeu. Il adoptait un ton de voix évoquant celui d'un présentateur radio d'émission nocturne, et ce ton poussait ceux avec qui il négociait à adopter un état émotionnel différent. « La clé, ici, c'est de se détendre et de sourire tout en parlant », explique-t-il. « Sourire, même au téléphone, affecte le ton de la voix. »

Plus nous nous sentons connectés, plus nous nous investissons dans une relation, qu'elle soit professionnelle ou sentimentale. Le premier facteur qui fait que des couples non mariés restent ensemble (selon un sondage auprès de 40 000 d'entre eux) est « l'illusion positive », le désir de rester avec quelqu'un parce qu'il nous trouve fabuleux. De même, nous éprouvons un sentiment d'appartenance au travail quand nous nous y sentons « spéciaux ». Pour garder une équipe motivée, l'un des rôles d'un patron (comme avec un être aimé) pourrait être de devenir « animateur en chef » (en précisant, et c'est essentiel, que cela fonctionne uniquement si c'est sincère : un patron qui ordonne, sans y croire, à ses subordonnés de s'applaudir les uns les autres, c'est pire que tout).

Le sens de l'appartenance est donc aussi vital au travail qu'il l'est à la maison. Dans ce nouveau chapitre, nous allons voir comment le développer.

Le problème de la culture d'entreprise

Dans votre entreprise, les employés sont-ils engagés ? Ces dernières années, l'engagement est devenu un mot essentiel. Partout dans le monde, les services de ressources humaines y consacrent d'interminables réunions. Des conférences internationales ont lieu chaque semaine pour en discuter. Les patrons sont obsédés et angoissés par ce concept.

Cette obsession de l'engagement est liée à l'idée de l'« effort facultatif », la croyance selon laquelle il existe une quantité minimum de travail à effectuer pour garder notre emploi, mais qu'il y a aussi une contribution supplémentaire et facultative que nous pourrions offrir sans y être obligés. Nous traversons tous des périodes – au travail ou pendant une séance de musculation, par exemple – pendant lesquelles nous ne donnons pas le maximum. Selon cette théorie, les entreprises qui peuvent puiser dans l'effort facultatif seront sensiblement plus productives que les autres.

Et c'est bien normal : depuis que les *data companies*[50] se sont mises à mesurer l'engagement des employés, dans les

50 Sociétés de collecte et d'analyse de données [N.D.T.].

années 1990, elles ont chaque fois constaté qu'il est incroyablement bas. En Grande-Bretagne, selon l'entreprise de sondages internationale Gallup, 92 % des travailleurs interrogés déclarent manquer de réelle implication dans leur travail, et 19 % indiquent être « activement désengagés ». « Ces personnes », affirme Gallup, « ne ressentent aucun attachement significatif à leur emploi et à leur entreprise. Elles ne savent que faire pour briller et, en général, ont l'impression qu'on les empêche de donner le meilleur d'elles-mêmes, le tout au prix de leur productivité. » Il n'y aurait donc que 8 % de ces actifs – moins d'un sur dix – qui s'intéresseraient sincèrement à leur travail et souhaiteraient en faire une contribution positive. En France – *zut alors !*[51] –, c'est encore pire : seulement 3 % des travailleurs français déclarent aimer leur travail. Aux États-Unis, les chiffres sont plus encourageants : 33 % des employés se sentent impliqués professionnellement.

Devant cette majorité désengagée, Gallup affirme : « Il ne faudrait sans doute pas grand-chose pour qu'ils se sentent impliqués : il suffirait probablement qu'ils se recyclent ou que leur responsable soit remplacé. » De toute évidence, les entreprises qui semblent avoir résolu le casse-tête de « l'engagement des employés » obtiennent de meilleurs résultats. Jacob Morgan, spécialiste du travail, a découvert que les sociétés qui ont investi davantage dans une « expérience employé » positive voient s'accroître l'engagement de leur personnel et figurent 28 fois plus souvent dans la liste des entreprises les plus innovatrices établie par Fast Company, onze fois plus dans le palmarès *Best Places to Work* de Glassdoor et quatre fois plus dans la liste des employeurs les plus demandés. Ces

51 En français dans le texte [N.D.T.].

entreprises ont aussi multiplié par quatre le bénéfice moyen (par employé) et par deux le revenu moyen (par employé). Curieusement, les PME apparaissent plus souvent dans ces listes que les grandes sociétés[52].

Ceci étant dit, une question évidente se pose : comment créer ce sens de l'engagement chez les employés ? Comment bâtir, en pratique, un environnement qui améliore les interactions au point de dynamiser le moral du personnel afin qu'il se sente plus heureux et motivé ? C'est un problème qui obsède de plus en plus les spécialistes de la culture de travail, et cela se comprend. Si vous cherchez, sur Internet, des documents sur ce thème, vous découvrirez des centaines de PDF très avenants énonçant les avantages fabuleux qu'il y a à travailler dans l'entreprise X ou Y[53]. Si l'engagement est un objectif, alors construire une meilleure culture du travail est considéré comme le moyen de l'atteindre.

En définitive, l'obsession occidentale pour les « cultures d'entreprise » clairement définies est largement calquée sur le modèle commercial japonais qui a émergé dans les années 1980, à l'époque où des hommes d'affaires, aux États-Unis, au Royaume-Uni et ailleurs, prenaient conscience de la vivacité et de l'énergie de bon nombre d'entreprises nippones. À la question « Qu'est-ce que les sociétés japonaises ont de si spécial ? », on répondait souvent qu'elles avaient créé des cultures d'entreprise cohérentes, dynamiques et performantes.

52 Notons toutefois que c'est peut-être dû à certains facteurs qui n'ont pas été pris en compte ici : les entreprises technologiques se démarquent en gérant des environnements centrés sur l'expérience et, par la nature des changements sociétaux, présentent d'excellents résultats en termes de croissance, de bénéfice et de revenus.

53 Tous les documents que vous rêvez de lire sont disponibles en ligne sur *Tettra* : *https://tettra.co/culture-codes/culture-decks/* (en anglais seulement).

Les journaux télévisés montraient des images d'employés japonais chantant l'hymne de leur société ou faisant tous ensemble leur gymnastique matinale. À l'importance accordée au groupe dans la culture de travail japonaise, on opposait l'individualisme des Occidentaux. « [Ils] ont tendance à établir une hiérarchie confucéenne où le groupe est sacré », explique Richard Lewis, un linguiste qui a étudié les différences entre ces deux mondes.

Une nouvelle philosophie du travail est née de cette comparaison, ainsi qu'une conviction croissante, vers la fin des années 1990, que si l'on n'était pas capable de s'extasier à grand bruit sur sa culture surpuissante tout en se frappant le torse à coups de poing, il fallait avoir honte de faire si peu d'efforts. Il est devenu populaire de répéter le cri de ralliement de Peter Drucker, gourou des affaires : « La culture ne fait qu'une bouchée de la stratégie ! » Dans ce contexte, il a été suggéré que découvrir la formule chimique de la culture d'entreprise équivalait à s'injecter de l'adrénaline directement dans le cerveau. L'inconvénient, bien entendu, c'est que les entreprises dénuées d'une culture dynamique de classe mondiale étaient vouées à se faire écrasées par celles qui sprintaient derrière elles.

On trouve encore des reliques de cet état d'esprit ancien dans un type particulier d'ouvrages de motivation et de développement personnel. *Fish !*, par exemple, invite les entreprises à reproduire l'ambiance du marché aux poissons de Pike, à Seattle, où (comme le montre un film associé au livre) des poissonniers aussi exubérants que pénibles se balancent des saumons, ou à tenter de charmer un client potentiel en mimant une chanson de Michael Jackson à l'aide d'un flétan dégoulinant. Cette parabole piscicole met en avant toute une série de valeurs très simples : choisir son attitude, être présent, jouer et amuser la galerie. Mais il convient de préciser qu'il est difficile de transposer le fonctionnement d'un lieu touristique dans un lieu de travail classique. Karl, du service compta, a peu de chance de se faire des amis en balançant gaiement des piles d'imprimés dans les bureaux du service commercial. De même, quand d'autres auteurs d'ouvrages similaires vous incitent à « mettre le feu » dans votre équipe, ou à transformer vos clients en « fanatiques », on a du mal à imaginer comment appliquer ces conseils sans mettre beaucoup de monde mal à l'aise. Je n'arrive pas à croire que les employés d'un petit cabinet d'avocats réagiraient bien si leur patron annonçait qu'il a décidé de mettre le feu au testament de la regrettée Madame X.

Le mouvement de la culture d'entreprise est encore vivace, et de nouveaux mots d'ordre, comme « Formez votre tribu ! », surgissent régulièrement. Mais on assiste aussi à un transfert d'orientation : de la culture comme vecteur de performance, on est en train de passer à la culture comme moyen de donner une bonne image de l'entreprise au monde extérieur. Adam Grant, le plus grand spécialiste en ce domaine, a étudié la réalité de la plupart des cultures d'entreprise pour les comparer à la publicité qu'elles en font. Il a découvert que, malgré toutes les différences affichées entre les entreprises, celles-ci avaient globalement la même culture. Ces dernières années, des difficultés inhérentes au mouvement de la culture d'entreprise sont devenues plus visibles. L'une est liée au fait que les exhortations culturelles ont tendance à opérer un usage très sélectif des données et des faits. Une autre, c'est que les exemples pittoresques si fréquemment mis en avant pour argumenter en faveur d'un changement culturel ne s'appliquent pas à toutes les situations et, surtout, sont rarement évolutifs. Les équipes sportives, les sociétés de production cinématographiques et les restaurants, ont peut-être créé des cultures de travail extraordinairement énergisantes, mais ce sont des cas particuliers de structures très compactes. Et quand les représentants de ces groupes quittent la tribune sous les applaudissements du public, on n'est pas toujours plus avancés sur la façon dont on peut transposer leurs principes, qu'ils viennent brillamment d'exposer à des organisations employant des centaines ou des milliers de personnes.

Est-il vraiment possible de rallier une entreprise entière à une culture unique et pleine de sens ? Sur ce sujet, il peut être utile d'examiner les recherches que l'anthropologue britannique Robin Dunbar a menées sur la dynamique des groupes. Selon lui, pour être soudé, un groupe ne doit pas dépasser 150 personnes. Au-delà, explique-t-il, le néocortex a du mal à gérer et il en résulte une érosion de la confiance et de la coopération. Et même 150 personnes, cela reste la limite pour assurer la cohésion du groupe. L'étude de Dunbar montre aussi que, lorsqu'autant de gens sont impliqués, le groupe consacre 42 % de son temps au « toilettage social ». Pensez-y quand vous serez en train d'éplucher vos messages internes avant de courir assister à une réunion. Sans compter que ce chiffre est étrangement proche des 40 % de temps que nous consacrons à répondre à des e-mails, selon le cabinet de conseil McKinsley. Une messagerie qui déborde serait-elle le prix à payer pour faire partie d'une grande entreprise ?

Étant donné notre difficulté à former de grands groupes, rien de surprenant à ce qu'il soit si compliqué d'imposer une « culture d'entreprise ». Certes, il peut être utile de disposer d'un manuel expliquant « comment on fait les choses ici », mais le problème, avec la plupart des déclarations de valeurs, c'est qu'elles sont soit tellement vagues qu'elles pourraient s'appliquer à n'importe quelle organisation, soit si absolues – par exemple en termes de personnalité la plus adaptée à l'entreprise – qu'il est impossible de les mettre en œuvre de manière efficace. Il n'est guère recommandé de forcer les gens à adopter un comportement ou une façon de travailler spécifiques. Dans ce cas, on obtient des équipes cyniques et désengagées ou qui se sentent obligées d'arborer un « masque de travail ».

Certaines sociétés sont allées jusqu'à employer un « préposé au bonheur », une démarche intéressante qui rend le patron responsable du bonheur de ses subordonnés (bonheur que, pour la plupart, nous décririons comme un état d'esprit complexe et autonome). Tony Hsieh, ancien PDG de Zappos[54], porte-drapeau de cette méthode, est devenu tellement obsédé par le fait d'intégrer ses employés dans une culture positive et heureuse qu'il a déclaré être prêt à licencier les 10 % de son personnel qui ne s'engageaient pas clairement dans ce « programme du bonheur ». Voilà qui a dû inquiéter les personnes confrontées à ce moment-là à des soucis d'ordre privé et les employés les plus soucieux et introvertis craignant de ne pas avoir l'air assez heureux.

Dans l'ouvrage *Disrupted*[55], Dan Lyons, journaliste et auteur de comédies, décrit avec un humour grinçant son séjour dans une société de technologie américaine obnubilée par sa culture. Entre autres scènes dystopiques, il évoque les concours de pompes organisées entre collègues à l'heure du

54 Entreprise de vente de chaussures par Internet (N.D.E.).

55 Lyons, Dan, *Disrupted: Ludicrous Misadventures in the Tech Start-up Bubble*, Atlantic Books, 2017 [Les tribulations d'un profane au pays des start-ups].

déjeuner. Selon lui, la culture dont se targuait l'entreprise n'était qu'une façon déguisée de pousser les employés à la limite du burn-out (tout en leur faisant comprendre qu'ils pouvaient être remplacés à peu de frais). « C'était juste une culture de potes », se souvient-il avant d'énoncer un point fondamental : « J'ai pris conscience que cette notion d'intégration à une culture d'entreprise n'était pas une bonne chose. En fait, quand on y réfléchit, il ne faut pas embaucher des gens qui vous ressemblent en tous points. Ce qu'il faut, ce sont des gens très différents, pour élargir la palette des talents et des visions du monde. »

Les inconvénients de la culture d'entreprise ou de la philosophie de l'engagement sont tels que Richard Claydon, philosophe du management, déclare que la seule culture susceptible de perdurer dans une grande organisation est celle du détachement ironique : « Pour survivre à une culture d'entreprise, il faut la dénigrer. » Autrement dit, vous faites ce qu'on vous dit de faire tout en échangeant des remarques sarcastiques et des regards entendus avec ceux qui partagent votre état d'esprit. C'est une application de ce que le philosophe Søren Kierkegaard appelait « l'ironie maîtrisée », remarque Claydon.

Il est donc peu probable qu'une grande société puisse instaurer une culture de travail homogène. Les seules proclamations des dirigeants ne suffiront jamais à susciter la motivation. Pour cela, il faut quelque chose de beaucoup plus tribal. Au lieu de cibler chaque individu au niveau de l'entreprise, il faut encourager de petites équipes à se faire confiance mutuellement. Il convient de donner aux travailleurs l'autonomie nécessaire pour qu'ils se concentrent sur leurs responsabilités individuelles, mais aussi de fournir des indications précises sur les règles de coopération dans l'équipe et entre équipes. Il faut établir clairement que, même si une équipe montre une forte personnalité – qui reflète la diversité de ses membres –, elle n'est pas pour autant toxique (ou subversive), tant qu'elle sait se situer au sein de l'entreprise.

Voilà pourquoi, dans les synchros qui suivent, je veux que vous vous concentriez sur l'amélioration de la culture d'équipe. Parce qu'une motivation forte commence par la collaboration entre équipes, pas par un mail du PDG.

Trouver une finalité au travail

Lorsqu'on demande aux gens pourquoi ils travaillent, leur premier réflexe est de répondre qu'ils ont besoin d'argent. C'est ce qu'on appelle la *motivation extrinsèque* – quelque chose qu'on fait, non par plaisir, mais parce que cela mène à autre chose. Lorsqu'on commet l'erreur de se demander comment nos amis s'en sortent dans la vie, nous considérons invariablement les facteurs extrinsèques : viennent-ils d'obtenir une énorme augmentation de salaire ? Ont-ils les moyens de se payer une fabuleuse maison ou des vacances de rêve ? De même, nous savons que lorsqu'un chauffeur Uber accepte une nouvelle course, ce n'est pas (forcément) parce qu'il adore conduire, mais parce qu'il a besoin d'une petite rallonge pour payer son loyer.

La *motivation intrinsèque*, en revanche, est ce qui nous pousse à faire quelque chose sans penser aux contreparties. Ce peut être un moteur extrêmement puissant. Sinon, pourquoi les infirmières ou les enseignants exerceraient-ils un métier qu'ils savent moins bien payé que tant d'autres ? S'ils le font, c'est parce qu'ils croient à la valeur intrinsèque de leur profession, tout comme les personnes prêtes à travailler pour rien :

les bénévoles dans les boutiques de charité, par exemple, ou les codeurs de logiciel open source. Sans motivation intrinsèque, une multitude de métiers aussi difficiles qu'essentiels disparaîtrait.

La relation entre motivation intrinsèque et extrinsèque est délicate. Il est tentant de penser qu'on travaille plus dur quand on est motivé extrinsèquement par une prime. En fait, tout tend à prouver que c'est plutôt l'inverse. Les tâches *algorithmiques*, comme les décrit Daniel Pink – où l'on « suit un ensemble d'instructions préétablies selon un schéma unique menant à une seule conclusion » –, peuvent tout à fait être exécutées plus rapidement et plus efficacement en offrant une simple prime extrinsèque : « Nettoie plus de voitures, et tu gagneras plus d'argent », « Prépare plus de gâteaux et tu auras une prime. » Mais quand la tâche concernée est *heuristique* – c'est-à-dire, quand « on doit tester diverses possibilités et définir une solution novatrice » –, les récompenses extrinsèques peuvent se retourner contre nous[56]. Comme le souligne Teresa Amabile, les tâches heuristiques sont la partie de notre travail dont nous tirons le plus de plaisir. Elles activent les synapses du cerveau en nous obligeant à créer et à imaginer. Stimulez-les de la mauvaise manière et elles vont s'endormir au lieu de décupler leur activité.

Amabile a fait la preuve de ce principe dans une expérience créative, un test artistique mis en place avec deux groupes d'enfants volontaires (rassurez-vous, Amabile n'a rien à voir avec Frédéric II : ces enfants pouvaient même obtenir une récompense). On a dit à l'un des groupes que celui qui dessine-

56 Daniel Pink, *Drive: The Surprising Truth About What Motivates Us,* Canongate Books, Londres, 2011 [trad. fr. *La vérité sur ce qui nous motive*, Flammarion, Paris, 2016].

rait les plus beaux dessins recevrait des cadeaux, sans spécifier lesquels. L'autre groupe a été informé qu'il allait consacrer un certain temps à une activité artistique et qu'en fin de journée, un tirage au sort déterminerait qui allait emporter le prix. Quand les deux groupes ont remis leurs œuvres, Amabile a réuni un jury pour les examiner. De façon unanime, les juges ont estimé que les dessins rendus par le groupe qui n'attendait pas de récompense étaient sensiblement plus créatifs. La motivation extrinsèque représentée par les cadeaux n'a pas donné lieu à un travail de meilleure qualité ou plus innovant.

Il ne s'agit pas d'un résultat isolé, comme l'ont montré Mark Lepper et David Greene dont l'expérience, relativement semblable, est devenue un cas d'école. Les deux chercheurs ont rassemblé des élèves de maternelle manifestant un intérêt pour le dessin, et ils leur ont donné un peu de temps libre. On a dit à un tiers des enfants que, s'ils le passaient à dessiner, ils recevraient une récompense. Le deuxième tiers était libre de s'occuper comme il le voulait, mais ceux qui décidaient de dessiner étaient récompensés. Le troisième tiers constituait un groupe de contrôle : il pouvait faire ce qu'il voulait, sans aucune contrepartie même s'il décidait d'opter pour le dessin.

Lorsqu'on a comparé les activités des enfants, on a découvert que ceux des 2e et 3e groupes avaient tous passé environ 20 % de leurs six minutes de temps libre à dessiner. En revanche, le premier groupe, à qui on avait promis une récompense, n'avait consacré que 10 % du temps à dessiner (et, souvenez-vous, tous ces enfants avaient été choisis parce qu'ils aimaient cette activité). Deux semaines plus tard, quand les chercheurs ont réitéré l'expérience, ils ont remarqué que les enfants du premier groupe continuaient de manifester moins d'intérêt pour le dessin.

Que s'était-il passé ? De toute évidence, l'introduction d'une motivation extrinsèque avait transformé en travail ce qui constituait auparavant un plaisir intrinsèque. J'arrive presque à me représenter ces gamins en train de contempler leurs crayons de couleur d'un air dépité. En outre, les enfants de ce groupe qui avaient décidé de dessiner avaient produit des œuvres jugées moins intéressantes que ceux qui en avaient créé juste pour s'amuser. Presque comme si quelqu'un avait coulé du ciment sur leur aire de jeu préférée. Voilà qui devrait servir d'avertissement : avant de décider de transformer un loisir en travail, réfléchissez bien. À tout le moins, nous devrions tous garder à l'esprit le postulat d'Amabile : « La motivation intrinsèque mène à la créativité ; la motivation extrinsèque nuit à la créativité. »

Il existe même des éléments qui démontrent que faire un travail uniquement pour des raisons extrinsèques non seulement tue la créativité, mais peut aussi conduire à l'insatisfaction et à la dépression. Comme me l'a confié Daniel Cable, professeur à la London Business School, les études montrent que « les employés qui reçoivent de nombreuses récompenses extrinsèques pour des tâches qui leur semblent ennuyeuses et vides de sens se rendent malades ». Voilà qui est dit : ce n'est pas en récompensant les gens (en bonbons, en argent ou autre) qu'on leur fait aimer leur travail. Un boulot inepte est un boulot inepte, quelle que soit la carotte qu'on agite.

Si nous voulons tirer le meilleur parti de notre travail, il nous faut donc trouver des moyens de stimuler notre motivation intrinsèque, faire frissonner nos cellules nerveuses au lieu de balancer des récompenses inutiles et destructrices dans notre système de motivation. La difficulté est que le travail moderne est envahi d'une foule permanente de désagréments et de distractions qui détruisent précisément le type de motivation que nous cherchons à encourager. Les gens ont besoin de sentir qu'ils avancent. Ils ont soif d'accomplissement. Mais les interruptions inhérentes au lieu de travail (les bureaux open space, les réunions, les e-mails, les notifications incessantes) étouffent tout sentiment de satisfaction. Nous voudrions aimer notre travail uniquement pour ce qu'il est, mais tout conspire à nous en empêcher (et comme je viens de le montrer, agiter une carotte sous le nez d'employés en perte de vitesse n'est pas une solution, cela peut même se révéler contre-productif).

Pour l'auteur Daniel Pink, la plus grande motivation intrinsèque – celle qui nous anime vraiment, qui nous donne de l'énergie et stimule notre sentiment de valeur personnelle – provient d'une combinaison de trois facteurs : l'*autonomie*, la *maîtrise* et la *finalité*. L'autonomie est notre désir d'avoir un impact sur le travail que nous faisons. La maîtrise est le sentiment d'accomplissement lié au constat que nous nous améliorons. La finalité est ce qui nous donne l'impression d'apporter une contribution, à la société, à notre famille, à travers notre travail.

« Je pense qu'il existe deux types de finalité », m'a confié Pink. « Le premier est ce que j'appelle la *Finalité* avec un grand F qui repose sur cette question : « est-ce que je fais quelque chose de grand et de transcendant ? » En allant travailler aujourd'hui, je vais aider à résoudre la crise climatique, je vais contribuer à nourrir les affamés, donner des chaussures à ceux qui n'en ont pas, etc. Et tout concourt à prouver que c'est un excellent optimiseur de performance, essentiel tant au niveau de l'individu que de l'entreprise. La vérité est que beaucoup d'entre nous, dans leur travail, n'ont pas accès à cette Finalité au quotidien. Je ne peux pas débarquer dans mon bureau, ici, derrière le garage de ma maison, et déclarer : « Aujourd'hui, je vais jouer un rôle crucial dans la suppression de notre dépendance aux énergies fossiles ». Je fais quelque chose de beaucoup plus terre à terre. Je vais écrire un livre. L'autre type de *finalité*, c'est celle qui commence par un F minuscule. C'est simplement se demander : « Est-ce que j'apporte une contribution ? » C'est tout. Dans l'environnement professionnel, si je ne venais pas au travail aujourd'hui, est-ce que ça gênerait quelqu'un ? Est-ce que quelqu'un s'en apercevrait ? Est-ce que des choses resteraient en plan ? Est-ce qu'en aidant quelqu'un en difficulté, je l'ai sorti d'affaire ? J'ai apporté une contribution. Certes, ça n'a pas arrêté la faim dans le monde. Mais j'ai contribué à quelque chose. »

Il a été prouvé que ce sentiment de finalité – apporter sa contribution – est un puissant moteur pour l'engagement et l'implication des employés dans leur travail. La plupart des cuisiniers, par exemple, auraient sans doute du mal à accepter l'idée que leur métier implique de soulager la faim dans le monde : leur travail n'incarne pas ce que Pink nomme la « *Finalité* avec un grand F ». Néanmoins, ils ont bel et bien un sentiment de finalité (avec un petit F), et celle-ci peut être extrêmement enrichissante. Des chercheurs de Harvard et de l'University College de Londres ayant étudié un restaurant pendant une semaine ont découvert que, quand les cuisiniers peuvent voir leurs clients, la qualité de leurs plats s'accroît (on a estimé que leur cuisine est alors meilleure de 10 %). Et quand les cuisiniers peuvent voir les clients et que les clients peuvent voir les cuisiniers, cette amélioration est encore plus nette (17 %). Autrement dit, quand les cuisiniers voient qu'ils apportent une réelle contribution, ils travaillent mieux.

« Quand notre travail est apprécié, il prend du sens », comme l'a dit Ryan Buell, directeur des recherches.

Pour Adam Grant, la *fierté* – qu'on peut considérer comme un croisement entre la finalité et l'appartenance – est un élément essentiel de l'engagement. Si nous avons l'impression que les gens respectent notre travail, qu'ils le pensent utile, nous en tirons une fierté dynamisante. Si vous êtes infirmier ou pompier, vous savez que la société accorde une grande valeur à ce que vous faites dans le cadre de votre profession (ça ne rend pas votre travail moins stressant ni épuisant, mais cela vous permet probablement de tenir le coup, ce qui ne serait pas forcément le cas si vous n'étiez pas fier de votre métier).

Le premier des facteurs de motivation identifiés par Daniel Pink – l'*autonomie* – est clairement déterminant. Nous avons besoin de sentir que nous sommes aux commandes, que ce n'est pas quelqu'un d'autre qui contrôle chaque instant de notre journée de travail. Mais – retour à l'empereur Frédéric II –, il faut que cette autonomie soit savamment dosée par rapport à notre relation aux autres, car celle-ci est primordiale dans notre pyramide des besoins (pas celle de Maslow, mais celle qui place l'amour et l'appartenance au même niveau que les besoins physiologiques fondamentaux). Transposé au monde du travail, cela signifie que nous n'avons pas seulement besoin d'autonomie, de maîtrise et de finalité. Nous avons besoin de *synchronisation*, que j'abrège ici en *synchro*.

La synchro

Qu'est-ce que la *synchro* ? C'est ce qui fait que les couples restent ensemble. C'est ce qui nous permet de supporter le chagrin et ce qui peut donner des fous rires aux écoliers. C'est ce qui pousse les collègues à travailler plus vite, les retraités à se rapprocher les uns des autres, et qui présente les mêmes effets sur la santé que d'arrêter de fumer. Certes, nous ne pouvons pas la mesurer, mais nous pouvons quantifier son impact. La meilleure façon de la définir est peut-être de la voir comme une connexion, à un niveau humain et empathique, qui permet de souder une équipe dans un même esprit de confiance.

Tout montre que les êtres humains retirent de la joie à se sentir en synchronisation avec leur entourage. Parfois, celle-ci peut prendre la forme de mouvements extrêmement chorégraphiés : danser en groupe, chanter dans une chorale, partager la liesse d'une foule lors d'une victoire sportive. Quand nous sommes en harmonie avec les autres, nous avons tendance à éprouver de l'euphorie.

En dehors de ces instants de haute synchronisation, il existe des moments beaucoup plus subtils, au quotidien, qui possèdent un impact mesurable sur notre sentiment de bien-être. En 1920, Floyd Allport, psychologue à Harvard, a observé que le simple fait de travailler à côté de quelqu'un, même si les tâches effectuées sont indépendantes, augmente la productivité, car le plus lent accélère pour calquer son rythme sur le plus rapide. Quiconque est allé à la salle de gym avec un ami aura constaté que, lorsqu'on est en synchro avec quelqu'un, on repousse ses propres limites physiques. Je viens de jeter un coup d'œil par la fenêtre et j'ai vu deux enfants jouer ensemble à un jeu de mains et manifester un plaisir et une énergie grandissants à mesure qu'ils parvenaient à coordonner des gestes de plus en plus complexes.

Selon l'anthropologue Robin Dunbar, ceci s'explique par le fait que « la synchronisation, à elle seule, semble accroître la production d'endorphine de manière à augmenter son impact quand nous pratiquons des activités en groupe ». Quand nous sommes synchros avec notre entourage, nous pouvons donc faire des exploits.

Brian Eno, légende de la musique et producteur britannique, a fait un exposé captivant en 2015 à la BBC, dans lequel il développait l'idée que nous faisons davantage confiance aux autres quand nous nous sentons synchrones avec eux. Il s'agit souvent d'un processus indirect. Quand nous rencontrons quelqu'un pour la première fois, nous ne lui demandons pas d'exposer ses opinions afin de les croiser avec les nôtres. Nous avons recours à des échanges flous sur la culture, les amis et les actualités. Eno a évoqué sa propre expérience à ce sujet : il était assis dans un bus et entendait deux femmes parler d'un épisode du soap opéra *Coronation Street* dans lequel l'un des personnages, de façon inattendue, se révélait lesbien. Les deux femmes se servaient de cette expérience partagée comme tremplin à un débat très animé sur l'orientation sexuelle. « Je me suis aperçu que, comme il s'agissait d'une série télévisée », observe Eno, « elles pouvaient en parler avec une profondeur qu'elles n'auraient jamais eue si elles avaient été directement concernées. » Il poursuit en faisant référence à l'œuvre de l'historien William McNeil qui, selon Eno, « parle du plaisir intense que les humains retirent de la coordination musculaire : en dansant, en défilant, dans les carnavals et partout où beaucoup de gens se synchronisent ».

Brian Eno a conclu en déclarant que, en tant qu'animaux doués d'intelligence, nous trouvons la quiétude dans la confiance issue de la synchronisation, qu'elle soit physique ou verbale. « Je pensais à la relation entre ces deux femmes dans le bus », dit-il, « et je me disais que ce qu'elles faisaient, en réalité, c'était de la synchronisation. Nous vivons dans une culture qui évolue à une vitesse incroyable. Dans un mois, il se sera probablement produit autant de changements que pendant tout le XIVe siècle. Alors on est obligé de trouver des moyens de composer avec tout ça. Personne ne vit les mêmes expériences : on sait peut-être beaucoup de choses sur ce qui se passe dans le milieu des voitures ou dans le monde médical, et on sait des choses sur les mathématiques, ou sur la mode. Mais aucun d'entre nous n'est expert dans la totalité des domaines qui évoluent à l'heure actuelle. Alors on doit trouver des façons de rester synchro. »

Les personnes appartenant à des groupes qui manifestent de la synchro en tirent clairement des avantages. Les chercheurs qui ont étudié les chorales se sont aperçus que leurs membres bénéficient d'effets similaires à ceux produits par une séance de gym ou par l'arrêt de la cigarette. Daniel Weinstein et son équipe de chercheurs ont découvert que « le sentiment d'inclusion, la connectivité, l'affect positif et les doses d'endorphine sécrétées augmentaient pendant les répétitions de chant ». Les groupes qui avaient réussi à se sentir en synchronie grâce au chant montraient une tolérance plus élevée lorsqu'on testait leur seuil de douleur : la synchro rendait ces chanteurs plus forts. Les scientifiques ont également découvert que même les groupes qui, de l'extérieur semblaient trop larges pour que des liens puissent se créer, étaient malgré tout capables de développer un sentiment de cohésion à travers la musique. Et ce, de façon étonnamment rapide : « Même après une seule séance de chant dans un vaste groupe, il se crée les mêmes liens entre inconnus qu'entre personnes qui se connaissent déjà. »

L'exemple de la chorale peut paraître un peu extrême sur le plan de la synchro, mais ce principe vaut pour n'importe quel groupe. Les personnes qui entretiennent des relations de soutien mutuel sont moins stressées que les autres. Si nous sommes entourés de personnes en qui nous avons confiance, celles-ci agissent comme un tampon entre nous et le stress. Une étude portant sur les couples américains qui perduraient malgré une relation à distance a montré l'importance cruciale de petites conversations quotidiennes sur des sujets banals. Apparemment, le secret d'un mariage heureux reposait sur la synchronisation au travers d'interactions insignifiantes, même quand les partenaires vivaient très loin l'un de l'autre. Même dans des groupes socialement moins cohérents, le niveau de stress individuel baisse, que ce groupe ait ou non pour objectif de fournir un soutien émotionnel.

Nous avons tous besoin d'appartenir à un groupe. Nous sommes plus forts, plus dynamiques et plus collaboratifs quand nous sommes en synchro les uns avec les autres. À présent, explorons huit façons d'insuffler de la synchro au travail.

SYNCHRO 1 : DÉPLACEZ LA MACHINE À CAFÉ

Imaginez que vous examinez des travailleurs comme vous observeriez des fourmis vaquant dans votre jardin, vus du dessus, à la manière d'un dieu du travail, capable de voir les centaines de petites interactions qui se déroulent en bas. Ou comme un accro aux *Sims*[57] qui regarde ses personnages bavarder, faire des réunions et flirter maladroitement dans tous les bureaux du monde.

Eh bien, grâce au travail révolutionnaire d'Alex « Sandy » Pentland, professeur au MIT, c'est très proche de ce que nous sommes désormais capables de faire. Pentland est un homme affable qu'une chevelure grise en broussaille et une épaisse barbe doivent protéger des longs hivers à Boston. Son trait de génie a été d'associer deux technologies existantes pour créer un outil de recherche surpuissant qui réunit des mégadonnées et la psychologie dans un tout nouveau domaine d'étude qu'il appelle la physique sociale. Pour commencer, il s'est emparé, avec ses étudiants, des badges que nous utilisons aujourd'hui pour entrer et sortir de notre entreprise. Ensuite, ils les ont combinés avec une technologie proche de celle de nos Smartphones. Les badges sociométriques ainsi obtenus ont permis à Pentland de réunir des informations précises sur l'endroit où se trouvaient leurs porteurs à tout instant et, grâce aux micros modifiés qu'ils contiennent, de connaître non seulement l'identité de leurs interlocuteurs, mais aussi de savoir,

57 Jeux vidéo qui simulent des situations de la vie (N.D.E.).

d'après l'intonation de la voix, si les porteurs posaient une question ou donnaient une réponse (précisons que ces micros ne captaient pas le contenu des conversations, juste le ton de la voix). Cette vaste banque de données, mise à jour toutes les 16 millisecondes, était ensuite appariée au journal des tâches tenu par les employés d'un grand nombre de secteurs et d'entreprises. Pentland a ainsi obtenu une image précise de tout ce qui se passe réellement au travail, des interactions de groupes, des moments où les employés sont le plus productifs et de la façon dont les idées passent d'une personne à l'autre.

Après avoir lu mes suggestions des recharges n°s 7 et 10, vous ne serez sans doute pas surpris par l'une des informations recueillies par Pentland : les courriers électroniques sont peut-être un outil de communication précieux, mais leur utilité se réduit globalement à cela. « Nous avons découvert », déclare Pentland, « que les e-mails n'ont pas grand-chose à voir avec la productivité et la créativité. » En revanche, il s'est aperçu que l'un des facteurs déterminants de la réussite de certaines organisations, c'est le « flux d'idées », soit la capacité qu'ont les réflexions nouvelles à s'enrichir mutuellement. Dans ce cas, le « flux d'idées » provenait essentiellement de bavardages anodins entre les employés (par opposition aux discussions qui ont lieu en réunion). Dans les banques ou les centres d'appels, jusqu'à 40 % de la productivité des différents groupes étaient issus des suggestions émises durant des interactions informelles. « J'ai découvert que le nombre d'opportunités d'apprentissage social, en général lors d'échanges en vis-à-vis, constituait le premier grand facteur de productivité au travail », conclut Pentland. En d'autres termes, consacrer du temps à établir une synchro permettait de contribuer à un tiers, même à la moitié, de la productivité du groupe. Les e-mails n'ajoutaient pratiquement rien aux résultats de ces groupes.

Et ce n'est pas seulement la productivité qui augmentait. Pentland a également découvert que certaines des meilleures idées venaient, non pas de génies isolés trimant sur leur ordinateur, mais d'individus qui se retrouvaient pour discuter en groupe. « Les données montrent que, la plupart du temps et dans la plupart des entreprises, l'innovation est un phénomène de groupe », déclare Pentland. Les employés commençaient par réfléchir seuls, dans un accès de concentration, mais ils se levaient bientôt pour mettre leurs réflexions à l'épreuve en échangeant avec leurs collègues : « Les personnes les plus créatives sont en fait celles qui se déplacent et recueillent des idées auprès d'une variété d'autres gens, jouent avec ces idées et les testent sur leur entourage. »

Dans les bureaux, ce sont les petites interactions qui permettent de transformer les pensées brutes en grands concepts : le léger frémissement de la première personne à entendre votre nouvelle idée, qui vous fait comprendre qu'elle a besoin d'être retravaillée. Le sourire encourageant et le hochement de tête enthousiaste qui montre que vous tenez quelque chose. Tout ce langage corporel aide à la formation, à la reformulation et à l'amélioration des idées. Pour Pentland (ses badges permettaient de voir les individus se déplacer d'un collègue à l'autre), les employés qui échangent leurs idées de manière constructive sont l'équivalent de musiciens qui improvisent entre eux : « C'est comme des gens qui jouent du jazz ensemble : ils se renvoient les riffs, ils se répondent, mais, pour avoir une bonne session, il faut d'abord poser un motif. »

Dans la mesure où, selon Pentland, le dialogue au travail est un puissant vecteur d'idées nouvelles, tout devrait être fait pour l'encourager. Et souvent, c'est seulement une question d'organisation de l'espace physique. Dans une entreprise, raconte Pentland, « le moyen le plus simple d'augmenter la productivité des employés était de rallonger les tables de la cafétéria pour forcer des gens qui ne se connaissaient pas à manger ensemble » (voir recharge n° 8). Dans une banque, une équipe du service client, installée dans un endroit isolé, a été déplacée quand on s'est aperçu que très peu d'autres employés passaient devant elle et que, par conséquent, les projets étaient mal exécutés : « En changeant le plan de salle, la banque a pu s'assurer qu'une fois ce service client extrait de son isolement, tout le monde était dans la boucle. »

Depuis, les travaux de Pentland ont été repris et élargis par nombre de ses collaborateurs. L'un de ses étudiants, Ben Waber, a par exemple créé une start-up, Humanyze, qui vend maintenant des badges sociométriques aux entreprises pour les aider à comprendre ce qui se passe dans leurs bureaux et à déterminer des moyens d'améliorer les conditions de travail. Les équipes collaborent-elles de manière efficace ? Où se situent les goulets d'étranglement en termes de communication ?

Comme Pentland, Waber et son équipe ont découvert que les modifications requises sont souvent très simples. Les patrons passent des journées entières à travailler sur la restructuration des équipes pour améliorer la collaboration au sein du bureau. Pourtant, cela ne les dérange pas de laisser au hasard la disposition de points de rassemblement essentiels comme la fontaine d'eau ou la bouilloire. Selon Waber, c'est une erreur colossale. « L'emplacement de la machine à café », m'a-t-il confié, « a pratiquement autant d'incidence que l'organigramme sur la communication interne. »

Alors, où placer la machine à café ? Eh bien, cela dépend de vos objectifs : « Si on la met, par exemple, dans la zone d'une équipe spécifique, cette équipe aura tendance à se concentrer davantage sur elle-même, elle établira un réseau très cohésif. En revanche, si on la place entre deux équipes, celles-ci échangeront davantage entre elles. Si c'est ce que je souhaite, alors c'est ce qu'il faut faire. »

Sur votre lieu de travail, il n'est peut-être pas possible de déplacer les fontaines et les bouilloires. Dans ce cas, vous pouvez envisager de rapprocher vos principales équipes de sorte qu'elles partagent la même cuisine. Certaines entreprises installent des écrans de télé – branchées sur les actualités ou le sport – dans des espaces détentes entre les équipes. Quelle que soit la solution retenue, sachez que cette petite discussion autour d'une tasse de thé à la menthe sera peut-être la source de la prochaine grande idée de votre entreprise.

POUR ALLER PLUS LOIN :

- Amenez les employés à parler entre eux. C'est le secret de la synchro, et c'est facile à faire.
- Rappelez-vous que même de modestes changements servant la proximité entre équipes peuvent instaurer un esprit de collaboration, de la confiance et de la créativité.
- Déplacer les machines à café, les fontaines d'eau et les bouilloires est une façon de réunir les personnes que vous voulez voir interagir. Si ce n'est pas possible, tentez de déménager les points de rassemblement habituels des équipes.
- Essayez d'ajouter des télés, des canapés ou d'autres éléments pouvant inciter les membres des équipes à prendre une pause pour bavarder ensemble.

SYNCHRO 2 : PROPOSEZ UNE PAUSE-CAFÉ

Dans la synchro précédente, j'ai évoqué les recherches de Ben Waber, PDG de Humanyze, société pionnière en matière de technologie du travail, qui aide les entreprises à améliorer leur fonctionnement grâce à des badges sociométriques capables de tracer et d'identifier les mauvaises méthodes de travail.

Waber m'a parlé d'une expérience que sa société a menée au centre d'appels d'une agence de la Bank of America. Ces centres sont une forme évoluée du capitalisme : tout est structuré de manière à maximiser la productivité. Comment amener un millier d'opérateurs à gérer davantage d'appels, surtout si vous voulez que ceux-ci se concluent par une transaction ? C'est un défi permanent.

Je vous pardonnerai si vous pensez qu'un métier aussi individualiste ne nécessite aucun travail d'équipe, aucune synchro ou aucun échange permettant de faire circuler les idées. Il est vrai que l'évolution actuelle de certains centres d'appels peut vous donner raison. Les équipes que Waber et ses collègues ont observées travaillaient de façon autonome. Chaque membre gérait ses propres appels et, deux fois par jour en milieu de matinée et en milieu d'après-midi, rejoignait une salle de repos isolée pour prendre une pause rapide. Là, il buvait du thé ou du café, tout seul, avant de rejoindre la mêlée.

Forts de ces observations, Waber et ses collègues ont procédé à un ajustement. Au lieu de se rendre séparément à leur pause, les opérateurs auraient maintenant l'autorisation d'y aller en groupe pour passer ensemble un quart d'heure, à l'écart des questions et des plaintes qu'ils géraient heure après heure. Résultats des courses ? Le premier n'est pas une révélation : « La cohésion de ces groupes a augmenté d'environ 18 % », m'a confié Waber. « On pouvait s'y attendre parce que, maintenant, que je fais une pause en même temps que les autres membres de mon équipe, je peux leur parler. » Mais ce sont d'autres effets qui ont surpris les dirigeants de la banque. En premier lieu, le niveau de stress (mesuré grâce à des capteurs du badge sociométrique mentionné en synchro n° 1) a diminué de 19 %, en grande partie parce que les employés avaient désormais la possibilité de parler entre eux d'un appel particulièrement difficile à gérer. Ensuite, à partir du moment où on a instauré cette pause coordonnée et gratuite de quinze minutes, les performances de l'équipe ont augmenté de 23 %. Ou pour le dire autrement, l'introduction de la synchro dans un centre d'appels a conduit à une hausse de productivité de presque un quart.

Certes, quand on y réfléchit, cela semble évident. Dans les centres d'appels, le travail consiste en une série d'interactions téléphoniques intenses. La plupart de ces endroits cristallisent les pires travers de la société. Il en existe peu qui soient positifs ou chaleureux et, par conséquent, le niveau de stress moyen des opérateurs se situe bien au-dessus de la norme des autres métiers. À la fin de la journée, ces opérateurs se sentent lessivés. Lors de ces appels, ils doivent faire face à la colère de leurs correspondants, une colère probablement bien pire que celle qu'ils manifestent avec leur famille, leurs amis ou même leurs propres collègues de travail. Ces gens veulent qu'on les rembourse. Ou un service gratuit. Sous bien des aspects, ces clients furieux ressemblent à des novices apprenant un jeu de combat sur une console : ils ne sont pas très sûrs de savoir quel bouton presser pour obtenir ce qu'ils veulent, mais ils espèrent qu'en appuyant partout en même temps, ils obtiendront un résultat.

Aussi, quand un opérateur va prendre sa pause en titubant de fatigue, il entre dans une cafétéria ou une salle de repos pleine d'inconnus, s'assoit en silence pendant quinze minutes, fait défiler quelques centaines d'images sur son téléphone, boit son café et retourne sur l'immense plateforme du centre d'appels, les tympans vibrant des échos de sa précédente session. En revanche, quand la pause est coordonnée, les opérateurs peuvent discuter avec leurs collègues et échanger des anecdotes sur leur travail : des anecdotes sans doute trop ennuyeuses pour qu'ils les racontent le soir à leur partenaire ou les assènent à leurs amis au risque de gâcher leur soirée, mais dont ils peuvent se soulager en les partageant avec des collaborateurs compatissants.

Et quand le pouvoir de la synchro se déchaîne, non seulement le stress diminue, mais il se produit des échanges d'astuces utiles et productives. « Oh, voilà ce qui m'est arrivé. J'ai répondu ça. », « J'ai eu ce genre d'appel. Pourquoi tu n'essaies pas ça ? » Grâce à ce genre de conversations, les membres de l'équipe ont pu se coacher mutuellement et résoudre les problèmes qu'ils rencontraient. Waber et ses collègues ont établi que cette augmentation de 23 % de la productivité équivalait à dix ans d'expérience supplémentaire pour ces opérateurs.

Il convient de souligner un autre point crucial : ces interactions n'étaient pas planifiées. Waber a observé que les réunions d'équipe programmées n'atteignent pas de tels niveaux de synchronisation (ou, pour utiliser ses termes, de « cohésion »).

Les conversations de ce centre d'appels ont été efficaces parce qu'elles étaient spontanées.

Cette leçon nous offre un rappel de ce à quoi ressemble la créativité sur la plupart des lieux de travail. Quand les opérateurs trouvent un meilleur moyen de résoudre le problème d'un client, ils sont responsables d'une étincelle de réflexion créative. La notion de créativité a tendance à nous impressionner, mais, en vérité, que nous travaillions dans une administration locale, un supermarché, un cabinet d'avocats ou, oui, un centre d'appels, la créativité consiste simplement à trouver un meilleur moyen de faire notre travail.

L'efficacité des pauses partagées est loin d'être une révélation pour les habitants de la Suède. Là-bas, on connaît le pouvoir du *fika* depuis des générations. On traduit généralement le mot *fika* par « pause-café », et il peut tout à fait prendre l'aspect d'une petite pause d'un quart d'heure consacrée à boire du café en grignotant un biscuit, mais c'est avant tout un état d'esprit. Partout dans le pays, le *fika* marque le moment où des entreprises comme l'usine Volvo interrompent la production pour s'octroyer une pause ressourçante. Comme l'explique le site d'IKEA : « Plus qu'une pause-café, le *fika* est un temps de partage, de connexion et de détente entre collègues. Certaines des meilleures idées et décisions apparaissent lors du *fika.* » Pris avec des collaborateurs ou savouré seul, le *fika* est considéré par les Suédois comme un moment pour lever le pied et réfléchir. De fait, de nombreuses entreprises suédoises considèrent désormais la promenade jusqu'au café voisin comme partie prenante du *fika* moderne. Avec le temps, nous sommes nombreux à nous être sentis coupables d'avoir fait une pause-café. Se préparer une tasse et retourner derrière le bureau, d'accord, mais s'asseoir et se détendre pendant quinze minutes, c'est vu comme de la paresse. Le *fika* montre qu'il s'agit de se changer les idées et de recharger ses batteries afin de produire de meilleures réflexions et de fournir davantage d'énergie.

Ainsi, les centres d'appels ne sont pas les seuls à pouvoir bénéficier de cette petite entorse à la routine quotidienne. Que vous proposiez à vos collègues de poser les outils pour prendre le thé dans l'après-midi ou que vous rejoigniez tous ensemble le café le plus proche pour bavarder, le *fika* est peut-être la solution pour apporter plus de synchro dans votre équipe.

POUR ALLER PLUS LOIN :

- Faites des expériences. Proposez une pause à votre entourage. Servez-vous de cette pause pour marcher jusqu'au café, ou bien promenez-vous aux alentours de la bouilloire d'un autre étage de votre bureau. D'abord, essayez de faire une pause deux ou trois fois par semaine et, le vendredi venu, notez ses effets.
- Essayez de prendre un temps de relâche en compagnie de collègues au moment où vous vous sentez le moins apte à lâcher votre travail. Certaines personnes affirment que les pauses sont plus efficaces dans les périodes de stress et d'épuisement.

SYNCHRO 3 : ÉCOURTEZ LES RÉUNIONS

On dirait une scène tirée de l'époque de la Prohibition en Amérique : trois employés de bureau, bien vêtus, mais pas au point de risquer d'attirer l'attention, referment une porte derrière eux. Chacun va s'asseoir discrètement tout en jetant des coups d'œil inquisiteurs sur ce qui se passe derrière la cloison en verre : quand on se méfie des forces de l'ordre, il faut être sûr que l'ennemi n'est pas en train de vous suivre sournoisement. Alors, l'un des trois hommes ouvre lentement l'appareil lumineux que, jusque-là, il était parvenu à masquer. Enfin, c'est le confort d'un diaporama bien présenté et le calme engendré par la présence de PowerPoint. Ils ont retrouvé la sécurité, la normalité, pensent-ils en laissant échapper à l'unisson un soupir de soulagement. Ils se penchent sur l'ordinateur portable posé entre eux.

Soudain, au beau milieu de ce bref moment de concentration, BANG ! La porte s'ouvre d'un coup. Les agents fédéraux envahissent la pièce. Les trois hommes ont été piégés.

La vie de bureau à l'âge moderne ? Eh bien, peut-être pas, mais ceci, à une ou deux libertés près, ressemble fort au jour où David Sacks, responsable de l'exploitation, est entré en scène chez PayPal. Arpentant des bureaux où travaillaient 700 personnes, comme un flic qui cherche à repérer les bars clandestins, il avait coutume d'ouvrir à la volée les portes des salles de réunion pour interrompre tout ce qui ressemblait à un regroupement inutile. Comme le rapportera plus tard un employé, Sacks « appliquait une culture anti-réunion, pour lui, tout rassemblement de plus de trois ou quatre personnes était jugé suspect et sujet à une annulation immédiate s'il l'estimait inutile ». Sacks lui-même a expliqué que, selon lui, cet enthousiasme pour les réunions était la conséquence d'une récente acquisition au terme de laquelle la société s'était retrouvée avec deux fois plus de chefs que nécessaire. Les managers organisaient des réunions uniquement pour asseoir leur importance au sein de la nouvelle structure.

La situation chez PayPal est peut-être particulière, mais ce que Sacks a découvert n'est pas un phénomène inhabituel. Dans la vie de bureau moderne, l'un des grands défis est de trouver des moyens d'évaluer précisément les compétences des employés. Comment décide-t-on qu'ils font bien leur boulot ? On pourrait penser qu'il faut simplement examiner leur travail au quotidien, leurs idées, leur capacité à agir efficacement en équipe. En réalité, on aura plutôt tendance à les juger à l'aune de leur éloquence en réunion, même si la corrélation entre réunions et productivité réelle est très limitée. Parfois, un petit regroupement pour discuter d'un projet commun peut sembler dynamisant et productif, mais, bien trop souvent, les réunions minent le moral.

Rory Sutherland, légende de la publicité, est quant à lui très sceptique : est-ce faire un bon usage de son temps que de rester enfermé pendant des heures dans une salle avec ses collègues ? Il compare les pratiques actuelles avec ce qui se faisait dans le passé : « Dans le monde publicitaire des années 1980, il y avait pas mal de moments où on n'avait pas grand-chose à faire. On faisait passer un projet en studio, et on attendait qu'il ressorte. La photo était faite, on attendait les premières retouches, ce genre de choses. Tout cela impliquait des moments d'arrêt forcés. Ces périodes creuses étaient généralement gâchées, comme souvent dans ce cas. Mais elles étaient gâchées d'une façon très spéciale. OK, on en gâchait vraiment 80 %. Mais les 20 % restants se révélaient très profitables. On avait des conversations qui, autrement, n'auraient jamais eu lieu [...] Je pense qu'il faut qu'on réapprenne tout ça [comment réintégrer de l'espace de réflexion dans le travail], parce que la technologie et les e-mails sont arrivés si vite qu'on n'a pas eu le temps d'instaurer autour d'eux une étiquette, des procédures ou des règles de bonne conduite », conclut-il.

Pour tenter de comprendre pourquoi les réunions sont tellement improductives, penchons-nous sur l'une des expériences les plus intéressantes, en termes de dynamique humaine, de ces dernières années. Le marshmallow apparaît deux fois dans des études scientifiques de référence (les chercheurs trouvent peut-être son côté moelleux irrésistible). Le test du Marshmallow est sans doute le plus connu des deux (on laisse des enfants dans une pièce avec un marshmallow et on leur dit qu'ils peuvent le manger tout de suite ou attendre cinq minutes pour en avoir un second ; leur capacité à retarder la gratification est un excellent indicateur de leur réussite future dans la vie). Mais c'est le Marshmallow Challenge qui va nous renseigner sur les rapports de pouvoirs dans les réunions.

Ce challenge conçu par Peter Skillman, designer du Palm Pilot[58], alors qu'il réfléchissait à la façon de résoudre les problèmes de groupe, est très facile à mettre en œuvre[59]. Les participants sont divisés en équipes ; chacune d'entre elles

---

58 Palm est l'entreprise qui a conçu les premiers ordinateurs de poche, ancêtres des Smartphones (N.D.E.).

59 Pour animer votre Marshmallow Challenge, voir l'article sur *Coach agile* [en ligne], 18 mai 2017. Disponible sur : ***https://coach-agile.com/2017/05/animer-un-marshmallow-challenge-est-facile/***

dispose de 18 minutes pour construire la plus grande structure autoportante possible, à l'aide de vingt spaghettis crus, un mètre de ruban adhésif, un mètre de ficelle et un marshmallow qui doit couronner l'édifice.

Tout ceci semble assez simpliste, mais les découvertes de Skillman montrent que chaque équipe aborde ce défi de manières très différentes et avec des niveaux de réussite très divers. Étonnamment, le groupe qui, avec Skillman, a toujours le mieux réussi était composé d'enfants de 3 à 6 ans. Les étudiants en école de commerce, malgré leurs efforts sincères, produisaient les pires résultats. Le psychologue Tom Wujec – qui a lui-même repris la direction du challenge – décrit ce qui se passe habituellement quand les équipes se lancent dans l'exercice : « Les gens commencent par prendre leurs repères par rapport à la tâche. Ils en discutent, ils imaginent à quoi ça va ressembler, ils essaient de prendre le pouvoir. Ils prennent un peu de temps pour s'organiser, ils disposent des spaghettis, ils passent l'essentiel du temps imparti à assembler les bâtons en structures de plus en plus hautes. » Jusque-là, on connaît. Ça ressemble à une réunion de base. « Enfin, alors que le temps est presque écoulé, quelqu'un prend le marshmallow. Il le pose prudemment au sommet. Tadaaa ! Ils admirent leur œuvre. Et la plupart du temps, le "Tadaaa !" se transforme en "oh oh…". Le poids du marshmallow fait ployer la structure qui s'écroule. »

Alors, pourquoi les enfants de maternelle sont-ils tellement meilleurs à cet exercice, en construisant non seulement les structures les plus hautes, mais aussi les plus intéressantes ? Selon les termes de Wujec, « Aucun des enfants n'a passé de temps à essayer de devenir PDG de Spaghetti Inc. Ils ne passent pas de temps à se disputer le pouvoir. »[60] Au lieu de cela, ils interagissent, souvent de manière non verbale. Ils s'emparent directement des matériaux. Ils essaient différentes structures (ce que Skillman décrit comme des « prototypes »), la plupart du temps sans se donner la peine de décrire leurs actions. Et, très vite, ils découvrent que ce marshmallow qui semble léger comme l'air est en réalité une masse de sucre très dense qui pèse assez lourd pour faire s'écrouler les structures les moins solides.

Les étudiants en école de commerce, en revanche, ont non seulement appris à rechercher une seule solution correcte, mais ils consacrent en outre une partie de leur énergie à asseoir leur position dans le groupe avant la victoire qu'ils attendent. Chaque étudiant veut être le génie qui trouvera la bonne réponse au problème posé, ou bien le leader, voire les deux. Ainsi, la résolution de problème se transforme en guéguerre dans laquelle l'objectif réel, pour chaque combattant, est de se situer dans la hiérarchie intellectuelle du groupe. Les réunions d'affaires suivent à peu près les mêmes schémas : les membres de l'équipe peuvent véritablement tenter de résoudre un problème, ou défendre leur statut les uns vis-à-vis des autres – ou les deux.

L'une de mes collègues a vécu une version concrète du Marshmallow Challenge quand elle a abandonné une carrière prometteuse chez Twitter pour accomplir son rêve : travailler dans un grand restaurant. Inscrite au Leiths Cooking Course, une école de cuisine de réputation internationale, Georgina s'est aperçue que les étudiants y sont divisés en trois groupes

60 Ted Wujec, « Build a tower, build a team » [en ligne, sous-titres en français], février 2010. Disponible sur : *https://www.ted.com/talks/tom_wujec_build_a_tower#t-140103*

informels en fonction de leur âge. L'un d'entre eux est constitué de jeunes de 19 à 20 ans. Un autre rassemble des trentenaires. Le troisième est composé de quarantenaires et au-delà. Ma collègue a bientôt découvert que, plus le groupe est âgé, plus il apprend lentement. Mais pas parce que les capacités cognitives déclinent avec l'âge : le troisième groupe manifestait autant d'intérêt et d'engagement que le premier. Le problème, c'est que les aînés parlent et débattent : ils discutent de tout, dissèquent le moindre détail. Leur capacité à apprendre est ralentie par le fait que chaque membre du groupe tente inconsciemment d'affirmer son statut social.

J'ai évoqué plus haut la théorie de l'anthropologue Robin Dunbar, selon laquelle les relations de confiance ne sont plus assurées dans un groupe comprenant plus de 150 personnes (théorie qu'on appelle parfois « le nombre de Dunbar »). Une fois cette limite atteinte, 42 % de notre temps est consacré au « toilettage social », en d'autres termes, construire et entretenir des relations de confiance avec notre entourage. Par ailleurs, j'ai également mentionné, au sujet des e-mails, que les réunions jouaient un rôle important dans ce toilettage social. Nous nous en servons pour garder notre lien aux autres quand nous nous débattons dans un réseau complexe de relations professionnelles. Andre Spicer, professeur à la Cass Business School, évoque le besoin de connexion entre employés manifesté par les entreprises : « Les réunions facilitent ce genre de choses. Il s'agit d'une sorte de rituel social – comme les singes qui s'épouillent mutuellement. » L'ennui, c'est que, même s'il sert un dessein social, ce genre de réunions reste très improductif.

À ce stade, l'objection classique serait d'affirmer qu'il y a de bonnes réunions comme il y en a de mauvaises, et qu'il est injuste de toutes les mettre dans le même sac parce que certaines d'entre elles constituent une perte de temps. Les adeptes de ces rassemblements au travail ajoutent souvent leur grain de sel en déclarant que, pour qu'une réunion soit efficace, il suffit d'un ordre du jour solide et d'objectifs clairs. Ils le savent, parce qu'ils l'ont appris sur les bancs de l'école de commerce. Presque sans exception, ces experts sont souvent eux-mêmes à l'origine de réunions affreusement démoralisantes (et s'ils jugent les autres participants trop peu impliqués, ils les punissent de façon mesquine en y interdisant les appareils électroniques). J'ai assisté à suffisamment de ces réunions organisées par d'anciens consultants en management inspirés par les enseignements des écoles de commerce, pour savoir qu'ils mentent en affirmant que leurs réunions sont meilleures que les autres. En réalité, elles sont surtout épuisantes (parce que, comme je l'ai souligné dans la recharge n° 8, l'autorégulation peut être psychologiquement éprouvante).

À vrai dire, quel que soit le point de vue, les réunions ont plutôt mauvaise presse. Ben Waber de Humanyze insiste sur le fait que les réunions ne créent pas le type de cohésion qui fait les bonnes équipes : « Les résultats n'auraient pas pu être plus clairs. Ni les réunions formelles ni les employés bavardant derrière leur bureau ne favorisent une plus grande cohésion. » Et Leslie Perlow – une pionnière en matière d'observation de la productivité du lieu de travail, mentionnée en recharge n° 9 – a remarqué que, pour beaucoup d'entre nous, les réunions ne sont guère plus qu'une « taxe culturelle » sur un environnement de travail productif. Quand les employés « sacrifient leur temps et leur bien-être dans les réunions », explique-t-elle, « ils estiment faire ce qu'il y a de mieux pour l'entreprise ». Cela correspond parfaitement à la description d'une réunion de base. Le problème est que, si l'objectif de la future organisation du travail est de nous rendre plus inventifs, une « taxe nécessaire » sur la réflexion est un très mauvais point de départ.

La grande malédiction des réunions, c'est qu'elles ont tendance à avoir lieu aux moments où nous serions les plus productifs et innovateurs (voir recharge n° 1). Nous leur consacrons les meilleures heures de la journée et sommes obligés de caser le travail créatif pendant les pauses déjeuners ou le soir. Nous nous retrouvons à passer un coup de fil essentiel sur le trajet du retour ou à plancher sur un document stratégique à la table de la cuisine. Si vous faites partie de ceux qui arrivent tôt au bureau parce que c'est le seul moment où vous pouvez avancer, alors vous savez à quel point tout ceci est épuisant. Et vous contribuez peut-être à entretenir ce problème.

Dans le travail actuel, notre parcours vers le progrès est semé de tant d'embûches que nous avons beaucoup de mal à ne pas nous laisser distraire. Nous avons tous été obligés d'assister à ces présentations inutiles de vingt minutes concernant un projet sans lien avec notre propre tâche. Se forcer à écouter quelque chose qui ne nous intéresse pas est une faveur quand on le fait une fois, mais quand on doit s'y astreindre régulièrement, ça devient un fardeau. Voilà pourquoi même les personnes les plus polies aiment sortir leur téléphone et tenter de répondre à quelques messages quand les projecteurs ne sont pas braqués sur eux. Comme je l'ai déjà souligné, le problème est que de nombreux types de comportements au bureau sont contagieux, surtout quand c'est un patron qui ouvre le bal : si, armé de son ordinateur et de son portable, il se met en mode multitâche pendant une réunion, le risque que les autres participants fassent de même est multiplié par 2,2. Et comme personne n'est aussi multitâche qu'il le croit, et qu'être multitâche n'est pas aussi productif que ses adeptes aiment à le penser (voir recharge nº 7), il vaut la peine de se poser cette question : à quoi sert cette réunion si tout le monde est au téléphone ?

En d'autres termes, les équipes devraient être restreintes et les réunions plus encore. L'objectif d'une bonne réunion doit être d'amener le moins de personnes possible dans une salle à prendre une décision rapide et de permettre aux autres d'être au courant du processus qui a mené à cette décision (la société d'investissement Bridgewater Associates, adepte de la « transparence radicale », enregistre toutes ses réunions afin que chacun puisse, s'il le souhaite, s'informer de leur contenu sans être obligé d'y assister). Les réunions devraient également être très ciblées – un document de recherches, par exemple, est arrivé à la conclusion suivante : « Les équipes qui ont fait preuve d'une interaction plus fonctionnelle, pour résoudre un problème ou planifier une action, sont largement plus satisfaites de leurs réunions. » Dynamisme et orientation sont également très utiles.

Mais, dans l'ensemble, la meilleure chose que nous puissions faire est d'essayer de réduire de moitié le temps que nous passons en réunion ; il s'agit en effet de séances de toilettage social improductives qui, trop souvent, s'appuient sur la performance plutôt que sur un débat de qualité. Raccourcir le temps de réunion permet d'avoir des discussions mieux ciblées, et un sentiment d'implication qui disparaît souvent lorsque nous acceptons servilement de les faire durer une demi-heure ou une heure.

Certaines équipes affirment qu'il est utile de planifier des réunions régulières ou des temps de synchronisation, quitte à les annuler s'il n'y a aucun sujet à discussion. Cette inscription au calendrier permet de s'assurer que tout le monde sera disponible si cela se révèle nécessaire. Et découvrir que telle réunion particulièrement barbante a été annulée donnera lieu, à coup sûr, à un bel afflux d'endorphines.

Une énorme entreprise britannique de services publics m'a confié qu'elle envisageait de mettre cette méthode au banc d'essai, en suggérant que les employés votent afin de déterminer s'il y avait assez de sujets de discussion pour que la réunion vaille la peine d'être maintenue. L'objectif ultime de cette entreprise est de réduire le temps consacré aux réunions de plusieurs heures par semaine à seulement une ou deux.

Certes, si nos patrons ne voient pas les choses de cet œil, on ne peut pas faire grand-chose. Les discussions efficaces sur la meilleure façon de procéder pour faire avancer les choses sont rares. Il vaut néanmoins la peine de s'ériger en discret champion du changement : d'après mon expérience, si une discussion peut être provoquée (et assortie de preuves) sur la façon dont la réduction des réunions permet de faire avancer le travail, le progrès est possible. Interdire PowerPoint peut avoir cet effet (voir le buzz n° 8) : privés de support, les gens ont tendance à passer plus rapidement d'un point de leur présentation à l'autre, et de façon plus interactive.

La seule certitude, dans la vie, c'est la mort et les réunions, mais soyez audacieux : devenez l'agent du changement dans votre entreprise.

POUR ALLER PLUS LOIN :

- Commencez à poser des questions. Demandez à la personne qui anime la réunion s'il est possible de réduire sa durée. Interrogez les participants à vos propres réunions pour savoir si vous avez tous besoin de vous retrouver cette semaine. Ainsi, vous inviterez d'autres personnes à remettre en question ce qu'elles considéraient jusque-là comme non négociable.

- Suggérez à votre patron de tester un système où les réunions sont proscrites certains jours de la semaine. Des entreprises ayant appliqué cette méthode ont constaté que les bavardages de bureau qui ont lieu ces jours-là permettent souvent d'atteindre les mêmes objectifs qu'une réunion, mais de manière plus dynamique.
- Proposez à votre équipe de relever le Marshmallow Challenge, puis animez une discussion sur les leçons à en tirer. Rappel : vous avez dix-huit minutes pour construire la plus haute structure autoportante possible avec vingt spaghettis crus, un mètre de ruban adhésif, un mètre de ficelle et un marshmallow. À la fin de l'exercice, le marshmallow doit se trouver au sommet de la construction. Qu'avez-vous appris en termes de prise de décisions au sein de votre équipe ? (Pour connaître les résultats d'autres participants à ce challenge, consultez le comparatif des scores dans la note ci-dessous.[61])

61 Scores moyens (pour comparaison, à partir du test de Tom Wujec) : étudiants en école de commerce, 28 cm ; avocats, 40 cm ; PDG, 56 cm ; enfants de maternelle, 66 cm ; architectes et ingénieurs, 1 mètre (ils n'ont été intégrés à l'expérience que tardivement et certains d'entre eux, qui étaient spécialistes de la construction d'antennes, ont obtenu des résultats exceptionnels).

SYNCHRO 4 : CRÉEZ DU LIEN SOCIAL

Maintenant que je vous ai suggéré de réduire de moitié le temps passé en réunions, vous trouverez peut-être étrange que je vous suggère d'ajouter un nouveau créneau dans votre agenda, mais, pour améliorer la synchro d'une équipe, il est essentiel de créer du lien social et dans ce but, d'inscrire des rencontres informelles à votre programme.

Nous partons généralement du principe que les rapports, e-mails et présentations sont intimement liés à notre performance, mais que discuter avec un collègue devant la machine à café est improductif. « Vous n'avez rien d'autre à faire ? », nous écrions-nous en surprenant des collaborateurs en train de bavarder tout en retournant en hâte à notre bureau afin d'envoyer un e-mail de la plus haute importance. Mais selon Ben Waber, dont j'ai décrit les badges sociométriques dans la synchro n° 1, nous nous trompons. Toutes les données qu'il a recueillies l'ont convaincu que ces conversations informelles qui nous hérissent ont une incidence directe et mesurable sur la productivité au travail. Comme il le souligne, « Si nous sommes intégrés à une organisation, c'est avant tout parce qu'ensemble, nous pouvons faire quelque chose dont nous serions incapables seuls. Pour être efficace, il faut se coordonner. Une bonne coordination évite d'avoir à refaire le boulot. » Décourager les conversations informelles va donc à l'encontre des raisons économiques qui ont rassemblé les gens dans l'entreprise.

De l'avis de Waber, les interactions en face à face sont donc un déclencheur essentiel, mais souvent sous-estimé, de la productivité au travail. Lors d'une évaluation d'ingénieurs en informatique, il a par exemple découvert que ceux qui travaillaient à distance – et qui n'avaient donc aucune interaction directe avec les autres – travaillaient plus lentement et apportaient des contributions de moindre qualité que ceux qui entretenaient des contacts réguliers avec leurs collègues. « Votre code dépend de celui de milliers d'autres personnes », affirme-t-il. « Si vous ne communiquez pas avec elles, c'est là que les bugs apparaissent. » Après avoir analysé le résultat de décennies de recherches, il a même pu quantifier le manque à gagner généré par le travail à distance chez les informaticiens : « Si mon code dépend du vôtre et que nous ne communiquons pas », déclare-t-il, « nous allons mettre 32 % de temps en plus pour compléter le code en question. »

Il y a quelques années, Yahoo a interdit à ses employés de travailler à domicile au motif que les autres sociétés du même groupe n'appliquaient pas cette pratique, une bonne décision, selon Waber, mais prise pour de mauvaises raisons. À l'entendre, Yahoo aurait dû démontrer clairement que les travailleurs à domicile ne discutent pas avec les autres membres de leur équipe aussi souvent qu'ils le devraient. Les chiffres qu'il avance sont éloquents : les personnes qui travaillent à distance présentent une moyenne de 7,8 heures d'échanges hebdomadaires contre 38 pour celles qui travaillent à proximité les unes des autres. Il en résulte un ralentissement du travail, une diminution de sa qualité et une augmentation des coûts.

La communication permanente – et j'entends par-là les discussions informelles et non planifiées, et non les réunions formelles et préétablies – permet donc d'huiler les rouages d'une entreprise et d'assurer son bon fonctionnement. Voilà ce que crée la synchro. Reste à savoir quelle est la meilleure façon d'y parvenir.

Margaret Heffernan l'a découverte à ses dépens. Heffernan était une astucieuse PDG qui a prouvé ses capacités d'adaptation en dirigeant cinq entreprises différentes (avant de se lancer dans la radiodiffusion commerciale). Lors d'un changement de poste, elle est passée du Royaume-Uni aux États-Unis, et c'est là qu'elle a pu comparer les différences d'interactions entre les membres de sa nouvelle équipe à Boston et ceux de son ancienne équipe de l'autre côté de l'Atlantique. « En arrivant dans cette entreprise, j'ai fait tout ce qu'on pouvait attendre de moi en pareilles circonstances : j'ai embauché des tas de gens extraordinaires et je leur ai donné des tas de problèmes complexes à résoudre. J'ai remarqué que chacun venait au bureau, travaillait assidûment, puis rentrait chez lui. Et je me souviens avant tout que ça ne *sonnait* pas bien. Il manquait quelque chose, ce que j'appelle un bourdonnement enjoué. En tout cas, ça n'avait rien à voir avec les entreprises que je dirigeais au Royaume-Uni. J'y ai réfléchi en me demandant "Qu'est-ce qui cloche ?" J'avais le sentiment que l'ambiance était un peu trop laborieuse, trop stratégique. » Après s'être creusé la tête pour comprendre d'où lui venait ce sentiment, elle a trouvé une raison possible et très simple : « Ce que je me rappelle avant tout de mes entreprises au Royaume-Uni, c'est qu'au terme de la journée, ou au moins le vendredi, les employés allaient ensemble au pub pour attendre la fin de l'infernale heure de pointe à Londres. »

Ce souvenir a poussé Heffernan à faire quelque chose qui, avec le recul, semble d'une simplicité confondante : elle a mis en place une *réunion sociale* hebdomadaire. Chaque vendredi à 16 h 30, le travail s'arrêtait et tout le monde se rassemblait pour écouter quelques employés parler d'eux et de ce qu'ils faisaient.

Heffernan est la première à admettre qu'au début, ces réunions étaient « affreusement empruntées ». Néanmoins, elle a persisté, parce qu'elle était « à court d'idées » et qu'elle « ne savait pas quoi faire d'autre ». Et, très vite, la gêne et l'embarras ont été oubliés. Les collègues se sont détendus et ont simplement commencé à se parler. Un lien a été créé. En fin de compte, avoue Heffernan, tout le monde était d'accord pour dire que cette nouvelle réunion sociale était « une vraie source de transformation » : « Toute organisation repose sur le principe qu'ensemble, on peut faire davantage que seul, mais ça ne marche que si chacun se sent impliqué vis-à-vis des autres, ce qui, à son tour, ne fonctionne que dans un climat de confiance et d'appréciation mutuelles. » Tout ceci pour (re) dire que la synchro est un moyen sophistiqué d'obtenir le sentiment d'« appartenance » dont je vous ai parlé précédemment.

Ce qui est fascinant, dans ces rencontres sociales, c'est que de nombreuses entreprises finissent par mettre en place des dispositions très similaires par accident plutôt qu'intentionnellement. Chez Twitter à Londres, le vendredi après-midi, nous avons une réunion appelée Tea Time (l'heure du thé). Si vous me demandiez de vous exposer précisément ses résultats, j'aurais du mal à vous répondre. Mais, pour ce qui est de dynamiser l'équipe, rien ne vaut ces rencontres. Une première personne s'avance gauchement dans la salle et explique son travail à un groupe de 200 collègues. Une deuxième intervient pour évoquer un projet sur lequel elle travaille actuellement et dont les autres n'ont peut-être pas entendu parler. Cerise sur le gâteau, l'un des meilleurs conteurs de l'équipe se fera un plaisir de partager une anecdote récente liée à Twitter, parfois drôle, parfois triste, parfois édifiante. C'est tout. Plus quelques petites choses à boire et à grignoter pour soutenir les troupes.

Biz Stone (ou Christopher Isaac Stone), le fondateur de Twitter, m'a expliqué comment cette tradition est née : « Le Tea Time a commencé quand j'ai annoncé que nous devions imiter Google : tous les vendredis, nous devions arrêter le travail et nous réunir pour parler de la semaine. Quelles étaient nos réussites ? Qu'est-ce qui s'était mal passé ? Quelqu'un avait-il quelque chose d'intéressant à nous montrer, que ce soit son propre travail ou celui de personnes extérieures qu'il avait trouvé inspirant, intéressant ou autre ? Alors, allons-y. Et Jack[62] a dit : "Super, et on fera ça à 16 h 05, et comme c'est l'heure du thé, j'en préparerai pour tout le monde." J'ai acheté de la bière et je l'ai mise au frais. Et tout le monde a bu de la bière. » Stone a expliqué qu'il n'y avait rien de compliqué dans cette démarche. Tout ce qu'ils essayaient de faire, c'était de laisser l'équipe « être un groupe ». « Cela permet aux gens de voir ce qui s'est passé dans la semaine », poursuit Stone. « Ensuite, je peux parler à des vendeurs avec qui je n'aurais jamais discuté au cours d'une journée normale de travail. C'est important de s'amuser et de se moquer de l'équipe de direction. Vous savez, tout le monde pense des choses comme : "Oh, c'est Jack Dorsey, mon Dieu, il vaut mieux que je détourne le regard. Je ne peux pas m'asseoir à côté de lui, il est trop haut placé. Je me moque tout le temps de lui". »

62 Jack Dorsey, cofondateur de Twitter, (N.D.T.).

Quant à se rendre ensemble au pub, comme Margaret Heffernan l'a évoqué, qu'en est-il ? Nul doute que c'est une excellente approche. L'alcool et la détente donnent souvent lieu à de réjouissantes parties de rigolade quand les employés oublient le stress d'une rude journée de travail pour partager une vision subversive des absurdités qui ont émaillé les heures précédentes. Autrement dit, aller au pub, c'est une idée géniale.

Pourtant, imposer ces rencontres informelles après les heures de bureau peut être discriminant. Comme l'a souligné Jeremy Corbyn, chef du Parti travailliste (Le Labour), dans une interview accordée à un journaliste en 2016, ce passage au pub en fin de journée a toujours été injuste pour les mères qui travaillent : cette tradition « profite aux hommes qui n'ont pas besoin d'être à la maison et elle discrimine les femmes qui veulent rentrer pour s'occuper de leurs enfants ». Nous aimerions nous dire qu'à notre époque, les responsabilités parentales sont réparties équitablement dans le couple, mais, en réalité, c'est très rarement le cas. Les statistiques montrent, par exemple, que plus les trajets entre domicile et travail sont longs, plus le niveau de bonheur est faible, et c'est particulièrement vrai pour les femmes. Pourquoi ? Parce qu'elles savent qu'après un long trajet – soixante-dix minutes en moyenne à Londres, soit le plus long d'Europe –, c'est généralement à elles qu'incombent les tâches domestiques (incidemment, notons que ces longs trajets ont aussi tendance à supplanter les activités qui nous redonnent de l'énergie – être avec nos amis, faire du sport, se détendre – inconvénient qui peut être atténué en regardant la télé, en lisant ou en écoutant de la musique). Cela ne signifie pas que le pub est à proscrire pour y réunir nos équipes, mais, lorsque nous planifions ces sorties, il nous faut prendre en compte les priorités non professionnelles des éventuels participants.

Une bonne réunion sociale est donc à la fois possible et souhaitable dans un environnement de travail. Cependant, tout comme l'alcool, au pub, contribue à lever les inhibitions, il faut également un élément à l'intérieur du bureau pour favoriser la détente des employés. Pour ma part, je pense que c'est la nourriture. Claudia Wallace, responsable des nouveaux comptes dans l'agence de publicité Young & Rubicam, m'a parlé d'un rituel hebdomadaire nommé « Crisp Thursday » (le jeudi des chips). Comme la plupart des bonnes idées, celle-ci s'est imposée de façon naturelle après avoir été suggérée par une réceptionniste au dynamisme héroïque. Wallace en explique la teneur : « Chaque jeudi, à 16 h 25, tous les employés de l'agence reçoivent un mail de notre chef réceptionniste, Gillian, leur annonçant : "Crisp Thursday, le meilleur moment de la semaine !" Des bols de chips sont disposés sur une longue table au milieu du bureau. Tout le monde se rassemble, mange des chips et parle de la semaine (il y a aussi du vin, de la bière et du prosecco). » Pour préserver le sens du plaisir et de la nouveauté, il y a un thème légèrement différent chaque semaine. Par exemple, « il y a quelque temps, nous avons eu une semaine Pringles, et Gillian s'est déguisée en boîte de Pringles ».

« Le jeudi, à 16 h 30, c'est le moment idéal », affirme Claudia Wallace. « C'est assez proche de la fin de la journée ou de la semaine pour qu'on ait l'impression de pouvoir s'autoriser une pause. » Mais, comme elle me l'a fait remarquer, cette réunion ne se résume pas à grignoter des chips. En général, elle ne dure pas plus d'une demi-heure, mais elle constitue un environnement idéal pour ces rencontres de hasard, entre membres de l'équipe, qui se révèlent souvent si précieuses. « Dans une agence de publicité, il est essentiel de donner l'occasion aux gens de passer du temps ensemble. Parfois, cela permet d'avoir des conversations avec des collègues qu'on n'a pas réussi à voir de toute la semaine. On compte sur le fait que la plupart des employés seront présents au Crisp Thursday. Quelquefois, on parle du travail et parfois, on n'en parle pas du tout. » Cela me rappelle ce que Steve Wozniak, le cofondateur d'Apple, a écrit dans ses mémoires pour évoquer ses premières années chez Hewlett Packard. La journée de travail, se souvient-il, était largement égayée par l'irruption, à 10 heures et à 14 heures, d'un chariot chargé de café et de gâteaux. Ces pauses café et gâteaux avaient souvent donné lieu à des discussions et à des échanges d'idées précieux.

Cela dit, on n'est pas obligé de se cantonner aux gâteaux ou aux chips. Andy Puleston m'a confié que, lorsqu'il était responsable du numérique à la BBC Radio 1, « la réunion pizza, organisée une fois par mois, était un événement majeur ». Dans ces occasions, Andy Parfitt, le contrôleur de Radio 1, apportait pizzas et boissons (pour éviter que le Daily Mail l'épingle parce qu'il gaspillait l'argent des contribuables, il payait lui-même la note), et « on entassait autant de personnes que possible dans la salle de réunion (en sortant la table et les chaises) ». Selon Puleston, c'est l'étroitesse de l'espace qui donnait à ces rassemblements réguliers cette atmosphère unique du genre « tous dans le même bateau ». Le tout accompagné d'une certaine magie. « L'ambiance était familiale ; il y a quelque chose de spécial à voir ses collègues de travail rassemblés tout près de soi plutôt que dispersés dans un immense espace de réunion. Quand on organise une fête, la taille du lieu d'accueil est essentielle, et il est plus efficace, pour passer un bon moment, d'avoir un grand nombre de personnes dans un petit espace. »

Certes, ces réunions ne se cantonnaient pas à une histoire de pizzas, de proximité physique et de plaisir. Selon Puleston, « ces réunions comportaient clairement un aspect synchronisation. Toutes les cultures ont besoin d'être synchronisées, et c'est important, parce qu'il y a une mise en commun du savoir. C'est grâce à leur contenu émotionnel que ces réunions mensuelles sont devenues si particulières et si efficaces. » Et le rôle de la nourriture, dans tout ça ? « Les gens participent essentiellement à cause de la nourriture, mais ce qui leur importe ensuite, c'est ce qui se dit, et l'esprit de la réunion. » Notons qu'à l'époque, Radio 1 était en tête du sondage de la BBC sur la satisfaction des employés.

Sandy Pentland, cité dans la synchro n° 1, s'est efforcé de mesurer l'impact de ces interactions : « Le temps passé à créer du lien social s'avère crucial pour la performance de l'équipe, car il représente souvent plus de 50 % des changements positifs dans les modèles de communication. » C'est aussi ce que pense Margaret Heffernan : « L'essentiel, c'est le lien social. » Si on veut que les gens travaillent bien ensemble, il faut leur donner l'occasion de se rencontrer de façon informelle, d'apprendre à bien se connaître et d'échanger des idées. « Si vous êtes convaincus que la valeur de la collaboration réside dans l'agrégation et la combinaison du talent et de la créativité, vous devez disposer d'un environnement dans lequel les gens sont vraiment prêts à s'entraider. » Et ils ne le seront que s'ils pensent qu'on les aidera eux aussi quand ils en auront besoin.

Alors, sortez acheter des paquets de Pringles, et instaurez votre propre réunion sociale.

POUR ALLER PLUS LOIN :

- Méprisez les cyniques et tentez d'organiser une réunion sociale.
- Travaillez avec et autour des règles de votre entreprise, tout comme l'a fait Radio 1 en demandant au patron d'acheter les pizzas. Il se peut, par exemple, que la consommation d'alcool soit interdite au bureau. Dans ce cas, organisez une vente caritative de gâteaux ou contentez-vous de vous installer dans une salle de réunion pour partager une tasse de thé avec vos collègues.
- Rappelez à vos détracteurs que, comme les chercheurs l'ont prouvé à maintes reprises, c'est quand les équipes se retrouvent dans un cadre social que la synchro opère le mieux.
- Au début, il vous faudra peut-être motiver les employés en introduisant dans votre démarche un élément excentrique ou divertissant.

SYNCHRO 5 : RIEZ

Comment se peut-il que certaines personnes semblent ne pas aimer rire ? Les enfants adorent rire. Alors pourquoi, une fois adultes, s'arrêtent-ils de sourire ? Comment sont-ils passés des premiers fous rires à l'austérité ? Certes, le monde peut être cruel, mais cette transition du sourire aux moues renfrognées est une véritable tragédie.

Et pas seulement parce que rire et voir les autres rire est agréable : l'humour est un outil très efficace qui nous permet d'affronter la vie en restant sains d'esprit. Des auteurs comme Laurence Gonzales et Al Siebert ont étudié les effets du rire sur l'homme ; ils affirment que le rire renforce la positivité et la résilience. On a souvent remarqué que les personnes qui vivent des situations dramatiques, mais gardent le sens de l'humour, s'en sortent mieux que celles qui n'éprouvent que de l'angoisse et du stress. Tout concourt à démontrer que, par exemple, les rescapés d'un crash aérien dans la jungle ne sont pas ceux qui sont restés concentrés, mais ceux qui, du fond de leur désespoir, se sont laissé aller à d'étranges moments de légèreté. Aussi inexplicable que cela puisse paraître, la détresse qu'ils vivaient leur a inspiré des instants d'amusement. De même, ceux qui exercent des métiers très dangereux ou stressants vivent mieux leur profession quand l'humour est présent. Laurence Gonzales a aussi étudié la mentalité de la survie et remarqué l'humour noir des pilotes de chasse, elle note que cela reste vrai même lors des briefings quotidiens en situation de combat : « Dans une véritable situation de survie, par définition, on regarde la mort en face et, si on ne trouve rien de drôle, de beau ou d'inspirant à en tirer, la souffrance est déjà au rendez-vous. »

Des études sur les hôpitaux de campagne de l'armée rapportent qu'on y rit beaucoup : « C'est juste quelque chose qui leur permet de supporter leur boulot. » Mark de Rond, un ethnographe qui a passé six semaines dans l'hôpital de Camp Bastion en Afghanistan, m'a raconté que, rien que la première semaine, il a vu arriver 174 victimes dont six étaient décédées à leur arrivée. Malgré cela, dit-il, un humour morbide planait en permanence sur les équipes – tout le monde riait, toute la journée et tous les jours. Dans *The Survivor Personality*[63], Al Siebert décrit les gens dotés d'une mentalité de survie comme des personnes qui « se rient des menaces ; rire et jouer vont de pair. Jouer permet de garder le contact avec ce qui se passe autour de soi ». Dans de telles situations, l'humour est, selon les termes de Laurence Gonzales, « une réaction émotionnelle qui désamorce les tensions » et permet de survivre aux catastrophes en s'extrayant de la paralysie de la peur pour rester dans un état d'esprit beaucoup plus constructif.

Certes, un bureau n'est pas tout à fait comparable à un centre de crise ou à un hôpital de campagne. Malgré cela, l'humour y a aussi un rôle à jouer. Et tout montre que ce rôle est bien plus sophistiqué qu'on pourrait le croire. Il nous aide tout simplement à synchroniser.

Le psychologue Robert Provine, qui s'est beaucoup intéressé au rire comme facteur de synchronisation mutuelle chez l'espèce humaine, a fourni de précieuses informations

63 Siebert, Al, *The Survivor Personality: Why Some People Are Stronger, Smarter and More Skillful at Handling Life's Difficulties*, TarcherPerigee, 2010, 1993 [Les survivants - pourquoi certaines personnes sont plus fortes, plus intelligentes et plus douées pour affronter les difficultés de la vie].

sur la vie et la culture au bureau et, en particulier, sur l'un des grands plaisirs de l'humanité[64]. Il a commencé ses études sur le rire en invitant dans son laboratoire des volontaires à regarder des comédies par groupes de trois. À sa grande frustration, personne n'a ri. Néanmoins, il a fait une découverte importante qui parlera sans doute à tout le monde : le rire ne s'obtient pas en faisant visionner des films comiques à des personnes qui ne se connaissent pas. Il a donc éteint ses écrans et enfilé son manteau avant de sortir dans la rue. Et, tout en arpentant les centres commerciaux, les bureaux et les campus, il s'est approché des gens pour les épier, à l'affût de leurs éclats de rire, et il a noté tout ce qu'il observait. Comme méthode de recherches, ça me paraît un peu risqué, mais, heureusement, personne n'a appelé la police.

Après cette immersion dans l'hilarité, la conclusion de Provine a été très simple – superficiellement, du moins : « Le rire », affirme-t-il, « peut être considéré comme une version appauvrie, sur les plans esthétique et sonore, du “chant humain”. » Tout comme les oiseaux chantent les uns pour les autres, que les chiens du quartier échangent des aboiements ou que les loups hurlent ensemble, les humains rient pour se connecter les uns aux autres, pour se synchroniser. « Le rire est un signal social caractéristique de l'être humain. Le rire, c'est la relation [...] Pensez à la dernière fois que vous vous êtes retrouvé assis au milieu d'un public, que vous avez ri et avez laissé le rire vous envahir par vagues », écrit Provine. « C'est

64 Robert R. Provine, *Laughter: A Scientific Investigation,* Penguin, Londres, 2001 [trad. fr. *Le Rire, sa vie, son œuvre. Le plus humain des comportements expliqué par la science,* Robert Laffont, Paris, 2003]. J'ai adoré ce livre. Il vaut la peine d'être lu rien que pour le passage sur l'humour chez les chimpanzés qui ont appris la langue des signes (avec le même niveau que des enfants de maternelle, apparemment).

une expérience agréable – l'une des meilleures qui soient. À présent, pensez à la nature primale d'un chœur d'animaux et à la façon dont les membres d'un public synchronisent leurs sons. »

« Synchroniser ses sons » n'est pas une expression qu'on associerait naturellement avec le rire. Quand nous pensons « rire », nous entendons le rugissement de la foule qui réagit à une blague particulièrement drôle de la comédienne sur scène. Elle balance sa chute et le public euphorique lui répond par une vague d'hilarité. En fait, Provine évoque ici quelque chose d'assez différent. Il ne s'agit pas du rire déclenché par un bon mot, mais du rire comme expression du lien social et de la coordination de groupe.

En se rendant dans les bureaux, Provine a pu étudier et enregistrer plus d'un millier de rires. Et il a découvert que ceux-ci n'étaient pas provoqués par des traits d'humour ou des blagues, mais par des commentaires d'apparence aussi anodine que :

« À plus tard, tout le monde. »
« On va y arriver. »
« Je crois que j'ai fini. »
« Je vous l'avais dit. »
« Ah, tu vois ! »
« Ça doit être sympa. »

Dans ces situations, le rire n'était pas une réaction à l'humour (et il ne s'agissait pas non plus de rires sarcastiques ou facétieux). C'était une manière humaine de réchauffer l'atmosphère, d'alléger l'ambiance, de créer un sentiment de connexion. C'était l'accomplissement de ce que nous observons chez les animaux. Tout comme les oiseaux des forêts joignent leurs chants, nous rions ensemble pour nous réunir. Ce besoin de jonction transcende l'humour du moment. « Tu sais, rétrospectivement, ce n'était pas franchement drôle, mais… »

Si tout ceci vous laisse sceptique, ce soir, regardez une comédie sur Netflix – tout seul. Le rire (par opposition à l'amusement) exige davantage que l'humour pour se manifester. Quand les autres ne sont pas là, nous rions moins parce que nous n'essayons pas de nous synchroniser avec eux. Provine avance un élément crucial : « Nous avons tendance à oublier le fait que le rire a évolué en raison de ses effets sur les autres, pas à cause de ses effets sur notre humeur ou notre santé. » Tout comme les femmes qu'observait Eno dans le bus se sont synchronisées en discutant de la série *Coronation Street* (voir p. 149), le rire signale que nous sommes en accord – en synchro.

Et, du même coup, il indique que nous nous sentons en sécurité dans un environnement donné. Sophie Scott, professeure à l'University College de Londres, souligne que de nombreux mammifères montrent des réactions similaires au rire, mais qu'elles peuvent être aisément interrompues par un stimulus négatif. « Les rats cessent de rire s'ils se sentent angoissés », explique-t-elle. « C'est la même chose chez les humains. » Par ailleurs, le rire montre souvent que nous nous sentons détendus et en sécurité, que nous pouvons nous permettre de baisser la garde. Selon les termes de Scott, « Quand les gens rient, c'est le signe qu'ils ne sont pas dans l'angoisse. Cela indique que le groupe va bien. »

Quand des chiens jouent, ils commencent par fléchir les pattes avant pour signaler que ce qui va se produire n'est qu'un jeu. Leur langage corporel (pour les fans de yoga, il s'agit littéralement de la posture du chien tête en bas) affirme que « ce n'est pas une vraie poursuite ni un vrai combat ». Pour Scott, le rire remplit la même fonction chez les humains. Il atteste que rien de blessant ne va se produire. « Les groupes qui rient ensemble peuvent être plus cohésifs », déclare Scott en évoquant le lien entre humour et stress que j'ai mentionné plus tôt : « Il existe toute une littérature sur l'humour lié à des professions stressantes comme médecin, policier et infirmière. Cet humour très noir est souvent spécifique à ces métiers et, quand on ne fait pas partie du groupe en question, on ne comprend pas forcément ce qui peut faire rire. Mais, à l'intérieur du groupe, le charme opère parce que cet humour permet de rire ensemble dans des situations où il faut agir efficacement. »

L'incapacité à rire montre généralement qu'il y a un problème : les gens se méfient les uns des autres, ils ne sont pas prêts à baisser la garde. James Comey, ancien directeur du FBI limogé par le président Trump, se déclare étonné de n'avoir jamais vu Trump rire. Et il n'a pas trouvé non plus de vidéos sur YouTube où le président serait apparu détendu ou hilare. Pour Comey, le rire, chez un dirigeant, signale l'ouverture et la volonté de se montrer vulnérable. « La marque d'un grand leader est une alliance de caractéristiques d'apparence contradictoire : une confiance suffisante pour permettre l'humilité. » En revanche, les personnes qui manquent d'assurance « ne peuvent se réjouir des réussites de leur entourage, et le signe de cet équilibre entre confiance et humilité est l'humour. Quand on n'est pas sûr de soi, on ne peut pas rire [...] Pour un leader qui manque de confiance en lui, s'engager dans un échange humoristique constitue un risque, car il va devoir reconnaître la présence de son interlocuteur et le fait que celui-ci a dit quelque chose de drôle qu'on n'a pas dit soi-même ». Comey se rappelle avoir vu les présidents Bush et Obama recourir à l'humour pour détendre l'atmosphère et « aller au cœur des choses ».

Il existe un autre élément à garder à l'esprit : selon des témoignages directs, la détente induite par le rire ouvre l'esprit à la réflexion créative. En 2017, Daniel Kahneman, lauréat du prix Nobel d'économie, a révélé les méthodes de travail que lui et son défunt partenaire, Amos Tversky, ont mises en place pour leurs recherches sur la prise de décisions chez l'homme, recherches aujourd'hui considérées comme révolutionnaires : il a déclaré que son souvenir le plus marquant n'était pas leurs efforts communs, mais les moments de rire partagés, qui, incidemment, étaient aussi leurs moments les plus créatifs. « Amos était toujours très drôle », se rappelle-t-il, « et, en sa présence, moi aussi je devenais marrant, ce qui fait qu'on passait des heures à travailler tout en s'amusant. »

En d'autres termes, l'amusement n'est pas une perte de temps. Le relâchement intellectuel provoqué par le rire stimule notre créativité et encourage l'association d'idées. John Kounios, de l'université de Drexel, et Mark Beeman, de la Northwestern University, l'ont démontré en invitant des volontaires à visionner une vidéo de Robin Williams dans un de ses one man shows, avant de leur demander de résoudre une série d'exercices de logique complexes. Ils ont découvert que le bref moment de rire induit par la vidéo augmentait de 20 % la capacité à résoudre ces énigmes. Pourquoi cela ? Eh bien, il semble que le rire active le gyrus temporal supérieur, une zone du cerveau, située juste au-dessus de l'oreille droite, associée à la connexion d'idées lointaines. Là où la concentration échoue, il semblerait que la distraction causée par le rire fasse des miracles.

Le rire remplit donc de nombreuses fonctions. Il instaure la confiance, il nous aide à établir des liens mutuels, il crée la synchro. Et à mesure que nos barrières créatives s'effondrent, il nous permet d'avoir de meilleures idées. Les équipes dont les membres rient et plaisantent ensemble ont tendance à mieux s'ouvrir et à partager les difficultés qu'ils affrontent, ce qui est essentiel pour faire face au stress et améliorer la résolution créative des problèmes. Voilà au moins une chose claire. Mais comment faire pour rire davantage au travail sans avoir l'air d'être devenu fou ou d'avoir rejoint une secte bizarre ?

On ne peut ignorer le fait que, pour beaucoup, travail est synonyme de sérieux absolu. Ces personnes considèrent le rire avec scepticisme – pour eux, rire est simplement un signe d'oisiveté. Ils croient en ce que l'on appelle parfois l'« activité performative ». Je me souviens très bien qu'un collègue, dans mon premier poste, m'a dit que la réaction la plus appropriée en cas de retard consistait à « balancer son manteau au service compta, attraper une feuille de papier et rejoindre son bureau d'un pas furieux ». Il s'agit d'un état d'esprit similaire à celui de la personne pour qui un visage sérieux communique ce message silencieux : « Oui, je travaille sur un projet spécial depuis 7 heures du matin, et non, je n'ai pas le droit de vous en parler. »

Alors, comment libérer les bienfaits du rire sur notre lieu de travail ? Selon Robert Provine, nous devrions tenter d'adopter une « attitude prête à rire » : « On peut volontairement choisir de rire davantage en abaissant son seuil d'amusement », explique-t-il. « Soyez prêt à rire, c'est tout. » Pour y parvenir, il préconise en particulier d'organiser davantage d'activités sociales – des réunions et des rencontres en interne dont le seul but est de rassembler les gens. Dans la synchro n° 4, j'ai plaidé en faveur des réunions sociales. Ici, j'affirme qu'il n'y a que dans ce cadre que le rire peut s'épanouir.

Il n'est pas toujours simple d'adopter la bonne approche. La société de produits d'entretien Method garde, durant sa réunion hebdomadaire, un créneau au cours duquel on demande aux nouveaux employés de se présenter, puis comment ils se proposent de faire pour garder Method originale. Je ne vais pas vous mentir : rien que d'y penser, ça me fait mal au ventre. L'un de mes anciens patrons chez Twitter avait pour habitude de demander aux nouveaux collaborateurs de partager leurs impressions avant de rejoindre l'entreprise, leurs premières impressions depuis leur arrivée, puis de faire grande impression. Je ne peux imaginer accueil plus terrifiant. Je suis affreusement gêné qu'il nous ait fallu six mois pour abolir cette coutume.

Ce qu'il faut avant tout, c'est trouver une pratique qui fonctionne pour votre équipe et vous y tenir. Andy Puleston, l'ancien directeur du numérique à BBC Radio 1, m'a confié que l'un des rituels de la station consistait à prononcer des discours de départ mémorables. Le fait qu'un employé choisisse de quitter l'entreprise ne donnait lieu à aucun sentiment de honte. Au contraire, ceux qui décidaient de tourner la page encensaient leur carrière à Radio 1 par le biais d'oraisons aussi amusantes qu'émouvantes. « Nous accordions une énorme importance aux discours de départ », m'a-t-il dit, « parce qu'ils permettaient d'opérer un véritable transfert de culture sur les nouveaux venus. Pour montrer quel genre de personnes et de milieu de travail on a rejoint, rien n'est plus éloquent que d'être témoin de la façon dont les employés félicitent un collègue qui s'en va et lui font leurs adieux. Concernant ceux qui travaillaient avec nous depuis longtemps, ces moments constituaient une reconnaissance de l'ensemble de leur contribution au travail et à l'équipe, un éloge funèbre de leur vivant, en quelque sorte. » Andy passait pas mal de temps à rassembler des souvenirs, des blagues et des photos auprès de ses collègues pour rendre un hommage exhaustif aux employés en partance. Grâce à ces marques d'estime, tous les membres de l'équipe avaient davantage conscience du groupe auquel ils appartenaient quand la salle, au moment des pots de départ, « résonnait de rires ».

En période de difficultés économiques, donner la priorité, dans les équipes, aux discussions et au rire peut sembler superflu et frivole, peut-être pas pour vous, mais pour les autres. Cependant, si quelqu'un vous en fait la remarque, parlez-lui de Daniel Kahneman, lauréat du prix Nobel. Et la prochaine fois que l'inspiration vous frappera, elle vous fera peut-être rire.

POUR ALLER PLUS LOIN :

- Dans vos réunions, trouvez du temps pour rire : les réunions sociales s'y prêtent bien, tout comme les pots de départ, les anniversaires marquants de l'entreprise, etc.
- S'il y a un boute-en-train dans l'équipe, profitez-en. Il n'y a aucune honte à reconnaître que certaines personnes sont plus douées que d'autres pour faire rire.
- Ce qui s'applique aux équipes s'applique aussi aux clients : si le rire favorise l'appartenance et la synchro, pourquoi ne pas recourir à l'humour pour établir un rapport plus étroit avec la clientèle ?
- N'attendez pas les grandes occasions pour rire au bureau. Le rire, ce n'est pas seulement à Noël, c'est pour la vie.

SYNCHRO 6 : DYNAMISEZ L'INTÉGRATION

Les premières impressions comptent beaucoup, comme on nous le rappelle constamment depuis l'enfance. Pourtant, même en étant conscients de cette vérité, nous avons tendance à l'oublier dans les moments cruciaux. Lors de la création de TripAdvisor il y a quelques années, l'industrie hôtelière s'est soudainement et brutalement rappelée que l'impression laissée sur la clientèle au moment de son enregistrement dans un hôtel influe de façon disproportionnée sur la critique que les clients laissent par la suite. Les hôtels se sont alors lancés dans une véritable surenchère afin d'offrir un accueil plus chaleureux : des espaces d'attente meublés de somptueux canapés, des boissons offertes à la réception, des lingettes rafraîchissantes sous les climats humides, des jacuzzis près des ascenseurs, de petits animaux à câliner…

Pourtant, même si certains acteurs, dans le secteur de l'hôtellerie et de la restauration, ont retenu la leçon, celle-ci n'a guère eu d'impact sur les entreprises classiques. Certes, les grandes sociétés – où les nouveaux venus sont plus nombreux – ont tendance à être plus efficaces que les autres pour créer des programmes d'accueil expliquant le rôle de chacun et la façon de se repérer dans l'organisation. Elles s'en sortent cependant moins bien lorsqu'il s'agit de fournir une sorte de guide émotionnel susceptible d'aider un nouvel arrivant à mieux faire son travail. Une enquête réalisée en 2018 par Kronos, une société de technologie du lieu de travail, a conclu que la plupart des entreprises considèrent l'intégration comme un moyen d'informer les nouveaux employés des règles internes. Les aspects culturels ne sont mentionnés que de façon superficielle alors que c'est au moment de leur arrivée dans l'organisation que les employés y sont le plus réceptifs.

Une approche plus imaginative du processus d'intégration serait-elle bénéfique ? C'est ce qu'ont tenté de découvrir Dan Cable, de la London Business School, et ses collègues, lors d'une expérience menée dans le centre d'appels d'une société de technologie du nom de Wipro. Les nouvelles recrues ont été réparties en trois groupes de 25 personnes. On a donné au premier le livret d'intégration standard de l'entreprise. Le deuxième groupe s'est vu rappeler les résultats de Wipro lors d'une opération de dynamisation « se concentrant sur les éléments qui rendaient les employés fiers d'appartenir à l'entreprise ». Quant aux membres du dernier groupe, on leur a demandé de réfléchir aux moments où, dans leurs précédents emplois, ils s'étaient sentis le plus fiers de leurs accomplissements, puis d'en discuter entre eux. « Qu'avez-vous d'unique qui vous a permis de vivre vos meilleurs moments au travail et d'obtenir vos meilleures performances ? Pensez à un épisode spécifique – au travail ou chez vous – où vous avez agi comme si vous étiez "né pour le faire". » Les participants avaient un quart d'heure pour réfléchir et débattre.

Vu le peu de temps que ce troisième groupe a passé sur la question, il est tentant de se dire que celle-ci n'était qu'une jolie façon de briser la glace. Pourtant, elle a contribué à transformer la perception que ses membres avaient de leur travail. Les nouveaux venus qu'on avait invités à partager leurs succès se sont aussitôt sentis chez eux chez Wipro. En outre, au bout de six mois, ils étaient beaucoup plus susceptibles d'être toujours dans l'entreprise alors que leur fonction est généralement associée à un fort turn-over : il s'avère qu'il y a eu, dans ce groupe, 32 % de démissions en moins que dans les deux autres. Plus extraordinaire encore, le fait d'encourager les employés à se présenter sous un jour positif a non seulement transformé leur attitude vis-à-vis de leur nouveau travail, mais aussi eu un impact mesurable sur la satisfaction de leurs clients. Les membres des deux premiers groupes ont obtenu un indice de satisfaction client de 61 %. Pour ceux du troisième groupe, il était de 72 %. Autrement dit, une question et un quart d'heure ont suffi pour améliorer cet indice de 18 %. Et cela n'a rien coûté. Cable note que, malgré cet effet énergisant, « dans toute ma carrière, je n'ai jamais vu une entreprise recourir à cette approche de l'intégration ».

D'autres sociétés ont tenté des méthodes différentes. Chip Heath, professeur d'économie à Harvard, et Dan, son frère et coauteur, décrivent l'une d'entre elles. Chez John Deere, fabricant de machines agricoles, chaque nouvelle recrue reçoit, la veille de son premier jour dans l'entreprise, un mail sympathique où on la jumelle à un membre actuel de l'équipe. Celui-ci se présente, lui donne quelques conseils sur la tenue à porter au travail ou les meilleurs endroits pour se garer, et promet de l'attendre à la réception le matin de son arrivée. Le lendemain, le référent est là pour accueillir le nouvel arrivant et l'accompagner à son bureau, préalablement orné d'une banderole de bienvenue. Ce ne sont que quelques gestes amicaux parmi d'autres.[65] Chez John Deere, on sait que, plus un nouvel employé se sent chez lui, mieux il travaillera. Tout

65 Chip et Dan Heath, *The Power of Moments: Why Certain Experiences Have Extraordinary Impacts, Bantam Press, 2017 Ingels, Bjarke, YES Is More: An Archicomic on Architectural Evolution,* Taschen, Londres, 2009 [trad. fr. *Ces moments qui comptent. Pourquoi certaines expériences vécues laissent une trace extraordinaire*, Alisio, Paris, 2018.]

ceci me rappelle un tweet de ma collègue Jessica Mansell dans lequel elle racontait que lorsque son père est entré chez Nestlé, on lui a donné une boîte familiale de Quality Street ornée de son nom. C'était un signe d'appartenance.

Réfléchir à la manière d'accueillir les employés dans leur poste est donc vital. Il est facile de se noyer dans des conseils d'intégration qui proposent une kyrielle de règles de circulation ou une liste des aspects prosaïques du poste. Mais l'intégration devrait être un moment vivant de l'engagement dans l'entreprise. Si nous voulons encourager les nouvelles recrues à se montrer sous leur jour le plus performant, commençons dès leur arrivée.

POUR ALLER PLUS LOIN :

- Tentez une intégration où les nouveaux arrivants évoqueront leurs plus beaux succès. Réfléchissez à la manière de les mettre rapidement à l'aise.
- Plus votre accueil sera cordial, plus les nouvelles recrues seront performantes rapidement. C'est la première impression qui compte.

SYNCHRO 7 : ARRÊTEZ (DE JOUER) LE MAUVAIS CHEF

Ne mâchons pas nos mots : il existe des gens qui deviennent des icônes culturelles alors qu'ils se comportent comme des crétins. Heureusement pour eux, au-delà de leurs fabuleux produits ou de leurs découvertes révolutionnaires, nous sommes prêts à passer l'éponge sur leur grossièreté ou (pire) à nous dire que leur méchanceté envers les autres fait partie de leur génie. Quelles que soient leurs excuses, ils n'en demeurent pas moins des crétins. Prenez Steve Jobs, par exemple.

L'iPod est le produit qui a changé le destin d'Apple en contribuant à multiplier par cinquante la valeur de la société. Le développement de cet appareil a été long et complexe, et il impliquait la fabrication de prototypes coûtant plusieurs millions de dollars. Un jour, raconte l'auteur Nick Bilton, l'équipe d'ingénieurs s'est rendue au bureau de Jobs pour lui montrer ses avancées sur le tout dernier modèle, le plus plat de tous. « On ne peut pas le faire plus fin », ont-ils déclaré en lui présentant le miraculeux engin. « Jobs s'est levé et l'a examiné tout en posant des questions », raconte Bilton. « Ensuite, il s'est approché de l'aquarium et il a balancé dedans cet appareil à 3 millions de dollars. » Je sais ce que vous pensez : c'est vraiment idiot d'avoir un aquarium dans son bureau. Rappelons juste que c'était en 2001 et qu'il y avait encore quelques aquariums qui traînaient dans les entreprises. Mais revenons à notre histoire : les ingénieurs restent plantés là, choqués par le geste de Jobs. « Regardez, il y a des bulles qui en sortent », a commenté Jobs. « Il y a encore de la place à gagner. »

Je crois qu'on sait tous comment votre mère aurait réagi si elle vous avait vu faire une chose pareille. « C'est une démonstration intéressante, j'en conviens », aurait-elle déclaré, « mais tu n'étais pas obligé de la présenter comme ça. » Votre mère a sacrément raison.

Que vous soyez un petit nouveau ou un ancien qui arrive à se faire oublier depuis des décennies, vous avez bien un patron. Nous avons tous des comptes à rendre à quelqu'un, même les PDG. Et rien n'affecte plus l'opinion que nous avons de notre travail que notre relation avec le patron. Il existe un vieux truisme qui affirme que les gens « démissionnent de leur chef, pas de leur boulot ». Les faits le confirment. Si vous voulez endiguer le flot d'employés qui démissionnent dans une équipe, commencez par vous tourner vers le manager.

Malheureusement, il y a de mauvais managers partout (selon le professeur Robert Hogan de l'université de Tulsa, trois quarts d'Américains adultes déclarent que le pire, dans leur travail, c'est leur supérieur direct). La psychologue Teresa Amabile, dont nous avons fait la connaissance dans la recharge n° 1, et qui a suivi le quotidien des employés grâce aux journaux de bord qu'elle leur a demandé de tenir, a remarqué que, lorsque les managers étaient mentionnés, c'était généralement dans un contexte où ils démotivaient quelqu'un dans son travail. Quand on a un mauvais manager, on pense qu'on a un mauvais boulot. Et un mauvais management apparaît comme la meilleure façon de détruire la synchro dans une équipe.

Les découvertes du célèbre prix Nobel Daniel Kahneman sont encore moins réjouissantes. Lui et ses collaborateurs ont souhaité mettre en lumière les moments de notre vie où nous éprouvons la plus grande satisfaction, ils ont donc entrepris de mesurer la bonne et la mauvaise humeur (affect positif et négatif) qu'éprouvaient des volontaires à différents moments de la journée afin d'identifier les causes de ces sentiments fluctuants.

Ils ont constaté, et ce n'est guère surprenant, qu'il y avait un fossé entre le plaisir ressenti par les gens pendant leurs déplacements (3,45 sur une échelle de 1 à 6) et celui qu'ils éprouvaient lorsqu'ils se détendaient entre amis (4,59), soit un écart de 1,14 point. Au travail, pression et fatigue peuvent facilement faire baisser d'un point le plaisir ressenti (à vrai dire, la fatigue peut même faire passer l'expérience la plus agréable, les « activités intimes » – autrement dit, le sexe – de 5,1 à moins de 3,1, le score enregistré pour les personnes qui font des trajets quotidiens, mais se sentent reposés).

	Score d'affect positif (sur 6)	**Sous contrainte temporelle (sur 6)**	**En cas de fatigue (sur 6)**
Relations intimes	5,10	0,74	3,09
Vie sociale	4,59	1,20	2,33
Manger	4,34	0,95	2,55
Regarder la télévision	4,19	1,02	3,54
Cuisiner	3,93	1,54	3,11
S'occuper des enfants	3,86	1,95	3,56
Travailler	3,62	2,70	2,42
Se déplacer	3,45	2,60	2,75
Échanger avec ses amis	4,36	1,61	2,59

	Score d'affect positif (sur 6)	**Sous contrainte temporelle (sur 6)**	**En cas de fatigue (sur 6)**
Échanger avec son/sa partenaire	4,11	1,53	3,46
Échanger avec son patron	3,52	2,82	2,44

Deux grandes tendances se dégagent des recherches de Kahneman et de ses collègues. Échanger avec son patron est pratiquement l'interaction que nous aimons le moins dans la journée (juste derrière le trajet entre domicile et travail). En outre, il convient de noter que les contraintes de temps et la fatigue exercent une influence négative sur la moindre de nos activités quotidiennes. Au passage, ces tendances nous ramènent aux leçons de la recharge n° 4 (l'hyperactivité est néfaste) et de la recharge n° 11 (le sommeil est essentiel). Vu le peu de plaisir que nous éprouvons à communiquer avec nos patrons, cette découverte de chercheurs de l'université de Warwick n'est pas surprenante : quand ils ont demandé à des gens quelle hausse de salaire ils réclameraient pour travailler avec un mauvais chef, ils ont répondu qu'il leur faudrait une augmentation de 150 % afin de compenser le stress et l'insatisfaction.

Alors, que font les mauvais chefs ? Selon le professeur Robert Hogan de l'université de Tulsa, la « souffrance » et le « stress » qu'ils provoquent perturbent la santé et le système immunitaire de leurs subordonnés, au point qu'ils en tombent malades (« les mauvais managers sont à l'origine d'énormes dépenses de santé », affirme-t-il). Un grand sondage dans le cadre duquel plus de 3 000 hommes suédois devaient s'exprimer sur une décennie de leur vie active a révélé que les mauvaises pratiques managériales augmentaient de 60 % le risque d'infarctus (sur une note positive, les hommes qui déclaraient avoir de bons managers avaient 40 % de chances en moins de présenter des problèmes cardiaques). Quatre déclencheurs spécifiques ont été identifiés : l'incompétence, le manque de considération, l'opacité et l'absence de communication.

Bien entendu, certains argumentent que les facteurs qui permettent aux employés de s'élever au rang de manager (ambition, motivation, résilience) sont justement ceux qui en font des managers dénués d'empathie. Cela dit, notons qu'aucun de ces traits ne figure dans la liste de ceux que les chercheurs suédois associent à un mauvais manager. On peut être ambitieux et résilient sans être pour autant un chef exécrable.

Les piètres managers ont tendance à faire reposer la faute sur leur équipe. « Arrêtez avec les mauvais managers », disent-ils. « Si on parlait plutôt des mauvais employés ? » Ou encore : « Si j'arrivais à me débarrasser des pleurnicheurs, ce serait parfait. » Ils ont tendance à oublier que tout le monde déteste travailler pour un mauvais chef. Des chercheurs de l'université de Warwick ont compilé des années de données anglaises et américaines pour tenter de mesurer la corrélation entre notre plaisir au travail et les performances de nos supérieurs hiérarchiques. Ils ont découvert que, pour les pleurnicheurs comme pour les employés les plus efficaces, les points de vue exprimés étaient exactement les mêmes : les mauvais managers nous rendent tous malheureux[66].

66 D'après *L'Écho*, en France, un salarié sur trois estime que son manager ne dispose pas des qualités nécessaires à un bon management (N.D.E.).

Mais alors, qu'est-ce qui fait un bon chef ? Deux éléments semblent pouvoir nous éclairer à ce sujet. Le premier consiste tout bêtement à « se montrer encourageant ». Nous avons tellement envie d'être appréciés par nos supérieurs qu'un simple compliment de leur part permet d'améliorer nos performances parce qu'il stimule notre engagement. Des chercheurs se sont penchés sur des employés travaillant pour des patrons très généreux, qui avaient plutôt tendance à surestimer leur équipe. Ils se sont aperçus qu'en matière d'éloge, l'inflation fonctionnait : « Ce vote de confiance rendait les employés plus optimistes quant aux améliorations futures. » En revanche, ceux dont les supérieurs étaient plus critiques finissaient généralement par quitter l'équipe, « désorientés ou découragés, souvent les deux ». Ils interprétaient les retours négatifs, non comme une incitation à mieux faire, mais comme un frein à d'éventuelles réussites futures. Ces constats sont parfaitement en phase avec les études sur les relations à distance de couples non mariés que j'ai évoquées plus tôt (voir p. 151). « L'illusion positive », c'est-à-dire croire qu'une personne est merveilleuse dans l'absolu, est un puissant levier. Il permet de cimenter les couples. Au travail, croire que l'on est apprécié surpasse presque tout le reste. Si nous pensons que notre chef nous aime, nous sommes plus susceptibles d'éprouver du plaisir dans notre activité professionnelle.

De fait, un bon manager a plus d'impact qu'un salaire élevé. C'est du moins la conclusion d'un jeu de rôle réalisé en Espagne et aux États-Unis : des équipes devaient y relever un défi, et un manager devait les diriger comme il l'entendait. On a constaté que les managers qui communiquaient de façon motivante avec leurs collaborateurs étaient plus efficaces que ceux qui leur offraient des récompenses. Selon des chercheurs, le mieux que les managers peuvent faire est de demander à l'équipe de travailler dur, de leur rappeler qu'ils sont bien payés, puis de s'éclipser pour les laisser tranquilles ! Ce point de vue est assez proche de celui exprimé par Richard Reeves, spécialiste du bonheur, qui estime que les managers devraient s'efforcer de se faire aussi discrets que possible. « Ne faites pas de mal », recommande-t-il. « C'est un principe crucial. S'il y a des choses qui rendent les gens malheureux, il faut cesser de les faire. » Si un patron a l'impression qu'il ne sait pas quoi faire pour aider, alors il vaut mieux qu'il en fasse moins que trop.

Certes, laisser le champ libre aux employés n'est souhaitable que dans le cas d'un manager peu compétent. Il est évident qu'un manager de choc ne se contente pas d'être en retrait, il fournit un soutien et un encadrement de haute qualité. Voilà qui m'amène à vous expliquer ce qui, selon moi, fait la différence entre un bon et un mauvais chef : le premier a une bonne connaissance du travail qu'il attend de son équipe.

Bien que je rechigne à prendre des exemples dans le monde du sport (souvent basés sur des données réduites et dénaturés par les anecdotes), il se trouve que c'est un principe que les sportifs connaissent de longue date : « Ce sont les meilleurs joueurs de basket qui font les meilleurs entraîneurs », m'a confié Amanda Goodall, professeure agrégée à la Cass Business School. Son étude du monde de la Formule 1 l'a confortée dans cette image : « Nous avons identifié quatre types de dirigeants d'écuries (les *team principals* (« chefs d'équipe »), comme on les appelle en F1) : les managers, les ingénieurs, les mécaniciens et les anciens pilotes. Nous avons découvert que les anciens pilotes deviennent les meilleurs *team principals.* Selon Goodall, des règles similaires s'appliquent dans le monde du travail : les gens réagissent mieux face à une personne qui comprend les rouages de son métier. « Si un chef a grimpé les échelons de l'entreprise ou qu'il l'a créée, si ce chef est capable de faire le travail d'un employé, et si cet employé pense que son chef est compétent, il est fort probable que le taux de satisfaction du personnel sera élevé. » Plus un patron est au fait des spécificités d'un poste, plus ses conseils seront judicieux.

Notons cependant que cette situation n'est pas sans risque : une mentalité de type « Je sais, je suis passé par-là » ne sera d'aucune aide si le patron en question se contente de mettre en avant son expérience passée. Sans empathie, cette expérience n'est rien.

Les conclusions de Goodall devraient servir d'avertissement à ceux qui pensent qu'il suffit d'avoir décroché un MBA en management et que, pour un chef, les spécificités du métier importent moins que la stratégie et le leadership. Heureusement, certaines organisations sont revenues de ces idées. De nos jours, des entreprises comme McDonald's ou Sainsbury's[67] envoient leurs managers en salle ou dans les rayons pour s'assurer qu'ils comprennent bien ce qu'eux-mêmes attendent de leurs troupes. Pour éprouver de l'empathie vis-à-vis de ceux qui font un travail, il n'y a rien de tel que de faire ce travail soi-même.

Tom Leitch, directeur technique de l'application de livraison Deliveroo, est un ardent défenseur de ce principe. Il m'a expliqué que tous les membres de son équipe sont aussi enregistrés comme livreurs sur l'application et qu'ils doivent se débrouiller pour faire personnellement une ou deux livrai-

67 Deuxième grande chaîne de supermarchés au Royaume-Uni (N.D.E.).

sons par semaine. « On finit par mieux comprendre comment fonctionne l'esprit de nos livreurs », explique-t-il. « Par exemple, nous nous sommes aperçus que nos livreurs de Hong Kong s'inquiétaient de trouver un endroit où garer leur vélo avant de se rendre dans un restaurant. Comme Hong Kong est, en gros, construit sur une montagne, un court trajet à pied sur la carte peut en réalité être une côte abrupte. Un parking qui semble situé à une minute de marche peut, dans les faits, allonger une livraison de cinq minutes. » Comprendre ces éléments essentiels, qui, vus du bureau, pourraient sembler des détails sans importance, transforme la relation entre managers et employés et élimine le risque qu'un gouffre de connaissances se forme entre la base et les décisionnaires.

En d'autres termes, un expert, ce n'est pas la même chose qu'un « monsieur-je-sais-tout » : un manager expert sait beaucoup de choses et, sur la base de son expérience, instaure la confiance et l'empathie. Pour autant, il n'a pas besoin de clamer qu'il est capable de faire le travail des autres mieux qu'eux-mêmes. Si c'est réellement ce qu'il pense, il y a danger.

Maîtriser le système informatique utilisé par ses collaborateurs, s'intéresser à la moindre étape d'une procédure, savoir comment un produit est fabriqué, tout cela peut permettre de combler le fossé qui risque de se creuser entre chefs et subordonnés dans leur travail respectif, et à créer un lien essentiel. En outre, une fois qu'un patron a compris comment fonctionne une activité, il devient souvent plus ouvert à la flexibilité des horaires, par exemple, ou à la suppression d'une réunion dont chacun sait qu'elle est inutile. « Si votre manager est un bon chef, il créera un bon environnement de travail », nous rappelle Goodall. « Nous avons constaté que les bons chefs comprenaient la nature de notre travail. » Cette compréhension accroît la confiance alors que, d'un autre côté, quand les managers n'appréhendent pas pleinement le rôle de chacun, ils sont tentés d'intervenir. Comme le déclare Goodall, un mauvais manager dirait : « "Je pense que je vais leur demander de remplir ce formulaire avant qu'ils partent en réunion histoire de me couvrir au cas où ils mentiraient". Quand on connaît la chanson, il est inutile de recourir à une foison de procédures managériales ». Voilà pourquoi Goodall conseille à tous les managers de « démarrer humblement, en sachant ce qu'ils ne savent pas ». Les meilleurs d'entre eux « arrivent en posant des questions [...] Ils arrivent et ils écoutent les experts au travail ».

À partir de là, c'est la performance de toute l'entreprise qui s'améliore. Des chercheurs de l'université de Sheffield ont montré que les entreprises qui présentent un haut niveau de confiance dans leur management obtiennent de meilleurs résultats que les autres. Conclusion ? Si les gens pensent qu'ils sont traités avec justice et qu'ils sont dirigés par de bons managers, ils s'investissent davantage dans leurs tâches. Si nous pensons travailler dans une entreprise juste, nous redoublons d'efforts. Le management ne peut créer la synchro à lui seul, mais un mauvais management peut tout à fait la détruire.

Les entreprises mal dirigées, en revanche, perdent beaucoup d'employés, ce qui leur coûte très cher : elles doivent dépenser de l'argent en procédures de recrutement tout en perdant de l'argent en raison de la perte temporaire de productivité et d'expertise. Pour un bon chef, les règles sont claires : connaissance empathique et soutien. Si vous ne pouvez pas être bon, soyez encourageant. Il est temps d'arrêter d'être un mauvais chef.

POUR ALLER PLUS LOIN :

- « Ne faites de mal à personne » est la règle d'or du management.
- Pour un manager, il est vital de montrer de l'empathie vis-à-vis des défis et des réalités d'un métier. Si vos collaborateurs se plaignent d'un logiciel que vous n'avez jamais utilisé, vous allez probablement faire la sourde oreille. Le seul moyen de comprendre pleinement est de vous mettre à leur place pendant une semaine.
- Les meilleurs chefs ont généralement exercé les fonctions de ceux qu'ils dirigent. Si ce n'est pas le cas, assurez-vous de comprendre les ficelles du métier pour combler le fossé avec votre équipe.

SYNCHRO 8 : LAISSEZ LES GENS TRANQUILLES

« La plupart des inventeurs et ingénieurs que je connais sont comme moi… Ils vivent dans leur tête. Ce sont presque des artistes. En fait, les meilleurs d'entre eux sont des artistes. Et les artistes travaillent mieux seuls… Je vais vous donner un conseil que vous pourriez avoir du mal à entendre. Ce conseil est le suivant : travaillez seul… Pas dans un comité. Pas dans une équipe. »[68] Le point de vue de Steve Wozniak, cofondateur d'Apple, sur la façon dont les meilleures idées émergent, peut paraître choquant après tout ce que j'ai dit sur la nécessité du travail en équipe. Il contredit en tout cas l'attitude de Steve Jobs lui-même. Selon Walter Isaacson, son biographe, si Jobs réprouvait la conception de l'espace de travail chez Pixar, c'est précisément parce qu'il était persuadé que les gens ne devaient pas travailler seuls : « Il était obsédé par la meilleure manière de structurer l'atrium, et même par l'emplacement des toilettes, afin que des rencontres fortuites aient lieu », écrit Isaacson.

Alors, quel parti prendre ? Faut-il isoler vos esprits les plus créateurs ? Ou bien les intégrer dans un groupe et tenter de mettre en place une équipe inventive ?

La réponse, c'est que cela dépend entièrement de la situation actuelle et de ce que vous cherchez à réaliser. Aux premiers jours d'un projet ou d'une nouvelle initiative, mieux vaut

68 Steve Wozniak, cité d'après l'article paru dans *The New York Times* [en ligne], 13 janvier 2012, « The Rise of the New Groupthink ».

laisser les gens se débrouiller seuls et trouver des idées qu'ils vont pouvoir tourner et retourner dans leur tête. En revanche, lorsqu'il s'agit de concrétiser ces idées, de résoudre un problème ou de sortir d'une impasse, l'équipe doit être présente pour affiner le projet. La question n'est pas de trancher entre isoler les travailleurs ou les rassembler. La question, c'est de savoir quand les laisser seuls et quand les réunir.

Certes, tout concourt à montrer qu'il peut être contre-productif d'impliquer une équipe trop tôt dans un projet. Au cours des dernières années, il est devenu évident que l'expression ultime de l'imagination collective – le brainstorming – ne fonctionne pas vraiment ou, du moins, qu'elle est beaucoup moins efficace qu'on le croyait autrefois. Certains employés peuvent penser qu'ils balancent des idées géniales, mais comme dans toutes les réunions (voir synchro n° 3), beaucoup de leurs efforts sont en fait consacrés au positionnement social et à la surenchère. Par ailleurs, comme le souligne Charlan Nemeth, professeure de psychologie à l'université de Californie à Berkeley, l'une des règles d'or du brainstorming – « aucune idée n'est mauvaise » – est aussi l'une des raisons de son échec. « Il n'est absolument pas vrai », affirme-t-elle, « que lorsqu'on travaille ensemble, le plus important est de rester positif et de bien s'entendre pour ne blesser personne. C'est tout simplement faux. Le débat sera peut-être moins agréable, mais il sera toujours plus productif. La vraie créativité exige une certaine dose de compromis. » Expliquer qu'une suggestion est mauvaise peut provoquer des frictions, mais celles-ci sont beaucoup plus susceptibles de déclencher une étincelle de créativité dans un groupe que l'entente parfaite. En outre, les scientifiques ont découvert que le brainstorming fonctionne mieux quand chacun a l'occasion de trouver ses propres idées de son côté. Si, par la suite, le groupe se réunit pour les mettre en commun, le nombre de propositions créatives est souvent multiplié par deux.

L'auteur Susan Cain pense que, si nous aimons tant croire au pouvoir du brainstorming, c'est parce que la pensée de groupe des temps modernes encourage les pratiques des personnes extraverties aux dépens de celles des introverties. Selon elle, l'essor des arts et de la culture performatifs dont nous avons été témoins tout au long du XXe siècle a conduit à favoriser les talents de la partie extravertie de la société plutôt que ceux des personnes qui sont trop gênées pour avouer qu'elles préfèrent travailler seules.

Pourtant, poursuit Susan Cain, si on examine attentivement la manière dont ont fonctionné les plus célèbres collaborations, il est évident que les grandes idées émergent individuellement. Prenez deux des plus grands compositeurs de tous les temps : John Lennon et Paul McCartney. La plupart des meilleures chansons des Beatles ont été attribuées au duo Lennon/McCartney pendant toute la carrière du groupe alors qu'elles n'étaient pas le fruit d'une collaboration à plein temps : elles naissaient de la comparaison de leurs notes respectives après des périodes d'intense réflexion individuelle. Sur le même sujet, Elton John a dit un jour, en référence à plus d'un demi-siècle de collaboration avec son parolier Bernie Taupin, que leur succès provenait du fait qu'ils écrivaient dans deux pièces séparées : « Nous n'avons jamais écrit une chanson dans la même pièce, jamais », a-t-il confié à *Music Week*. Autrefois, ils communiquaient par fax. Ces jours-ci, Taupin envoie ses paroles à Elton John par mail, celui-ci compose une mélodie et, ensuite, ils se retrouvent pour peaufiner les détails.

Cela me fait penser à ce que raconte l'auteur de comédie Richard Curtis à propos de son travail sur *La Vipère noire*, un classique des séries britanniques coécrit avec Ben Elton. Bien qu'ils soient tous deux crédités sur les scénarios, en réalité, ils se voyaient peu, se contentant de partager leurs idées en s'échangeant cette petite merveille qu'était la disquette, à l'époque. « Je ne peux que recommander très chaudement cette manière de travailler », explique Curtis, « parce que j'ai vécu des expériences désagréables où je me suis retrouvé assis en face de quelqu'un, et où on se dévisageait pendant des heures en cherchant une réplique plus amusante que celle de l'autre. » Nous ne sommes pas tous des compositeurs ou des auteurs de séries, c'est vrai. Néanmoins, ce principe de base est le même pour tout le monde.

Dans la synchro n° 1, j'ai montré que les programmeurs informatiques ont besoin de travailler ensemble et de se parler pour éliminer les bugs de leurs codes, mais ces moments de connexion ne sont que des ponctuations entre des plages de travail solitaire. La synchro ne s'obtient pas par le dialogue permanent, mais à travers la conversation et la solitude, qui constituent la lumière et l'ombre vitales d'un travail productif.

C'est bel et bien le pouvoir de la solitude qui a émergé d'une expérience appelée les « Coding War Games »[69]. Dans le cadre de ce projet, on a réparti 600 développeurs d'une centaine de sociétés différentes en 300 équipes de deux (chacun travaillant à son propre bureau). Les équipes avaient pour instruction de créer un programme de taille moyenne destiné à effectuer une tâche spécifique. Chaque duo disposait d'une autonomie considérable : il pouvait décider quel langage de programma-

69 La guerre des codes [N.D.T.].

tion lui semblait le plus adapté, et les chercheurs ont veillé à prendre note de variables telles que l'expérience et le salaire. Il n'y avait qu'une seule exigence : les programmeurs devaient accomplir leur tâche exactement dans les mêmes conditions que celles de leur travail habituel.

Il s'est avéré que les équipes gagnantes obtenaient, de loin, de bien meilleurs résultats que les plus mauvaises – dix fois meilleurs, pour être précis. Et ces résultats étaient eux-mêmes 2,5 fois supérieurs à la moyenne. Pourquoi ? Tout était lié au sentiment qu'avaient ces programmeurs de pouvoir travailler en paix. 62 % des gagnants ont déclaré que leur espace de travail était « raisonnablement intime ». En revanche, 75 % des plus mauvaises équipes ont affirmé qu'ils travaillaient dans des endroits où ils étaient constamment interrompus. J'ai déjà parlé de l'impact négatif des bureaux open space sur la performance (voir la recharge n° 1). Apparemment, ils sont tout aussi néfastes pour la réflexion créative. Mais, avant tout, si les programmeurs gagnants ont obtenu de si bons résultats, c'est parce qu'ils étaient dans un contexte où ils pouvaient réfléchir au calme.

Si, pour travailler efficacement, ce calme est nécessaire, cela signifie-t-il que le télétravail est la meilleure solution ? Je sais que travailler chez soi peut être une bénédiction pour les personnes qui ont du mal à trouver l'équilibre entre les exigences de la vie privée et celles de la vie professionnelle. Je suis donc désolé de vous apprendre que toutes les données à notre disposition montrent que le télétravail n'est pas la panacée. Certes, nous avons le sentiment d'abattre plus de boulot, mais la perte de synchronisation a un impact plus important que les gains de productivité. En comparant les performances de travailleurs en interne et à distance, Elena

Rocco, de l'université du Michigan, a découvert que les travailleurs à distance remarquaient, au sein de leur équipe, un effondrement graduel de la confiance mutuelle qui finissait par affecter la qualité de leur collaboration. Ces personnes déclarent que, lorsqu'elles n'étaient plus dans la boucle de rétroaction, le regain de productivité constaté au départ se mettait rapidement à faiblir. Voici ce que nous dit à ce sujet Ben Waber de Humanyze : « Quand on travaille chez soi, ça n'affecte pas que nous. En restant à la maison, on réduit la performance de ses collègues de façon spectaculaire. » Selon lui, le télétravail réduit les flux d'idées, ce qui nuit à l'intelligence collective de l'équipe. Bosser à la table de votre cuisine n'est pas une solution. Un équilibre est nécessaire.

Quand on essaie d'instaurer la synchro et l'esprit de collaboration sur le lieu de travail, il est tentant de se dire que la prochaine étape consiste à rassembler les équipes pour qu'elles trouvent de nouvelles idées. « Les membres de l'équipe s'apprécient, ils ont de bons rapports – maintenant, trouvons ensemble de nouvelles suggestions pour l'année prochaine. » Attention de ne pas tomber dans le piège. La synchro est un travail commun réalisé en harmonie, mais aucune dose de synchro ne surpassera l'efficacité d'un individu qui emploie toute sa matière grise à affronter seul un problème délicat. La créativité, c'est d'abord de la réflexion, puis de la discussion : une équipe synchro s'assurera de faire l'un comme l'autre.

POUR ALLER PLUS LOIN :

- Rappelez-vous que les idées créatives se déclenchent et grandissent dans un seul cerveau à la fois. Le groupe n'intervient que pour formaliser et améliorer l'idée initiale – les boucles de rétroaction servent à cela.
- Autoriser les matinées en mode solitaire ou les moments de réflexion silencieuse est essentiel au processus créatif.

– 3 –

LE BUZZ

Les dix secrets d'une équipe dynamique

INTRODUCTION

Créez du buzz au travail !

Maintenant que je vous ai parlé des différentes manières de recharger et de synchroniser votre équipe, je vais vous faire quelques suggestions pour booster l'ambiance : le buzz. Précédemment, j'ai décrit comment les équipes performantes étaient parvenues à la synchronisation. Le « buzz » constitue l'étape suivante : un sentiment d'engagement et d'énergie positive créé grâce à la combinaison de deux phénomènes reconnus, l'affect positif et la sécurité psychologique.

L'affect positif

Imaginez qu'un soir, vous êtes chez vous et que le téléphone sonne. En répondant, vous vous apercevez très vite que votre correspondante a composé un faux numéro : elle espérait parler à son ami Victor ; au lieu de ça, c'est vous qu'elle a appelé. En outre, elle a un problème parce qu'à cause de cette erreur, elle vient d'utiliser tout ce qu'il lui restait de crédits et, comme elle vous en informe avec un accent de panique, elle n'a aucun moyen d'en racheter dans l'immédiat. Elle semble désespérée, mais, dans sa frustration, elle ne propose aucune solution.

Que faites-vous ?

Vous ne serez pas surpris d'apprendre que tout dépend de votre état d'esprit. Comme l'a démontré Alice Isen, psychologue à l'université de Cornell, si vous êtes de bonne humeur, vous serez plus enclin à appeler vous-même Victor pour lui transmettre un message : en revanche, si vous êtes de mauvaise humeur, il y a peu de chance pour que vous proposiez votre aide. Le terme technique correspondant au premier état d'esprit est l'*affect positif* ; il s'agit d'un état mental qui formalise notre façon de penser dans presque toutes les situations que nous rencontrons dans la vie. Par ailleurs, il influe fortement sur notre façon de gérer les situations. Comme le dit Isen, « l'affect positif favorise la créativité, la flexibilité cognitive, la réaction innovante et l'ouverture à l'information ». Au travail, l'affect positif nous aide à être plus efficaces.

Sous bien des aspects, l'affect positif est ce que le commun des mortels appelle « la bonne humeur ». Et comme celle-ci, il n'est pas forcément associé à un sourire radieux et à un pas fringant. Il signifie simplement qu'à un moment donné, nous avons une vision positive et prospective du monde. Cela dit, l'affect positif et la bonne humeur ne sont pas tout à fait semblables : en effet, si on peut attribuer la bonne humeur à une cause particulière (il fait beau, vous avez réussi à un examen), l'affect positif est plus nébuleux : comme l'explique la psychologue Barbara Fredrickson, « l'affect est souvent flottant ou sans objet ». On peut ressentir de l'affect positif sans trop savoir pourquoi. En fait, vous n'êtes sans doute même pas conscient que vous le ressentez.

Néanmoins, c'est une force puissante. Même de faible ampleur, un affect positif peut amener à « nous intéresser à de nouveaux objets, de nouvelles personnes et situations » en toute ouverture d'esprit. Prenez l'art des négociations : nous avons tendance à croire que, pour atteindre un résultat spécifique, nous devons adopter une posture hostile, comme les protagonistes des films. En réalité, nous sommes plus susceptibles de réussir en étant dans l'affect positif. Selon Isen, « il y a de bonnes raisons de croire que, même dans une situation potentiellement hostile, l'affect positif favorise la flexibilité cognitive, la capacité à changer de perspective et à considérer les choses sous de multiples aspects pour imaginer des solutions viables et la capacité à résoudre des problèmes potentiels et à éviter le conflit ». En d'autres termes, quand nous savons qu'une négociation réussie tient généralement à la création de variables inattendues, l'affect positif nous offre l'état d'esprit adapté à la conception de ces variables.

Il est désormais établi que l'affect positif peut donner d'excellents résultats, au point que de nombreuses entreprises exploitent cette notion. Pourquoi les restaurants vous offrent-ils un bonbon quand ils vous soumettent l'addition ? Parce qu'ils savent que ce « cadeau » va vous mettre dans de bonnes dispositions d'esprit et que vous laisserez un pourboire plus généreux. C'est un stimulus classique. Selon une étude parue dans le *Journal of Applied Social Psychology*, un serveur qui apporte des bonbons avec l'addition (et revient en apporter d'autres en prime) voit ses pourboires augmenter de 21 %.

L'affect positif fonctionne aussi de manière plus indirecte. Alice Isen l'a démontré en se rendant dans des centres commerciaux où elle a offert un cadeau (gratuit et sans contrepartie) sous forme de coupe-ongles.

Le coupe-ongles n'étant qu'un présent symbolique, on s'attendrait à ce que ceux qui les reçoivent manifestent un bref moment de joie, sans grand enthousiasme. Mais Isen s'est intéressée à la façon dont ce petit cadeau a influé sur leur humeur ultérieure. Elle a fait en sorte que ces mêmes passants soient abordés un plus tard et que, dans une expérience sans rapport apparent, on leur demande leur avis sur leurs propres appareils ménagers. Elle s'est aperçue que les personnes qui avaient reçu un coupe-ongles gratuit se déclaraient invariablement plus satisfaites de leur congélateur et de leur machine à laver que d'autres passants à qui l'on posait les mêmes questions, mais qui n'avaient pas reçu ce cadeau. L'affect positif est une force puissante.

Il agit également sur notre capacité à agir – et depuis notre âge le plus tendre. Lors d'une expérience, des chercheurs ont réparti des enfants de quatre ans dans deux groupes. Les deux étaient censés trier des objets par forme. Cependant, avant que l'exercice commence, on a posé la question suivante aux enfants du premier groupe : « Pouvez-vous vous rappeler quelque chose qui vous a rendu tellement heureux que vous aviez envie de sauter dans tous les sens ? » Ensuite, ils ont eu trente secondes pour penser à ce joyeux souvenir. Quand l'exercice de tri a commencé, il s'est avéré que les enfants qu'on avait incités à se souvenir d'un bon moment s'en sortaient beaucoup mieux que ceux qui n'avaient pas préalablement été mis de bonne humeur.

Avoir un sac de bonbons sur soi pour les distribuer pendant ses déplacements est donc recommandé, du moins, c'est ce que l'on pourrait conclure au vu des autres éléments qu'Isen a réunis pour appuyer sa thèse. Dans l'une de ses études, elle s'est penchée sur la façon dont l'affect positif fonctionnait chez les médecins d'un hôpital. Elle a d'abord présenté à chacun d'entre eux le dossier d'un patient, contenant ses antécédents médicaux complets et les détails de toutes ses analyses. Ensuite, elle a donné à la moitié du groupe un sac en papier rempli de six bonbons gélifiés et de quatre miniatures en chocolat (on leur a demandé de mettre ce cadeau de côté afin que l'expérience ne soit pas affectée par d'éventuels pics de glycémie). Tous les médecins ont ensuite été invités à faire deux tests. Dans le premier, on leur a présenté un test d'association à distance (*Remote Associates Test* ou RAT) : on leur a soumis une série de trois mots – par exemple, « salle », « sang », « sels » – et demandé de trouver un quatrième mot pour les relier (ce test est fréquemment utilisé pour mesurer la pensée créative)[70]. Ensuite, on leur a demandé de poser un diagnostic pour le patient dont ils avaient reçu le dossier. Les médecins à qui on avait offert des bonbons ont obtenu des résultats nettement meilleurs au RAT et sont parvenus à des diagnostics plus précis que les médecins qui n'avaient pas reçu de cadeau. Isen a noté que « les médecins en situation d'affect positif se sont aperçus que les symptômes présentés pouvaient évoquer une maladie du foie, et ils ont pris cette hypothèse en compte beaucoup plus tôt dans leurs protocoles que les participants témoins ». Ils n'ont pas tiré de conclusions hâtives, poursuit-elle, mais ils se sont montrés plus engagés et curieux. Les sucreries offertes ont donné à leur affect positif un petit coup de pouce qui leur a permis de faire un meilleur travail.

Alors, que se passe-t-il exactement quand nous vivons une expérience d'affect positif ? Selon des chercheurs de l'université de Toronto, celui-ci active des régions spécifiques de notre cerveau d'une manière particulière. Dans le cadre de leur expérience, ils ont montré aux volontaires une série de photos, chacune d'entre elles présentant une vue générale d'une maison sur laquelle un visage avait été superposé. Puis ils leur ont demandé de déterminer si le visage était celui d'un homme ou d'une femme, en leur demandant d'ignorer tout le reste. Comme il est établi qu'il existe une zone du

70 Au cas où vous vous poseriez la question, la réponse est « bain ».

cerveau qui est activée par les visages et une autre, distincte, qui est stimulée par les lieux, il n'est pas surprenant que cette demande de concentration sur les visages provoque l'activation de la zone cérébrale liée aux visages. Toutefois, ce n'était pas systématiquement le cas. Le cerveau des participants qu'on avait préalablement mis en état d'affect positif (grâce à un petit cadeau) s'est activé non seulement dans la zone liée aux visages, mais aussi dans celle liée aux lieux. En d'autres termes, cet état d'affect positif leur a permis d'atteindre une conscience beaucoup plus large que ceux qui n'étaient pas dans les mêmes dispositions mentales. L'affect positif nous ouvre l'esprit.

Pour Alice Isen, cette ouverture est une force très puissante : « l'affect positif favorise la solidarité, la générosité et la compréhension interpersonnelle. » Elle améliore aussi notre jugement. Et l'afflux de dopamine que déclenche l'affect positif dans le cortex frontal (en particulier le cortex préfrontal et le cortex cingulaire antérieur) permet non seulement de mieux gérer le stress et l'anxiété, mais aussi de développer notre créativité.

Pour Alice Isen, les liens avec la créativité sont triples. Tout d'abord, l'affect positif augmente le nombre d'« éléments cognitifs » disponibles pour former des associations – en langage courant, il active davantage de neurones. Dans les tests d'associations de mots, par exemple, il a été démontré que la bonne humeur génère beaucoup plus d'idées originales qu'un état d'esprit négatif ou neutre.

En second lieu, il mène à une attention diffuse, comme celle que le publicitaire américain James Webb Young était si désireux de promouvoir (voir la recharge n° 3). Autrement dit, l'affect positif nous empêche d'être obsédés par un problème, nous poussant au contraire à laisser celui-ci infuser dans notre esprit jusqu'à ce que – apparemment comme par miracle – la solution nous vienne (l'état d'attention diffuse explique pourquoi nous sommes si nombreux à affirmer que nos meilleures idées créatives nous viennent sous la douche). Aaron Sorkin, scénariste américain de séries et de films à succès comme *À la Maison-Blanche* ou *The Social Network*, est un esprit créatif qui a appris à exploiter le pouvoir de la pensée diffuse ; il déclare fièrement se doucher six à huit fois par jour : « Je ne suis pas germophobe [mais,] quand je n'arrive pas à écrire [...], je vais me doucher, je change de vêtements et je m'y remets. »

Enfin, l'affect positif améliore la flexibilité cognitive, augmentant la probabilité que des idées différentes (les éléments cognitifs) soient activées. Dans la synchro n° 5, j'ai montré que les personnes qui avaient regardé une vidéo comique de Robin Williams résolvaient mieux les énigmes qu'on leur soumettait ensuite que celles qui n'avaient pas vu cette vidéo. Quand notre cerveau est détendu, nous sommes plus enclins à penser de façon innovante.

Cela dit, notons que bon nombre d'entre nous se souviennent de situations où un pic de stress – ou un travail urgent – nous a permis d'atteindre une concentration extrême. L'affect négatif joue aussi un rôle dans notre vie. Comme l'explique Barbara Fredrickson, qui a consacré sa carrière à étudier les effets de ces forces sur le psychisme humain, « l'émotion négative de la peur est associée à l'envie de fuir. L'émotion négative qu'est la colère est associée à l'envie d'attaquer, et ainsi de suite ». Nous avons parfois besoin de nos émotions négatives. On a par exemple montré que de courts moments de stress favorisent la concentration. Le problème survient quand nous sommes exposés à ces sentiments de façon prolongée. Un bref afflux d'adrénaline peut nous aider à finir une tâche urgente, mais le stress à long terme est une force débilitante. Vivre dans un stress constant nuit de façon mesurable à notre capacité à donner le meilleur de nous-mêmes.

Barbara Fredrickson considère que l'affect positif offre non seulement des bénéfices immédiats, mais qu'il crée un élan, une sorte de cercle vertueux. « Les personnes qui entrent dans cette spirale ascendante ne se contentent pas de vivre une amélioration de leur bien-être émotionnel, elles se construisent également un arsenal qui va leur permettre d'affronter des difficultés futures. » Autrement dit, Fredrickson et ses collègues voient dans l'affect positif une manière de « rebondir » après des revers et des déconvenues, mais aussi le vecteur d'un état d'esprit propice à l'expansion et à la construction, grâce auquel un moment de bonheur se transforme en une force positive croissante et auto-entretenue. En termes créatifs, cela peut se révéler incroyablement efficace. Si, au cours d'une journée de travail particulièrement productive, il vous est arrivé de vous autocongratuler en pensant que vous aviez le vent en poupe, vous comprendrez ce que je veux dire. Les bonnes idées engendrent les bonnes idées, parce que nous nous trouvons dans un espace mental propice à leur naissance. Selon Fredrickson, « certaines émotions positives spécifiques – dont la joie, l'intérêt, la satisfaction, la fierté et l'amour – possèdent la capacité d'élargir le répertoire pensée-action [...] La joie, par exemple, agit ainsi en insufflant l'envie de jouer, de repousser les limites et d'être créatif. Ces envies se révèlent non seulement dans l'attitude sociale et physique, mais aussi intellectuelle et artistique ». Comme je l'ai évoqué précédemment, l'affect positif que nous projetons permet d'émuler notre entourage qui, à son tour, bénéficie de l'effet d'expansion et de construction.

Par conséquent, si nous pouvions stimuler l'affect positif au travail, nous obtiendrions à la fois un meilleur environnement de travail et une inventivité et une créativité accrues. Et c'est là qu'interviennent les douze changements que j'ai proposés dans la section des recharges. Ils sont censés vous aider à vous sentir mieux physiquement, et à améliorer votre état mental. Prendre de vraies pauses, ne pas travailler jusqu'à des heures ridicules, éviter les distractions inutiles, s'offrir une bonne nuit de sommeil : des dizaines d'articles scientifiques ont montré que tout ceci avait un impact énorme sur notre optimisme et sur notre enthousiasme au travail. L'affect positif contamine alors nos collaborateurs et les aide à donner le meilleur d'eux-mêmes. En revanche, si nous ne faisons pas suffisamment de pauses, que nous ne nous accordons pas assez de temps de récupération, notre humeur en souffre et nous entrons dans l'affect négatif, ce qui nous nuit à nous-mêmes et aux autres. Les méthodes que j'ai proposées dans les recharges ne sont pas accessoires, elles sont essentielles pour protéger le bien-être général au travail et nous donner les moyens développer le buzz au sein de notre équipe.

La sécurité psychologique

Pour illustrer la seconde composante du buzz, le meilleur moyen est sans doute de recourir de nouveau à l'image de l'appel téléphonique. Cette fois, cependant, imaginez un scénario assez différent dans lequel vous ne répondez pas à un appel, mais vous hésitez à en passer un. Vous travaillez de nuit dans un hôpital très fréquenté de la ville, vous venez de remarquer que la dose de médicaments que vous êtes censé donner à un patient semble anormalement élevée, et vous vous demandez si vous devez vous renseigner à ce sujet. L'ennui, c'est que le médecin qui l'a prescrit est rentré chez lui et vous craignez qu'elle prenne mal le fait qu'on la dérange pour lui dire qu'elle a peut-être commis une erreur, d'autant plus qu'il lui est déjà arrivé, par le passé, de critiquer votre travail. Alors, votre inquiétude prend-elle le dessus, auquel cas vous allez l'appeler, ou résistez-vous à l'envie de décrocher le téléphone ? Vous sentez-vous assez à l'aise pour agir de la façon que vous considérez la plus juste ?

Cette situation relève de ce que les spécialistes appellent la *sécurité psychologique*. Si, au travail, nous voulons obtenir le buzz qui nous aidera, en tant qu'individus et membres d'une équipe, à donner avec enthousiasme le meilleur de nous-mêmes, il ne suffit pas d'être dans un bon état d'esprit : nous devons aussi nous sentir à l'aise et en sécurité parmi nos collègues.

C'est une théorie qu'Amy Edmondson, professeure à la Harvard Business School, a examinée de près. Désireuse de démontrer la simple hypothèse que les équipes cohésives obtiennent de meilleurs résultats, elle a recueilli des données concernant le rendement de différentes équipes hospitalières, puis elle a envoyé dans leur service des infirmières chargées d'enquêter sur les erreurs de prescription. Elle avait l'intuition que les meilleures équipes feraient moins d'erreurs.

À première vue, elle s'était trompée du tout au tout. Contrairement à ses attentes, les meilleures équipes commettaient davantage d'erreurs que les plus mauvaises. L'équipe d'élite de ce qu'elle a baptisé le « Memorial Hospital 1 » comptabilisait près de 24 erreurs de médication par millier de jours-patients, tandis que le personnel apparemment moins impressionnant du « Memorial 3 », avec 2,34 erreurs par millier de jours-patients, en commettait à peu près dix fois moins.

Comment était-ce possible ? Ses données étaient-elles fausses, ou était-ce son expérience tout entière qui reposait sur un mauvais postulat ? Puis, alors qu'elle examinait de nouveau ses données, la réponse lui est apparue. « J'ai soudain eu une illumination », explique Edmondson, « et je me suis dit que les meilleures équipes ne commettent peut-être pas plus d'erreurs, mais simplement qu'elles sont plus disposées à en discuter. Et si les meilleures équipes bénéficiaient d'un climat d'ouverture qui leur permettait de signaler ces erreurs et d'aller en rechercher véritablement les causes ? »

C'était effectivement le cas. Les équipes hospitalières les plus performantes étaient beaucoup plus enclines à discuter des problèmes, et leur classement statistique en a souffert. Les moins bonnes équipes sont apparues plus compétentes parce qu'elles masquaient leurs erreurs. Edmondson a donc démontré que les hôpitaux qui étaient disposés à reconnaître leurs erreurs et à en discuter étaient beaucoup plus efficaces.

Au travail, nous sommes obsédés par ce qu'Edmondson appelle « l'autoprotection » : craignant d'être constamment évalués par les autres, nous soignons minutieusement notre image. Nous ne voulons surtout pas paraître ignorants, incompétents ou excessivement négatifs – et nous faisons en sorte de nous protéger en conséquence. Pour ne pas sembler ignorants, nous évitons de poser des questions ou de proposer des idées qui pourraient révéler nos lacunes. Pour ne pas paraître incompétents, nous ne reconnaissons pas nos faiblesses ni nos erreurs. Pour ne pas avoir l'air négatif, nous ne critiquons ni ne remettons en question les décisions prises par les autres.

Comme Edmondson l'a constaté, les équipes les plus performantes mettent les problèmes sur la table. Et si elles peuvent le faire, c'est parce qu'elles ont créé une atmosphère dans laquelle les gens osent se montrer faillibles. Dans un hôpital, cet état d'esprit peut sauver des vies.

Ce principe de base a été pleinement démontré dans un autre environnement où les vies sont en jeu – le transport aérien. Lorsqu'on apprend qu'un terrible crash s'est produit, notre premier réflexe est de spéculer sur les causes mécaniques de l'accident. Un moteur est-il tombé en panne ? La structure d'une des ailes était-elle endommagée ? En réalité, il est extrêmement rare qu'une catastrophe aérienne soit due à une défaillance technique. Quand un avion s'écrase, c'est généralement lié à une erreur humaine. En 1978, dix personnes sont mortes dans l'accident du vol United 173 parce que le commandant de bord a ignoré le mécanicien de bord qui, alors qu'ils étaient en attente au-dessus de l'aéroport, l'informait qu'ils allaient manquer de carburant : « Quinze minutes de plus, ça va nous vider les réservoirs », a-t-il timidement lancé.

Prenons maintenant le cas de la terrible catastrophe du vol 447 d'Air France qui s'est écrasé le 1er juin 2009 entre Rio de Janeiro et Paris, entraînant la perte des 228 personnes à bord. Un simple problème technique s'est transformé en catastrophe absolue lorsqu'un équipage très expérimenté a enchaîné une série de mauvaises manœuvres après le désengagement du pilotage automatique, faisant décrocher l'avion et provoquant son explosion en mer.

Si, de nos jours, les accidents d'avion sont heureusement si rares, ce n'est pas grâce à des améliorations techniques ou au tweet de Donald Trump, affirmant en 2017 qu'il avait rendu l'aviation plus sûre, mais en raison d'une mesure importante prise pour réduire les erreurs des pilotes après une série d'accidents particulièrement effroyables dans les années 1970. Il s'agit d'un programme de formation standardisé, connu sous le nom de CRM (*Crew Resource Management*), qui indique de quelle façon les membres de l'équipage doivent faire part de leurs préoccupations et les partager en cas d'anomalie apparente. « Eh, Capitaine, on dirait qu'il ne nous reste plus qu'une heure de carburant… Et si je demandais par radio un créneau d'atterrissage en urgence ? » C'est un exemple de CRM. Ces 27 mots dénués d'agressivité ou de panique comportent une ouverture, une manifestation d'inquiétude, une description du problème, une suggestion de solution et une invitation à s'entendre. C'est une procédure en cinq points que tout le monde est formé à comprendre. Elle crée une zone de sécurité psychologique où chacun peut dire ouvertement ce qui l'inquiète sans craindre d'être dénigré ou ignoré.

Il n'est guère surprenant de constater que les équipages les plus sûrs de la planète sont généralement ceux qui se connaissent le mieux. Adam Grant, psychologue de l'organisation, souligne que « plus de 75 % des accidents d'avion surviennent alors que les membres d'un équipage volent ensemble pour la première fois ». Il note également que, selon une simulation de la NASA, « quand on a un équipage qui vole ensemble pour la première fois, il commet davantage d'erreurs qu'un équipage fatigué, qui vient de voler toute la nuit, mais qui a déjà effectué des vols ensemble ». Dans de tels environnements, la familiarité n'engendre pas le mépris. Elle crée au contraire une zone de sécurité dans laquelle les gens sont prêts à s'exprimer et à remettre en question les décisions des uns et des autres[71]. Elle permet aussi d'éviter les risques créés par une trop grande déférence dans les hiérarchies. Le journaliste et écrivain Malcolm Gladwell, cherchant à expliquer pourquoi Korean Air a enregistré plus d'accidents que toute autre compagnie aérienne à la fin des années 1990, a déclaré : « Quand on pense à ces crashes, on se dit : "Oh, ils devaient avoir de vieux avions. Ils devaient avoir des pilotes mal entraînés". Non. Le problème, c'était leur héritage culturel : la culture coréenne est hiérarchique. »

Par conséquent, ce n'est peut-être pas une coïncidence si l'une des personnes chargées de l'amélioration de la sécurité des services de santé au Royaume-Uni est un pilote de ligne. Le 29 mars 2009, Martin Bromiley et ses deux enfants, âgés de cinq et six ans, ont dit au revoir à Elaine (son épouse et leur mère) alors qu'elle partait subir une intervention chirurgicale sans gravité, au point que, après l'avoir déposée, Martin est retourné illico à la maison avec les enfants.

Ce qui se produit ensuite est notre pire cauchemar. À peine Martin était-il rentré chez lui qu'il a reçu un appel de l'hôpital : « Votre femme ne se réveille pas après l'opération, venez immédiatement. » À son arrivée, on l'informe que l'équipe médicale a eu le plus grand mal à maintenir ouvertes les voies aériennes de sa femme après l'anesthésie et que son apport en oxygène est tombé à un niveau extrêmement bas. Ce qui était, au départ, une opération banale avait tourné au désastre médical. Elaine était en soins intensifs et souffrait de graves lésions cérébrales. Elle est restée quelques jours en coma

71 C'est aussi vrai pour les chirurgiens. Les résultats d'un chirurgien tendent à refléter ceux de toute son équipe. Si ce chirurgien change d'hôpital, les résultats ne sont pas les mêmes, mais reflètent le plus souvent sa familiarité vis-à-vis des membres de cette nouvelle équipe.

artificiel, mais, peu de temps après, on a demandé à Bromiley de décider s'il fallait débrancher l'équipement qui la maintenait en vie. Moins de deux semaines après son opération de routine, Elaine Bromiley est morte.

En tant que pilote, Martin Bromiley connaissait bien les exigences du CRM et celles des analyses post-incident. Il a donc supposé qu'une enquête approfondie allait avoir lieu, mais il a rapidement découvert que les hôpitaux ne sont pas coutumiers de cette démarche. Cependant, après qu'il a fermement, mais respectueusement insisté, l'hôpital a accepté de demander à un anesthésiste renommé de jeter un coup d'œil sur ce qui s'était passé. Ses conclusions ne correspondaient pas du tout à ce que l'hôpital avait raconté à Martin, c'est-à-dire que le décès de sa femme était un malheureux accident. En fait, déclare l'auteur du rapport, il est survenu à cause d'une erreur très simple, une erreur détectée par certaines des personnes présentes en salle d'opération, mais que celles-ci n'étaient pas parvenues à faire entendre aux médecins de l'équipe. Un groupe de spécialistes hautement qualifiés, qui comptabilisaient à eux tous plus de soixante ans d'expérience, n'avait pas réussi à communiquer, avec pour conséquence la mort d'une femme de 37 ans en pleine santé.

Examinons de plus près ce qui s'est passé au bloc opératoire ce jour-là. La première alerte a eu lieu deux minutes après le début de l'opération, quand le médecin anesthésiste a constaté que les voies respiratoires d'Elaine étaient obstruées. Il existe une procédure standard permettant de faire face à de telles éventualités : comme la privation d'oxygène peut entraîner des lésions cérébrales irréversibles en dix minutes, il est d'usage que, si on « ne peut pas intuber ni ventiler », on doive pratiquer une incision dans la trachée, et qu'après cette trachéotomie, il faille transférer le patient en soins intensifs. Toutes les personnes présentes en salle d'opération ce jour-là connaissaient cette procédure et, sitôt constatée l'obstruction des voies respiratoires d'Elaine, elles auraient dû l'intuber ou, en cas de difficulté, procéder aussi vite que possible à une trachéotomie. En réalité, l'équipe a passé vingt-cinq minutes à tenter d'intuber Elaine. Pendant ce laps de temps, son visage s'est cyanosé (signe certain d'un manque d'oxygène) et son rythme cardiaque est tombé dangereusement bas.

Aucun des signes avant-coureurs n'a échappé aux infirmières : la respiration perturbée d'Elaine, le bleuissement de son visage, sa tension artérielle irrégulière, ses convulsions (autre indication que le corps est dans un état de traumatisme par manque d'oxygène). Mais les chirurgiens étaient tellement occupés à tenter d'intuber Elaine qu'ils ont ignoré ces signaux d'alerte. Une infirmière s'est suffisamment inquiétée pour apporter un kit de trachéotomie. Les médecins n'ont pas prêté attention à son geste. Selon un rapport paru à la suite de ce drame dans le magazine *New Statesman*, « une autre infirmière a contacté l'unité de soins intensifs pour leur demander de préparer un lit immédiatement. Lorsqu'elle a informé les médecins de son initiative, ils l'ont regardée comme si elle réagissait de façon excessive. Par la suite, le chef anesthésiste a reconnu qu'il avait tout simplement perdu le contrôle de la situation ».

C'est probablement vrai, mais, au-delà de ça, un constat s'impose : il y a eu un problème catastrophique de communication. Les membres de l'équipe les plus haut placés dans la hiérarchie, forts de leur expérience, ont ignoré ce que leur disaient leurs subordonnés. Ce faisant, ils ont réduit l'intelligence collective du groupe. Des personnes ont individuellement attiré leur attention sur un dysfonctionnement. Elles ont même proposé des moyens d'y remédier (comme l'infirmière qui a apporté le kit de trachéotomie). Malheureusement, elles ne bénéficiaient pas de la « sécurité psychologique » qui leur aurait permis de s'exprimer en toute confiance sans craindre d'être ignorées ou dénigrées.

Du point de vue de Martin Bromiley, l'hôpital évoluait dans un monde désuet dominé par la hiérarchie. Au sommet, les chirurgiens – des hommes, pour la plupart –, étaient agressifs et peu enclins à se montrer faillibles ou à poser des questions. Ensuite, les anesthésistes acceptaient leur rôle de soutien en se préparant à jouer un rôle subalterne dans le déroulement des opérations. Et, tout en bas, les infirmières, essentielles au bon fonctionnement de l'hôpital, mais trop souvent traitées avec brusquerie et dédain. Dans un monde où l'excellence académique sert de référence à la valeur humaine, ces infirmières ne disposaient pas des qualifications qui leur auraient permis d'avoir l'estime de ceux qui étaient censés diriger l'équipe.

Pourtant, comme l'a calmement démontré Martin Bromiley, à moins d'être ouverte aux commentaires de chacun de ses membres, une équipe ne peut donner le meilleur d'elle-même : « Pour être une organisation apprenante, il faut être réceptif aux expériences et aux perspectives », affirme-t-il. Si les gens sont prêts à accepter des choses qu'ils savent erronées, c'est parce qu'ils estiment nécessaire de se conformer aux pressions sociales imposées par une hiérarchie empesée. Ils ne veulent pas faire de vagues, et ils ne veulent surtout pas qu'on les rappelle à l'ordre devant les autres. Dans son étude, Amy Edmondson a révélé qu'une infirmière ayant signalé une erreur de médication s'était fait rabrouer comme une gamine de deux ans. Une autre a déclaré : « [Ici, si vous commettez une erreur], les médecins vous arrachent la tête. » Dans une bonne équipe, en revanche, chacun peut remettre l'autre en question, non pas d'une manière hostile, mais en sachant que ses opinions seront prises en compte à leur juste valeur.

C'est là qu'intervient la sécurité psychologique. Vous devez sentir que vous êtes responsable de vos décisions, mais aussi que vos collègues ne vous « arracheront pas la tête » lorsque vous ferez connaître votre opinion. La voix des supérieurs hiérarchiques a du poids parce qu'ils se trouvent au sommet de la chaîne alimentaire. Pour autant, il faut que la voix des subordonnés soit entendue. Ce n'est pas toujours une question de vie ou de mort, comme les infirmières dans les hôpitaux, mais leurs points de vue et leurs avis influent néanmoins fortement sur la capacité d'une organisation à prendre des décisions importantes et imaginatives.

Sécurité psychologique et affect positif sont donc les deux piliers de la réussite d'une entreprise. Quand ils sont réunis, ils créent ce que j'appelle le buzz. Et quand vous créez le buzz, le résultat peut être à la fois magique et transformateur.

Réunir les éléments du buzz

Affect positif + sécurité psychologique = buzz

Comme j'ai tenté de le montrer, la sécurité psychologique et l'affect positif peuvent fonctionner indépendamment l'un de l'autre. Mais c'est lorsqu'ils sont présents simultanément que le lieu de travail, dynamisé et énergisé, atteint tout son potentiel créatif. C'est là qu'on obtient l'état de buzz.

Sur la page suivante, je vous propose un modèle simple pour illustrer les différentes façons de faire coexister sécurité psychologique et affect positif. Ce tableau présente deux axes : verticalement, on passe d'une sécurité psychologique élevée à une sécurité psychologique faible ; horizontalement, de l'affect négatif à l'affect positif. J'ai choisi de ne pas faire de différence entre l'affect neutre et l'affect négatif, préférant mettre l'accent sur les aspects positifs avérés.

Examinons-les maintenant un peu plus en détail.

L'état de survie (sécurité psychologique basse, affect négatif/neutre)

Cette situation est fréquente dans certaines administrations publiques et dans les entreprises qui proposent aux travailleurs des « contrats zéro heure[72] » faiblement rémunérés.

72 Avec un contrat « zéro heure », l'employé travaille à la demande de l'employeur, il est rémunéré selon les heures effectuées, au salaire minmum.

Sécurité Psychologique	Affect négatif ou neutre	Affect positif
haute	**Routine** Situation rare. La parole est directe, mais guère positive. On trouve cette situation dans les milieux professionnels qui croient au pouvoir de la transparence, mais non à la valeur d'un espace de travail chaleureux. La routine se retrouve aussi dans les situations où listes de sécurité et procédures constituent une priorité absolue (dans l'aviation, par exemple). Les environnements de travail en situation de routine sont francs, mais aseptisés.	**Buzz** C'est la combinaison d'un dialogue honnête fondé sur la confiance et d'une positivité motivante et soutenue. On trouve le buzz dans des environnements créatifs où franchise et performance vont de pair.
basse	**État de survie** Situation professionnelle très répandue. « Fais profil bas et bosse. » La survie consiste à faire des heures (ou, du moins, d'être vu en train d'en faire) en espérant éviter d'être impliqué dans des projets risqués.	**Isolement** Dans cette culture du travail, les employés ont le sentiment qu'ils seront récompensés s'ils accomplissent de grandes choses individuellement, mais il y a peu d'esprit d'équipe. Hautement politique, cette culture engendre un sentiment d'insécurité de l'emploi. Les entreprises qui classent les employés par performance, mais leur offrent aussi de bons avantages peuvent contribuer à créer ce sentiment d'isolement.

Ce type d'environnement tend à encadrer chaque emploi de façon très stricte, supprimant ainsi l'autonomie individuelle et, avec elle, tout sentiment de pouvoir s'exprimer, voire de prendre des décisions mineures. Si un employé a l'autorisation d'agir de façon autonome, il sera sans doute tellement angoissé qu'il s'adonnera à ce que l'on appelle parfois la prise de décision défensive (devenue très répandue dans la médecine et l'enseignement). Le publicitaire Rory Sutherland nous explique ce phénomène : « Un médecin sait qu'il sera plus facilement poursuivi pour inaction que pour action. Cela mène à un excès d'interventions médicales. "Je vais soumettre cette personne à une opération de chirurgie exploratoire parce qu'il y a 1 % de risques qu'elle ait un problème sérieux". En elle-même, l'opération comporte un risque. Mais, soyons clairs, on ne peut pas me faire un procès pour ça : maintenant que j'ai passé la main à un spécialiste, ce n'est plus mon problème. Alors que si je dis : "Écoutez, franchement, rentrez chez vous, mettez-vous au chaud et, dans trois jours, il n'y paraîtra plus…" Je suis sûr que c'est pour les mêmes raisons que la prescription d'antibiotiques chez les enfants a explosé. »

Les lieux de travail syndiqués opèrent eux aussi souvent dans un état de « survie », bien que la dynamique y soit un peu différente. Les travailleurs sont en sécurité dans la mesure où ils sont protégés du conseil d'administration par le syndicat, mais ils ne sont pas toujours en réelle sécurité psychologique s'ils n'ont pas leur mot à dire dans le travail ni la possibilité de donner leur avis sur la façon d'améliorer la gestion des tâches. Dans ces conditions, ils se sentent insatisfaits. La protection de l'emploi ne signifie pas qu'on est dans une confiance réelle, on assiste aussi à des luttes de pouvoir dans une atmosphère de suspicion mutuelle.

L'isolement (sécurité psychologique basse, affect positif)

Le chercheur Kurt Dirks a mené une expérience très parlante auprès d'étudiants pour déterminer le rôle de la confiance dans l'efficacité d'une équipe. Les participants ont été répartis en groupes de trois. Dans la première partie de ce test, chacun s'est vu attribuer des cubes d'une couleur spécifique et on a demandé aux groupes de construire une tour aussi haute que possible en un temps très limité. Des points étaient attribués de manière individuelle et collective. C'est alors que Dirks a organisé une mise en scène. Afin de créer un doute dans l'esprit des participants quant aux motivations des membres de leur équipe, il a demandé à chacun d'adopter un trait de caractère particulier, ajoutant que les autres participants allaient jouer soit un personnage fiable, soit un personnage indigne de confiance. Ensuite, il a demandé aux groupes de refaire l'exercice de la tour.

Il a alors découvert que, même lors d'un jeu de rôle, si les participants pensaient que les autres étaient moins fiables, la dynamique de construction de la tour s'en trouvait modifiée. Lorsque le niveau de confiance était élevé – c'est-à-dire, quand on avait informé les participants que leurs partenaires incarnaient des personnages fiables – de meilleurs résultats étaient obtenus lors de la construction collective des tours. Quand le niveau de confiance était faible, les résultats individuels étaient souvent excellents, mais beaucoup moins probants sur le plan collectif.

L'état d'isolement que j'ai décrit ici n'est pas nécessairement désastreux, en particulier pour ceux qui ont l'habitude de travailler seuls. Un journaliste, un médecin et un VRP n'ont pas forcément besoin d'une dynamique de groupe pour bien faire leur travail. Parfois, l'indépendance qui accompagne l'isolement d'un groupe est inestimable. Néanmoins, même dans ce cas, une perte se produit lorsque la confiance dans le groupe s'évapore, quelle que soit la motivation des personnes concernées. Si vous ne travaillez pas dans un esprit d'équipe, et en l'absence d'échanges d'idées dans un climat de confiance, vous risquez de laisser passer l'occasion de trouver des solutions plus innovantes aux problèmes posés. Et, dans le cas d'une organisation où chacun travaille de manière totalement indépendante, l'entreprise sera perdante si ces employés partent, parce qu'il n'y aura pas eu d'apprentissage collectif : le savoir-faire acquis par l'individu s'en ira avec lui.

Mais ce n'est pas le seul inconvénient. Même quand les employés sont heureux dans leur travail, si le niveau de sécurité psychologique est bas, ils ne prendront pas les risques dynamiques qui mènent à de véritables avancées et aux grandes trouvailles : au lieu de chercher à innover, ils tenteront avant tout de se protéger. Comme le dit Rory Sutherland : « Je m'inquiète parfois du fait que la plupart des études de marché sont faites, non pour les découvertes qu'elles engendrent, mais essentiellement parce que les gens essaient de se couvrir au cas où la démarche dans laquelle ils sont engagés tournerait mal. L'ennui, avec la peur, c'est qu'elle inhibe l'imagination, car il est beaucoup, beaucoup plus facile d'être licencié pour manque de cohérence que pour manque d'imagination. »[73] Selon Sutherland, c'est pour cette raison que les individus

73 « Rory Sutherland on Work Culture », *Eat Sleep Work Repeat* [podcast en ligne], 21 septembre 2018. Disponible en anglais sur : http://eatsleepworkrepeat.com/rory-sutherland-on-work-culture/

s'efforcent de prendre des décisions sûres et facilement compréhensibles plutôt que d'agir de façon en apparence risquée : « Nous déguisons nos décisions en non-décisions », explique Sutherland. « C'est pourquoi il existe d'immenses comités censés donner aux gens l'assurance qu'ils ne seront pas tenus seuls responsables d'une décision. Dans les faits, cela revient à masquer la responsabilité, de telle sorte qu'on se tient à l'écart des conséquences possibles de ses actes. Ce phénomène atteint son apogée dans les organisations écrasées par la bureaucratie – la fonction publique, par exemple – où il prend la forme d'une simple règle : "faites profil bas, et vous garderez ce boulot à vie". »

La routine (sécurité psychologique élevée, affect négatif ou neutre)

Il existe peu d'environnements de travail correspondant à ce profil et il est clair qu'il y a une contradiction apparente entre les deux termes de l'équation. Comment quelqu'un peut-il se sentir en sécurité et libre de s'exprimer sans se trouver en même temps dans un milieu chaleureux et motivant ? Bridgewater Associates est une banque d'investissement de renommée mondiale créée par Ray Dalio. Pour l'écriture de son livre, *Les principes du succès*, il a consacré beaucoup de temps à trier les coupures de presse où on le surnommait « le Steve Jobs de l'investissement ». Dalio pense que le secret de sa réussite réside dans l'utilisation des données pour évaluer le moindre aspect du processus d'investissement ; il est allé jusqu'à demander à ses collaborateurs de noter les participants aux réunions, y compris lui-même. « Ray, tu mérites un D- pour ta performance à cette réunion », dit un mail que Ray agite fièrement pour prouver que, dans sa société, la culture est bel et bien vivante.

Il peut paraître surprenant que, tout au long de ce livre, dans ses interviews et sa conférence TED[74], Dalio revienne sur cette histoire en particulier. Est-il fier d'avoir eu une mauvaise note ? Si on gratte sous la surface, je ne peux m'empêcher de penser que l'éventuel bénéfice de cette brutale manifestation d'honnêteté risque d'être écrasé par l'atmosphère impitoyable qui semble prévaloir par ailleurs. Le taux élevé de rotation du personnel enregistré par Bridgewater Associates est éloquent : ce n'est pas un endroit où il est agréable de travailler. Si cette franchise abrupte et constante peut aider les employés à bénéficier d'un débat franc, le manque d'affect positif va en revanche amener beaucoup d'employés à décider que « la vie est trop courte pour supporter ça » et à démissionner.

En règle générale, affect neutre et sécurité psychologique ne peuvent coexister que dans les environnements de travail qui se sont escrimés à mettre en place cette dernière sans trop se préoccuper du plaisir au travail. Le CRM dans le transport aéronautique, les procédures de sécurité obligatoires en alpinisme, les directives de fonctionnement dans certains hôpitaux représentent des garde-fous que les industries et les entreprises éclairées mettent en œuvre pour faire en sorte que la sécurité existe indépendamment des personnes – et des ego – impliquées.

74 TED : Technology, Entertainment and Design.

Le buzz (haute sécurité psychologique, affect positif)

Les équipes qui manifestent de la bonne humeur tout en se sentant libres d'exprimer leurs opinions sont invincibles. Les idées fusent. Rien ne semble pouvoir les arrêter. C'est ça, l'état de buzz – l'alliance de la sécurité psychologique et de l'affect positif.

Certes, c'est facile à dire, un peu moins à l'obtenir. Trouver l'équilibre entre une parole franche et l'enthousiasme est un mécanisme complexe qui exige de l'attention et des efforts permanents. Si on lâche trop la bride à l'une de ces composantes, tous les bénéfices disparaissent. Mais cela ne signifie pas que l'objectif ne vaille pas la peine d'être fixé ni qu'il est inatteignable.

Dans son merveilleux ouvrage sur l'histoire de Pixar, Edwin Catmull, son actuel président, décrit la méthode efficace qui permet de faire en toute franchise des feedbacks aux cadres supérieurs (sécurité psychologique) tout en favorisant l'affect positif qui imprégnait leur culture de départ. Cette approche a pris la forme d'une réunion d'évaluation qu'ils ont nommée le Braintrust. Son objectif, comme l'explique Catmull dans *Creativity, Inc.*[75] est de « rassembler des gens intelligents et passionnés dans une pièce, de leur demander d'identifier les problèmes et de les résoudre, puis de les encourager à être francs ». Mais des règles très claires ont été mises en place pour s'assurer que la franchise ne devienne pas destructrice (loin de là – Catmull affirme que les résultats ont été « phénomé-

---

75 Ed Catmull, *Creativity, Inc.: Overcoming the Unseen Forces that Stand in the Way of Inspiration* [Surmonter les forces invisibles qui s'opposent à la véritable inspiration], Bantam Press, Londres, 2014.

naux »). La première règle impose que l'autorité du projet (et du responsable de projet) ne soit jamais sapée. Toute l'équipe de Pixar est invitée à visionner un film en cours d'élaboration (séquences ou premiers montages), puis à identifier les anomalies et à les évoquer en toute franchise. N'importe qui peut faire des commentaires sur le story-board ou la séquence proposée, mais les suggestions sont interdites. « Les notes émanant du Braintrust ont pour but de faire remonter les causes véritables des problèmes et non d'exiger des solutions spécifiques. » Il est facile de passer en mode résolution de problèmes, que ce soit au travail ou à la maison, n'est-ce pas ? De dire aux gens ce qu'ils doivent faire ? Mais ce n'est pas l'objectif du Braintrust : pas de solutions, juste des commentaires. Ainsi, Pixar fait en sorte qu'une dose de vraie conversation ne tue pas, à la longue, l'énergie créative de l'affect positif.

Lorsque Disney a racheté Pixar, Bob Iger a fait venir l'équipe de direction de celle-ci pour appliquer la méthode du Braintrust aux films de Disney (cette démarche a, depuis, été renommée Story Trust). Le recours à ce processus a contribué à formaliser certains passages des films qui, depuis, vous sont devenus chers. Dans le cas de Disney, cela a permis à la princesse Elsa de s'épanouir dans l'amour sororal plutôt qu'aux côtés de l'ennuyeux Kristoff, le vendeur de glace à la face de lune – avant l'avènement du Story Trust, Anna et Elsa n'étaient même pas sœurs. Cette méthode permet de mettre en lumière les éléments problématiques tout en laissant aux équipes créatives le soin de les résoudre.

Créer un environnement où l'on encourage la remise en question ne signifie pas nécessairement que l'ambiance est négative. Comme le dit Barbara Fredrickson, « la sécurité psychologique implique que personne ne sera puni ou humilié pour des erreurs, des questions ou des appels à l'aide » et, dans ces conditions, les employés, comprenant l'aspect constructif de ces commentaires, seront motivés pour donner le meilleur d'eux-mêmes. Dans la section buzz, je vais analyser les méthodes qui permettront d'atteindre cette façon d'opérer. Selon Fredrickson, la règle de base devrait être que tout le monde a le droit de poser des questions et d'exprimer ses doutes : « J'ai besoin d'entendre votre opinion parce que je risque de passer à côté de certains éléments. »

Chaque jour, nous sommes, pour la plupart, confrontés à de minuscules risques au travail. Que nous recommandions *ceci* ou que nous vendions *cela*, nous mettons notre réputation en jeu, même si ce n'est que dans une faible mesure. Notre crainte de commettre des erreurs influe fortement sur notre façon d'aborder le travail. Si nous sommes un peu paranoïaques, nous vivons dans la peur constante d'être licenciés (ou peut-être même d'être poursuivis en justice, dans certaines professions). Le sentiment de sécurité que nous éprouvons est déterminant pour la qualité de notre travail.

Récemment, on m'a parlé du patron relativement nouveau d'une société de technologie très connue, qui a dû prendre la parole devant ses troupes quand leur responsable habituel, Jerry, a été obligé de s'absenter. « Si les choses ne s'améliorent pas rapidement, Jerry doit savoir que je vais le renvoyer », a-t-il déclaré en réponse à une question. Je soupçonne que, si on lui demandait de revenir de façon approfondie sur cet épisode, il nous expliquerait qu'il s'agissait d'une plaisanterie, d'une blague. Peut-être était-ce le cas. Mais il y a un monde entre *Message envoyé* et *Message reçu*, un véritable gouffre au fond duquel macèrent ragots, rumeurs et doutes. Qu'il ait voulu plaisanter ou non, ce patron a clairement indiqué à l'équipe que, sur ce lieu de travail spécifique, la sécurité psychologique n'était pas au rendez-vous.

Certaines entreprises font de cette approche une stratégie consciente. Par son honnêteté sans faille, le « Netflix Culture Deck » a fait sensation lors de sa publication sur Internet en 2009. Comme l'indique clairement ce document, si les employés de Netflix travaillent raisonnablement bien, ils peuvent être certains qu'ils seront licenciés : « Une performance correcte donne lieu à une indemnité de départ généreuse. » C'est l'une des raisons pour lesquelles Patty McCord, ancienne responsable des ressources humaines de Netflix, a refusé de qualifier les grandes équipes de « familles ». Même si le repas de Noël est infect, vous n'allez pas licencier votre mère ; votre frère peut mettre de la boue partout dans la maison, son nom restera quand même dans le groupe WhatsApp de la famille. Nous savons que le travail n'est pas une affaire de famille, mais pour que la sécurité psychologique existe, nous devons sentir que les gens nous accepteront sans préjugé ni risque de rejet. La sécurité psychologique est un état de grâce si difficile à obtenir que certaines entreprises choisissent de l'ignorer complètement.

Le buzz est effectivement un objectif complexe à atteindre, mais quand une société parvient à allier sécurité psychologique et affect positif, les résultats sont époustouflants. À présent, il est temps de se pencher sur des méthodes éprouvées pour insuffler le buzz dans vos équipes.

BUZZ 1 : APPROCHEZ LE TRAVAIL COMME UN PROBLÈME À RÉSOUDRE

En seulement six ans, entre 2008 et 2014, le géant de la téléphonie mobile Nokia a connu l'un des revers les plus spectaculaires de l'histoire des entreprises. Avec environ 40 % de parts de marchés dans le monde (plus du double de son concurrent le plus proche), Nokia semblait inattaquable. Certes, l'iPhone, Android et le BlackBerry menaçaient la domination de Nokia sur les segments des appareils de luxe, de base et professionnels. Mais le colosse finlandais était certain que Symbian, son nouveau système d'exploitation, allait écraser la concurrence. C'est là que les choses ont mal tourné.

Selon André Spicer, professeur à la Cass Business School, le problème est facile à identifier : Symbian, c'était nul – un système d'exploitation lent, qui semblait bien en deçà des performances du nouvel iPhone d'Apple. Le personnel de Nokia était pleinement conscient de tout cela : les Smartphones, en plein essor, étaient bourrés d'innovations et l'offre de Nokia n'était pas compétitive. Cependant, les équipes techniques ont décidé de ne rien dire de tout cela. Spicer nous explique pourquoi. « Elles craignaient de paraître négatives en communiquant cette funeste nouvelle à leur hiérarchie. On leur avait fait passer ce message : si vous voulez que votre service reste ouvert, il nous faut de l'optimisme et des informations positives. » Résultat, en 2014, Nokia a perdu près de trois quarts de ses parts de marché ; l'entreprise s'en sortait à peine avec ses modèles standards et, dans le domaine des Smartphones, elle était écrasée. Cette année-là, en dernier recours, Nokia a été vendue à Microsoft.

Parfois, on estime plus simple de suivre le courant, même quand on soupçonne qu'il ne coule pas dans le bon sens. Cela dépend de la façon dont on cerne le problème à affronter.

Si notre objectif est de satisfaire la direction, nous envisageons la difficulté en fonction d'elle et non selon le problème lui-même. Si, en revanche, nous l'appréhendons comme une difficulté qu'il nous faut tous résoudre (et résoudre avec ouverture d'esprit et humilité), nous avons bien plus de chances d'en sortir intacts. Cette appréhension façonne entièrement notre manière de voir les choses, et Amy Edmondson va même jusqu'à suggérer qu'elle peut sauver des vies. Elle affirme, par exemple, que si Viktor Frankl, neurologue et psychiatre autrichien, a pu supporter les horreurs d'Auschwitz, c'est parce qu'il a appréhendé cette épreuve comme la nécessité de recueillir les manifestations de courage dont il a été témoin, puis de survivre afin de les partager avec le monde. Laurence Gonzales, qui a passé des années à étudier les personnes rescapées de terribles désastres, a conclu que leurs espoirs de survie étaient fortement influencés par la manière dont elles appréhendaient leur malheur. Selon les survivants, les individus qui considéraient leur situation comme un sort injuste avaient du mal à faire face et finissaient par succomber. Ceux qui l'appréhendaient comme un problème à résoudre avec ouverture d'esprit et humilité avaient bien plus de chances de s'en sortir.

Edmondson a mené une étude sur la chirurgie cardiaque dans certains des plus grands hôpitaux américains, et ses conclusions vont dans le même sens. Encore tout récemment, la procédure standard suivie par les chirurgiens était à la fois efficace et brutale : on ouvrait le sternum du patient et on écartait les côtes pour pouvoir atteindre facilement le cœur. Depuis 2009, cependant, une nouvelle technique permet d'accéder au cœur entre les côtes grâce à la cœlioscopie[76]. L'avantage de cette procédure, c'est bien entendu qu'elle est moins invasive et que le temps de convalescence est par conséquent bien moindre. Mais elle constitue aussi une démarche beaucoup plus complexe : au lieu d'atteindre directement le cœur, le chirurgien passe par les artères et les veines inguinales. « Le plus compliqué [dans cette nouvelle méthode] », déclare une infirmière, « c'est qu'on ne voit rien. Si une artère saigne ou qu'il se passe quelque chose d'anormal, je ne le vois pas. Quand le thorax est ouvert, je le vois. »

L'équipe qui a mis en place cette nouvelle procédure a estimé que des chirurgiens expérimentés allaient devoir l'appliquer environ huit fois avant qu'elle ne leur devienne familière. En réalité, il a fallu une quarantaine d'opérations à la plupart des médecins pour maîtriser cette technique.

Mais ce qui est intéressant, en termes d'approche, c'est que réussite et vitesse de réussite étaient intimement liées à la manière dont chaque équipe chirurgicale envisageait ce défi. Certaines adoptaient une approche verticale classique : le chirurgien dirigeait et les autres observaient. Souvent, le chirurgien refusait de porter une caméra frontale (qui aurait permis aux autres de voir ce qu'il faisait, mais, de toute évidence, n'apportait rien au chirurgien lui-même) et rechi-

76 Les premières opérations de chirurgie cardiaque mini-invasives ont été réalisées en 2005 par Joseph T. McGinn Jr, mais il a fallu cinq ans avant que cette méthode soit largement adoptée.

gnait à discuter en détail ce qui se passait (il avait tendance à demander à ceux qui avaient des questions de les adresser d'abord aux médecins présents lors de l'opération).

Pourtant, d'autres équipes ont opté pour ce qu'Edmondson appelle « l'approche d'apprentissage », souvent après avoir tenté sans grand succès la méthode « verticale ». Dans l'« approche d'apprentissage », le chirurgien choisit un assistant, mais délègue la sélection du reste de l'équipe aux spécialistes des différents domaines d'intervention. Avant une opération recourant à cette nouvelle technique, le chirurgien soulignait qu'il s'agissait d'un défi, mais au lieu de l'appréhender de façon purement personnelle (« il faut que je maîtrise cette technique »), il l'envisageait comme un problème collectif en présentant à chacun les moindres détails de ce qui allait se produire et en insistant sur le fait que chacun aurait son rôle à jouer (« Vous devez tous faire en sorte que ça marche »).

Après une vingtaine d'opérations, le chirurgien partisan de l'approche verticale a déclaré : « Je n'ai pas l'impression qu'on s'améliore vraiment. » Bien entendu, peu après, il a renoncé à pratiquer cette nouvelle technique. En revanche, les équipes qui avaient adopté l'approche d'apprentissage rencontraient un succès très net. Après une quarantaine d'interventions, le chirurgien s'est mis à prendre en charge les cas les plus difficiles. Edmondson a également souligné à quel point ces équipes étaient devenues enthousiastes et motivées. « Les patients récupèrent tellement vite », lui a dit une infirmière. « C'est une expérience vraiment enrichissante. Je suis si contente d'avoir été choisie. » Par ailleurs, ils ont développé un véritable esprit d'équipe. « Il est très accessible », a dit l'un des membres en évoquant le chirurgien. « Il est dans son bureau, à deux secondes d'ici. Il est toujours disposé à prendre cinq minutes pour expliquer quelque chose et avec lui, on ne se sent jamais bête de poser une question. » « C'est un environnement libre et ouvert, et chacun peut donner son avis », affirme une infirmière. Aucun intervenant ne s'est comporté comme s'il disposait à lui seul de toutes les réponses. Le chirurgien utilisait la caméra frontale pour aider son équipe et il sollicitait les commentaires et les questions de chacun.

Les relations qui se sont construites en salle d'opération ont essaimé jusque dans les services de l'hôpital. En fait, toutes les personnes impliquées ont développé une véritable motivation (« on fait ça pour les patients ») tout en apprenant collectivement comment résoudre un problème.

Évidemment, nous sommes rares à devoir affronter des situations aussi extrêmes. Mais l'approche qu'évoque Edmondson peut être appliquée de façon très large. Au lieu d'envisager les choses de manière étroite ou personnelle, nous devons prendre du recul : « Dites-vous que le projet est différent de tout ce que vous avez fait auparavant et qu'il représente une occasion stimulante de tenter de nouvelles approches et d'en tirer des leçons », conseille Edmondson. Ce faisant, nous prendrons rapidement conscience que nous avons besoin d'avoir une équipe autour de nous. « Considérez que votre participation est essentielle à la réussite du projet et, en même temps, que vous êtes incapable d'y parvenir seul, sans la participation volontaire des autres. »

C'est là qu'intervient la sécurité psychologique évoquée plus haut (voir p. 224). Si vous voulez appréhender les défis et les problèmes en équipe, vous devez vous assurer que chacun est capable de s'exprimer librement, sans craindre d'être ridiculisé, dénigré ou rabaissé. Amy Edmondson propose trois façons de s'en assurer. En premier lieu, pour « concevoir le travail comme une méthode d'apprentissage et non comme un problème d'exécution », nous devons introduire un sentiment d'incertitude dans le groupe. Souvent, dans le cadre du travail, nous avons l'impression de devoir faire preuve de conviction et nous avons tendance à penser que la personne qui donne une réponse claire et sans ambiguïté a obligatoirement raison. Pourtant, si nous voulons vraiment progresser, nous devons partir du principe que nous ne détenons pas toutes les réponses et que nous avons besoin de l'apport de chacun. Le deuxième conseil d'Edmondson est le suivant : il faut reconnaître sa propre faillibilité. Les dirigeants devraient s'entraîner à dire au groupe : « J'ai besoin d'entendre votre opinion parce que je risque de passer à côté de certains éléments. » Des commentaires comme celui-ci invitent les autres à s'exprimer. En troisième lieu, Edmondson affirme qu'il faut faire preuve de curiosité et encourager les autres dans ce sens.

Comme nous l'avons vu, dans le travail d'Edmondson, avec l'exemple de l'approche verticale pratiquée dans les hôpitaux, la sécurité psychologique est extrêmement difficile à obtenir. Si ce n'était qu'une question de compétence et d'intelligence, cette équipe accomplie n'aurait jamais échoué. Mais, pour atteindre cet état, il faut cultiver un sens de l'ouverture et de l'humilité. Notre instinct, au travail et dans la vie, est de valoriser la certitude : quand quelqu'un semble avoir les réponses, nous nous sentons en sécurité. Mais, dans une situation de sécurité psychologique, les membres des équipes doivent partager leurs incertitudes et exprimer leurs doutes. Cela peut nous sembler anormal et donner l'impression que nous créons délibérément de l'instabilité, mais il en résulte une confiance accrue.

POUR ALLER PLUS LOIN :

- Essayez, au moins une fois, de remplacer l'ordre du jour de la réunion d'équipe par une discussion sur l'objectif véritable que vous essayez tous d'atteindre.
- Entraînez-vous à dire (et encouragez les autres à dire) « je ne sais pas ».
- N'ayez pas peur d'appréhender les choses sous un angle différent. « Qu'est-ce qui pose problème ici ? » C'est une question digne d'être soulevée.
- Encouragez les membres de votre équipe à considérer ensemble quelque chose de complètement nouveau, puis à poser des questions sur chacun des éléments qui le composent. Insistez sur le fait qu'il s'agit d'un exercice de découverte et non d'opinion : vous essayez d'établir une liste de questions qui permettra d'explorer un sujet.

BUZZ 2 : RECONNAISSEZ VOS ERREURS

J'ai beaucoup parlé de l'importance d'instaurer une atmosphère positive au travail, et de la façon dont cet état de buzz inspire et motive les autres. Il convient cependant d'être très vigilant sur les conditions de sa création. Chercher à imposer aux gens ce qu'ils doivent ressentir ne fonctionne jamais : cela ne sert qu'à les inviter au cynisme. On ne peut pas ordonner aux autres d'être heureux ou de s'amuser. On peut, en revanche, créer un environnement propice au développement d'une ambiance positive (voir les synchros 4 et 5, par exemple).

Il en va de même lorsqu'il s'agit de mettre en place une culture d'ouverture et de libre expression à laquelle toutes les entreprises prétendent aspirer. Il y a lieu d'être sceptique à l'égard des organisations qui font preuve d'ouverture et d'honnêteté dans leur déclaration de valeurs, mais qui n'expliquent pas spécifiquement comment cela fonctionne en pratique (bien que le secteur financier s'érige en défenseur du droit des individus à signaler les irrégularités, l'organisme de réglementation des services financiers du Royaume-Uni et la Barclays Bank ont suscité, à juste titre, la colère de nombreux commentateurs quand Jes Staley, le PDG de Barclays, a été à peine sanctionné pour avoir tenté de démasquer un lanceur d'alerte au sein de sa banque). Mais, pour les équipes désireuses d'acquérir cette liberté d'expression, il existe un moyen relativement simple de garantir l'honnêteté sans causer de dégâts collatéraux.

Il y a quelque temps, j'ai eu la chance de passer un peu de temps en compagnie de Jonathan, un chef d'escadron des forces spéciales britanniques (j'espérais l'interviewer pour mon podcast, mais cela m'a malheureusement été impossible en raison du secret qui entoure ces militaires d'élite – et de la crainte que son identité puisse être révélée par un logiciel de reconnaissance vocale). Les membres des forces spéciales sont non seulement soumis à un processus de sélection rigoureux (le taux d'échec est supérieur à 90 %), mais ils se voient également inculquer un ensemble de valeurs très fortes. Bien que communes à l'ensemble de l'institution, ces valeurs, m'a expliqué Jonathan, sont régulièrement renforcées par d'autres normes propres à des équipes spécifiques. Ces valeurs locales sont généralement définies au sein d'un escadron et non imposées par la hiérarchie. Ainsi, déclare-t-il, elles paraissent naturelles et plus authentiques. Ces résolutions collectives viennent compléter des valeurs militaires intemporelles telles que le « respect de soi » et de la « discipline », ou encore l'éthique des Forces spéciales, qui consiste en une quête permanente de l'excellence.

On pense généralement que, dans l'armée, tout est affaire de hiérarchie et de commandement. En fait, la devise de l'académie militaire dont est issu Jonathan – « Serve to lead »[77] – suggère quelque chose d'un peu plus subtil, et il a tenu à m'expliquer qu'il est faux de croire que, « dans les forces armées, nous ne faisons que donner des ordres ». « En réalité », a-t-il précisé, « chaque fois que nous avons à donner une instruction directe, nous devons nous demander si nous avons échoué dans la préparation de cette instruction. » Et

77 Servir pour diriger [N.D.T.].

d'ajouter : « Si nous ordonnons à quelqu'un de faire quelque chose qu'il ne comptait pas faire, alors, dans une certaine mesure, nous devons nous demander si la hiérarchie n'est pas en faute. Notre quotidien dans l'armée ne se résume certainement pas à une suite d'instructions – à long terme, les ordres nuisent à la hiérarchie. »

Et la faiblesse d'une simple structure de commandement verticale devient flagrante lorsqu'il s'agit de mettre en place un feedback – ou, comme l'appelle Jonathan, le « hot debriefing »[78] quotidien. Il m'a rapporté que, lorsqu'il était en poste au camp Bastion, dans la province de Helmand, des troupes étaient envoyées chaque jour hors du camp noyé de poussière afin de patrouiller la région et, au besoin, de combattre l'ennemi. Une fois de retour à la base, le chef d'assaut dirigeait l'analyse de ce qui s'était déroulé au cours des heures précédentes. « La hiérarchie comprend que, pour que tout le monde se sente en sécurité, il faut se montrer très clair quant à ses performances personnelles », affirme-t-il. Des phrases comme « Si je devais le refaire, je procéderais ainsi », permettent aux autres membres de l'escadron de faire part de leurs propres impressions de façon plus détendue. Jonathan a tenu à souligner qu'il ne s'agissait aucunement de *mea culpa* officiels, mais simplement de discussions franches où chacun reconnaissait sa propre contribution, en bien comme en mal.

Après ces échanges, d'autres membres de l'escadron rejoignaient la discussion pour l'ouvrir sur les améliorations opérationnelles susceptibles d'être apportées à l'avenir. Même s'il ne durait pas des heures, ce débriefing était néanmoins exhaustif, et chacun avait l'opportunité de partager ses réflexions : « En

78 Le débriefing à chaud [N.D.T.].

général, il ne faut pas plus de dix minutes pour s'adapter. Debout et en tenue complète, tout le monde sentait clairement qu'il s'agissait d'un échange succinct visant à recueillir des impressions sur le vif. Pour finir, le commandant résumait ce qui venait d'être dit et décrivait les changements qui auraient lieu à l'avenir. »

C'est une procédure assez simple, mais elle recèle plusieurs éléments qui la rendent très efficace. En premier lieu, elle est immédiate : il n'y a aucun délai entre la fin d'une journée de travail et son débriefing. Jonathan a émis une suggestion sur la manière de l'appliquer dans le civil : « Nous nous retrouvons souvent dans des situations où nous sortons de réunions clientèle – qui sont en quelque sorte une version commerciale de nos engagements militaires – et nous ne prenons pas le temps de parler de ce qui s'y est passé. Le fait de consacrer quinze minutes à un compte rendu planifié avant de rentrer à la maison nous permettrait de clarifier ce que nous avons retenu de ces réunions. » Si nous ne programmons pas ces débriefings, nous échangerons sans doute quelques mots par mail et, le temps que nous en discutions vraiment, nos impressions manqueront de précision ou de fraîcheur. « Ça s'est bien passé » devient le seul commentaire que nous pouvons livrer avec conviction. Un débriefing à chaud, en revanche, se fait en temps réel.

En second lieu, tout le monde – et, avant tout, le chef – doit parler de ses éventuelles erreurs et de ce qu'il pense pouvoir améliorer la prochaine fois. « Prendre le temps d'avouer ses défaillances personnelles est un élément crucial de l'apprentissage », affirme Jonathan avant de poursuivre en expliquant : « L'entraînement est tout, pour nous. » Les unités militaires d'élite apprennent à maîtriser parfaitement les bases afin de parer à toutes les éventualités futures. « Nous passons des années à nous préparer. Une année à la Royal Military Academy de Sandhurst n'est pas considérée comme une formation, mais comme partie prenante du processus de sélection. C'est pourquoi nous souscrivons à cette maxime des Navy SEALs[79] : “Sous la pression, on ne se montre pas à la hauteur de la situation, on s'abaisse à son niveau d'entraînement” », conclut-il.

L'échange d'opinions non conflictuel est lui aussi crucial, car il renforce la confiance au sein du groupe, cette conviction vitale que les membres de l'équipe « agiront au mieux sous la pression ». Dans cet esprit de confiance mutuelle, il devient possible de « déléguer les décisions au niveau le plus bas possible [...] Si un escadron est bien préparé, il est certain que chacun de ses membres saura prendre la bonne décision ».

L'armée n'est pas la seule à recourir à l'efficacité des débriefings à chaud. Les meilleures équipes sportives appliquent une démarche similaire en utilisant les pauses dans un match pour discuter de ce qui marche, de ce qui ne marche pas, et de la meilleure façon de s'adapter à la situation en cours. La chercheuse Connie Gersick a constaté qu'à mi-parcours de projets limités dans le temps, les membres de l'équipe étaient souvent plus enclins à remettre en question leurs propres méthodes et à réviser leurs plans. Selon elle, tout comme la mi-temps d'un match sportif est l'occasion évidente de réévaluations stratégiques, le mi-parcours de projets dans les hôpitaux, les banques, les cabinets de gestion et les universités pourrait constituer une précieuse opportunité de réflexion collective.

---

79 Principale force spéciale de la marine de guerre des États-Unis [N.D.T.].

Le débriefing à chaud permet à une équipe de marquer une pause et d'évaluer honnêtement ce qu'elle vient de vivre. Dans un monde où tout va à toute vitesse, prendre un moment pour dire : « Voilà ce qui vient de se passer, et je suis désolé pour les erreurs que j'ai commises » est incroyablement efficace. « Désolé » est un mot qui, en exprimant la vulnérabilité, contribue à créer un environnement où la sécurité psychologique peut prendre racine, avec tous les avantages qui en découlent.

POUR ALLER PLUS LOIN :

- Parlez des problèmes sans attendre.
- Assurez-vous que le chef lance la discussion en disant ce qu'il n'a pas bien fait ou aurait pu mieux faire.
- Encouragez chacun à prendre la parole.
- Ne dites jamais « désolé, mais... ». C'est le contraire d'une excuse. Si vous masquez une justification derrière un semblant d'excuse, il est temps de grandir et de commencer à être honnête.

BUZZ 3 : UNE BONNE ÉQUIPE EST UNE ÉQUIPE RÉDUITE

Quand les étudiants de Stanley Eisenstat, professeur à Yale, lui ont demandé combien de temps ils devaient consacrer à leurs devoirs, il n'a pas su répondre. Curieux, et désireux de pouvoir conseiller ces futurs étudiants de premier cycle, il a décidé d'enquêter pour déterminer précisément combien de temps il fallait aux étudiants actuels pour venir à bout des devoirs qu'il leur donnait. Ce qu'il a découvert l'a profondément étonné. Certains étudiants, a-t-il établi, sont parvenus à achever leurs travaux dix fois plus vite que d'autres. Ce n'était pas nécessairement parce qu'ils étaient plus doués : ils étaient simplement plus efficaces. De plus, il s'est aperçu qu'il n'y avait pas de corrélation entre le temps passé et les notes obtenues.

Les découvertes d'Eisenstat ont tellement intrigué le développeur de logiciels Jeff Sutherland que celui-ci a décidé d'appliquer la même enquête au monde du travail : si un étudiant rapide peut faire ses devoirs dix fois plus vite qu'un étudiant lent, dans quelle mesure une équipe efficace peut-elle livrer un projet plus rapidement qu'une équipe ordinaire ? Si le ratio était également de dix, cela signifierait que les équipes les plus rapides obtiennent en une semaine les résultats qu'une équipe lente recueille en deux mois et demi – une différence inquiétante et qui, à grande échelle, aurait un impact matériel sur la productivité des entreprises. Sutherland a donc examiné des études portant sur 3 800 projets différents – de la comptabilité au développement de logiciels en passant par les emplois techniques dans des entreprises comme IBM. Et il a constaté qu'il était très loin du facteur 10 des étudiants d'Eisenstat. Une fois pris en compte la complexité des équipes, les discussions, les présentations, les rapports d'avancement, les e-mails et les critiques, il a découvert que le temps passé sur un projet mal organisé semblait augmenter de manière exponentielle. « En fait, il n'a pas fallu dix semaines à l'équipe lente pour faire ce que la meilleure équipe pouvait faire en une semaine », a conclu Sutherland. « Ça leur a plutôt pris 2 000 semaines. »

Cette phrase vous a fait relire le dernier paragraphe, n'est-ce pas ? Ce n'est pas possible, vous dites-vous. Qu'est-ce qui vous a échappé ? Ce facteur 2 000 entre les meilleures et les pires équipes est tellement stupéfiant qu'au premier abord, il semble difficile d'y croire. Mais pensez à certains des grands projets d'infrastructures dont nous avons tous entendu parler dans les journaux. Comment se fait-il que X soit allé si vite en respectant son budget ? Pourquoi, en revanche, Z a-t-il pris du retard d'emblée tout en dépensant des fortunes ? Et pourquoi – jusqu'à l'arrivée de Jef Sutherland et de ses collègues – les développements de logiciels étaient-ils notoirement toujours à la traîne, hors budget et de mauvaise qualité ?

Nous avons rendu le travail tellement complexe que même des projets simples (concevoir un logo, rédiger une nouvelle brochure pour les clients, élaborer un nouveau système de commande pour le site Web) deviennent alambiqués et sont ralentis par une procrastination excessive. Nous sommes piégés dans des analyses et des discussions interminables – ou victimes de décisions défensives évoquées par Rory Sutherland (qui n'a aucun lien de parenté avec Jeff Sutherland).

C'est Jeff Sutherland, si choqué par les mauvaises performances de toutes ces équipes, qui a conçu une nouvelle méthodologie appelée *scrum*[80]. Le système *Scrum* permet à de petites équipes de développeurs de collaborer pour atteindre un objectif convenu (un peu comme les méthodes « agiles » que nous aborderons par la suite). Le *scrum* a d'abord été utilisé pour traiter les retards dans les projets de logiciels complexes, et certains des plus grands noms du développement web (y compris Google et Facebook) s'en servent actuellement. Mais son utilité va bien au-delà de ça : le *scrum* s'applique dans l'armée américaine (pour la construction de navires de guerre, entre autres) ou dans des organisations comme la BBC et British Telecom. Le bouche-à-oreille a fait son succès, car les résultats du système parlent d'eux-mêmes : « Les bonnes équipes *scrum* sont capables d'atteindre ce que nous appelons l'hyperproductivité », affirme Sutherland. « C'est difficile à croire, mais nous constatons régulièrement une amélioration de 300 à 400 % de la productivité » dans les groupes qui appliquent efficacement le *scrum*. Les meilleures équipes peuvent réaliser des gains de productivité allant jusqu'à 800 % et reproduire ces résultats de nombreuses fois. Et la qualité de leur travail fait plus que doubler. »

Je ne vais pas entrer dans les détails de la méthodologie *scrum*, si ce n'est pour dire que, sur le principe, elle implique que les membres de l'équipe se réunissent régulièrement pour examiner ce qui s'est passé et s'entendre sur les tâches à effectuer d'urgence, avant de s'atteler rapidement à leur accomplissement (« un sprint » généralement censé prendre entre une semaine et un mois). Toutefois, deux particularités méritent d'être soulignées. La première est une image inversée du débriefing à chaud que j'ai décrit dans le buzz

80 La mêlée, en anglais [N.D.T.].

n° 2. Un débriefing à chaud est une sorte d'autopsie, menée aussi vite que possible après l'événement ou le projet qu'il est censé analyser. La réunion de Sutherland est en quelque sorte une réunion prémortem (voir buzz n° 9), qui a lieu à la même heure chaque jour et vise à fournir aux employés des retours rapides sur la façon dont les choses se passent et sur les éléments qui nécessitent une attention particulière. Elle ne doit pas excéder un quart d'heure et, comme le débriefing à chaud, doit comporter une série de questions simples qui donneront lieu à des solutions simples et facilement applicables. Qu'avez-vous fait hier pour aider l'équipe à achever le « sprint » ? Que ferez-vous aujourd'hui pour aider l'équipe à achever ce « sprint » ? Quels sont les obstacles qui se dressent sur votre chemin ?

La seconde grande caractéristique du *scrum* est l'accent mis sur la taille de l'équipe. Il est tentant d'affecter autant de personnes que possible à un problème, mais c'est rarement la solution. Selon Sutherland, les équipes devraient être aussi resserrées que possible – idéalement elles devraient se composer de sept personnes, à une ou deux près. Pour étayer son point de vue, il cite la loi de Brooks (créée par l'ingénieur américain Fred Brooks en 1975) qui affirme qu'« ajouter des ressources humaines à un projet en retard le met encore plus en retard ».

Nous sommes nombreux à nous être retrouvés dans cette situation classique où il semble plus facile de faire le travail nous-mêmes que de prendre le temps de l'expliquer à une autre personne. Mais l'argument de Sutherland en faveur des petites équipes est plus radical que cela. Selon lui, ajouter une personne à une équipe multiplie les lignes de communication. Il existe même une formule permettant de mesurer ce phénomène. Sutherland explique : « Si vous voulez calculer l'impact de la taille d'un groupe, prenez le nombre de personnes dans une équipe, multipliez-le par lui-même moins un et divisez le résultat par deux » (soit : lignes de communication = n (n – 1)/2). Ou plus simplement :

Taille de l'équipe	**Lignes de communication**
5 personnes	10
6 personnes	15
7 personnes	21
8 personnes	28
9 personnes	36
10 personnes	45

Une fois la taille des équipes évaluée à l'aune des lignes de communication induites, les problèmes inhérents à un groupe important deviennent flagrants. Très vite, un sentiment de saturation apparaît, ce qui peut mener facilement à la confusion. Selon les termes de Sutherland, « notre cerveau ne peut pas suivre le rythme de tant de personnes à la fois. Nous ne savons pas ce que font tous les autres. Alors on ralentit en essayant de le comprendre ». Cela vaut non seulement pour les groupes qui tentent d'avancer sur un projet particulier, mais aussi pour tous les types de réunions de travail. Lorsque plus de personnes que nécessaire sont impliquées, les réunions piétinent. Il est tentant de vouloir inclure davantage de personnes, mais ce qui aurait pu être une conversation d'une minute en face à face ou un échange « ping-pong » de dix minutes risque de se transformer, si vous rassemblez tout un groupe, en une présentation d'une heure avec diapositives et questionnements sans fin. Au cours de sa carrière, Sutherland a été mille fois témoin de ce genre de situation. En formalisant ces réunions et en élargissant le nombre de leurs participants, nous multiplions le temps requis par des activités pourtant simples : « Les réunions qu'on bouclait en quelques minutes prennent maintenant des heures. »

Pour Patrick Lencioni, coach de renommée internationale auprès des plus grandes équipes de direction du monde, ce principe fondamental s'applique même au sommet de la hiérarchie. Si les grandes équipes de projet sont inefficaces, les grandes équipes de gestion le sont aussi. En outre, affirme Lencioni, la taille même de ces équipes empêche leurs membres de s'exprimer franchement face aux détenteurs du pouvoir. La sécurité psychologique (voir p. 224) sera plus susceptible d'exister dans un petit groupe où chacun sent qu'il a la possibilité de contester les opinions du leader (en l'occurrence, le PDG) s'il le juge nécessaire. Dans le cas contraire, a remarqué Lencioni, les chefs de projet ont tendance à exprimer leurs frustrations auprès de leurs propres subordonnés, souvent sous la forme d'apartés sarcastiques qui ont un effet corrosif. Ils le font en partie parce qu'au lieu de se considérer comme des membres de l'équipe de direction, ils se voient comme les chefs de leur « véritable équipe ». Selon Lencioni, « lorsque les membres de l'équipe de direction évitent les malaises entre eux, ils ne font que les reporter, tout en les amplifiant, sur de plus grands groupes de personnes dans l'organisation qu'ils sont censés servir ». Il soutient que, s'il est tentant de récompenser les bons gestionnaires en les promouvant à une table d'honneur déjà bondée, il est beaucoup plus logique de limiter les équipes de direction à huit ou neuf personnes au maximum : « Lorsqu'une équipe est composée de plus de huit ou neuf personnes, ses membres sont davantage dans l'exigence que dans le questionnement. » De toute évidence, la loi de Sutherland sur la taille des équipes s'applique à toute l'entreprise.

La méthode du *scrum* a été validée par d'innombrables développeurs de logiciels. Et comme l'a avancé Sutherland, une fois éliminé le frein constitué par les grandes réunions et les grandes équipes, ils ont vu leur productivité multipliée par huit. Cette découverte fait écho aux recherches d'Amy Edmondson sur les équipes hospitalières que j'ai mentionnées précédemment dans le buzz n° 1. Les meilleures équipes, a-t-elle constaté, effectuaient des « mises au point rapides et axées sur les tâches » dans lesquelles les problèmes étaient immédiatement repérés et réglés.

Alors, la prochaine fois que vous convoquerez une réunion, demandez-vous si vous avez besoin d'autant de participants. Lorsque vous montez un projet, ne commettez pas l'erreur de croire que, plus vous y adjoignez de personnes, plus il paraîtra important. En restreignant la taille des groupes et la durée des réunions, vous ajouterez peut-être la touche de magie qui fera leur succès.

POUR ALLER PLUS LOIN :

- Demandez-vous si vos grandes réunions ne sont pas, justement, trop grandes. Ne vaudrait-il pas mieux remplacer certaines d'entre elles par de brèves mises au point occasionnelles avec des personnes ciblées ?
- Évaluez dans quelle mesure votre équipe fait du « travail sur le travail ». Que pourriez-vous facilement supprimer ?
- Rappelez-vous que les meilleures équipes comptent rarement plus de huit ou neuf personnes.

BUZZ 4 : CONCENTREZ-VOUS SUR LE PROBLÈME, NON SUR LES PERSONNES

On attribue à General Electric le mérite d'avoir créé le management moderne pratiquement à elle seule. Dans les années 1980, Jack Welch, son légendaire PDG, a introduit dans l'entreprise une forme d'évaluation nouvelle du personnel, et plutôt brutale. Connue sous le nom de *stack ranking* (classement par niveau) ou de classement forcé, elle note les employés en fonction de leur performance. Comme Welch savait qu'il existait un nombre limité de travailleurs exceptionnels, un nombre beaucoup plus important d'employés compétents et un petit nombre de personnes peu performantes, il a insisté sur le fait que les résultats devaient former une courbe en cloche, sa règle empirique étant que 20 % des employés devraient être jugés excellents, 70 % compétents et 10 % peu performants.

L'une des raisons de cet exercice était, bien entendu, d'identifier de futurs leaders. Mais il a aussi été conçu pour se débarrasser rapidement des employés les moins performants. En fait, Welch pensait – et le droit du travail américain l'a conforté en ce sens – que, chaque année, les 10 % d'employés peu performants devaient être licenciés. Son approche a rapidement trouvé un écho favorable auprès d'autres entreprises. On estime que jusqu'à un tiers des entreprises a introduit le *stack ranking* à un moment donné depuis que Welch s'en est fait le champion.

Le classement par niveau a fait un bond lorsque Netflix a publié sa déclaration de valeurs dans un monde naïf. Coécrit par Patty McCord, et partagé des millions de fois en ligne *via* SlideShare, il est devenu l'élément qui gouverne tous les diaporamas de la culture d'entreprise. Sa philosophie est ouvertement hypercapitaliste. Les employés, dit-il dans son austère police de caractères Helvetica, doivent s'attendre à travailler avec des collègues « incroyablement talentueux ». Et cela signifie que les moins « étonnamment talentueux » doivent partir : « Contrairement à beaucoup d'entreprises, nous affirmons qu'un rendement correct donne droit à une indemnité de départ généreuse. » Ou comme McCord me l'a expliqué, quelqu'un qui obtient des résultats moyens doit être informé qu'il quittera l'entreprise.

Netflix est une entreprise formidable. Mais est-ce réellement une bonne façon d'opérer ? La notion d'évaluation de l'élite a clairement un sens dans des domaines comme le sport. Mais tout porte à croire que cette vision inflexible du talent est autodestructrice lorsqu'on l'applique au monde du travail. Outre les 200 heures que les entreprises américaines passent chaque année à classer leurs employés[81], il est mal avisé de donner à ceux-ci l'impression qu'ils travaillent dans une version de *Hunger Games*[82] basée sur *The Office*[83]. Plus grave encore, cette méthode accroît l'incertitude liée au fait de se sentir étroitement surveillé et comparé aux autres. Par conséquent, la sécurité psychologique, si essentielle à l'instauration

81 C'est CEB Inc., une société d'analyse du monde du travail, qui a estimé à 200 heures par employé le temps consacré en moyenne par les entreprises américaines à appliquer les procédures liées au *stack ranking*.

82 Trilogie américaine de science-fiction réalisée par Gary Ross et sortie en 2012 en France (N.D.E.).

83 Série américaine diffusée sur NBC entre 2005 et 2013 (N.D.E.).

de la confiance et de la collaboration, se volatilise. « Si on encourage les employés à coopérer, ils partagent leurs informations et prennent le temps de former leurs collègues au lieu de ne penser qu'à eux-mêmes », déclare Peter Kuhn, professeur d'économie à l'université de Californie. En revanche, si on les dresse les uns contre les autres dans une sorte de lutte darwinienne pour la survie, cette vertu cardinale disparaît. Il n'y a donc rien de surprenant à ce que les entreprises qui mettent trop l'accent sur le rendement individuel obtiennent de moins bons résultats.

L'équilibre, ici, est délicat à trouver, ainsi que je l'ai déjà mentionné. Dans une entreprise, la franchise est de rigueur (comme le dit Amy Edmondson, « le recours à un langage direct et pragmatique [...] contribue à un processus d'apprentissage efficace »), mais, quand cela se fait au détriment de la sécurité psychologique, on se retrouve dans un état de routine. Dire aux membres d'un groupe qu'ils ne sont pas à la hauteur n'est guère favorable au travail d'équipe et cela introduit également un élément perturbateur dans toute discussion collective. Les employés sont là pour accomplir des tâches et non pour se critiquer les uns les autres. Les conseils que j'ai donnés dans les buzz n° 1 et 2 seront certainement utiles dans ce contexte. Mais il existe encore une autre méthode qui vaut la peine d'être appliquée.

Bjarke Ingels est un architecte extrêmement doué : en 2016, le site du magazine d'architecture anglais *Dezeen* l'a classé deuxième talent mondial (la première place ayant été attribuée, en manière d'hommage, à la regrettée Zaha Hadid, décédée cette année-là, ce qui en dit long sur les compétences d'Ingels lui-même). Ingels a entamé sa carrière en concevant des logements inventifs, mais bon marché dans son Danemark natal ; très vite, il s'est retrouvé à créer des constructions fantastiques dans le monde entier – y compris, récemment, des réinterprétations étonnantes des gratte-ciel new-yorkais comme la pyramide écrasée de la Via 57 dans le centre de Manhattan, ou un ambitieux projet hôtelier et résidentiel de 236 appartements intitulé « The XI » ou « The Eleventh », et qui comprend deux tours asymétriques torsadées surplombant la High Line.

Cette jeune star de l'architecture, qui manipule des budgets de plusieurs milliards de dollars, doit subir une pression intense. Pourtant, il existe un moyen très efficace de s'assurer qu'elle ne l'affecte pas, lui et son équipe, et que les différends inhérents aux projets d'une telle ampleur ne dégénèrent pas en désaccords personnels. Lorsque Ingels présente son travail ou en discute avec d'autres personnes, il fait en sorte d'avoir toujours des croquis et des plans à portée de main. Cela peut sembler évident, pour un architecte. Mais ce qui est intéressant, ici, c'est son raisonnement : « J'ai tendance à penser », dit-il, « que la meilleure façon de mettre en place une collaboration ouverte dans une grande équipe – et d'éviter les querelles au sujet des idées des uns et des autres, c'est d'avoir le projet toujours présent sous la forme d'une maquette, d'un plan, d'un dessin ou d'un cahier des charges. Ensuite, si quelqu'un le critique, ce n'est pas moi qu'il critique, ni la personne qui en a eu l'idée. C'est le projet lui-même qu'il critique, parce qu'il est là, il est sur la table, entre nous. »

L'un des défis auxquels tout cabinet d'architectes doit faire face, m'a confié Ingels, c'est que, sur vingt projets en cours, dix-neuf n'aboutiront jamais, soit parce qu'ils ne passent pas la barrière de l'appel d'offres, soit parce qu'un client change d'avis, soit parce qu'un permis d'urbanisme est refusé.

Compte tenu de ces probabilités, il y a de grandes chances pour qu'une aversion au risque s'insinue dans l'espace ouvert par l'échec et le rejet. Mais Ingels est conscient que, pour maintenir son équipe à la hauteur de la créativité qui a fait leur réputation, il doit entretenir la fraîcheur d'esprit de son cabinet. Un échange de points de vue franc et honnête est donc essentiel. « Nous autres architectes sommes probablement privilégiés du fait que nos réalisations sont physiquement omniprésentes dans notre environnement de travail [...] dans les maquettes que l'on crée, les images que l'on crée », déclare-t-il. « D'une certaine manière, la meilleure façon d'ouvrir un processus créatif afin d'y incorporer les idées du plus grand nombre, c'est de rendre le projet aussi physique et aussi physiquement présent que possible. Parce qu'alors, c'est ce projet qui est au centre des conversations, pas les commentaires des uns ou des autres. »

Toutes les discussions ne peuvent pas être aussi visuelles que celles qu'Ingels décrit dans le cadre de ses projets architecturaux. Cependant, on imagine aisément le rôle bénéfique que pourrait jouer une esquisse de graphique pour un projet particulier ou un croquis approximatif pour un nouveau processus. Il faut écarter la composante personnelle et encourager les travailleurs à se concentrer sur la tâche à accomplir plutôt que sur les personnes concernées. La plupart des équipes estiment que la sécurité psychologique est un objectif insaisissable ; tester de nouvelles approches, semblables à celle d'Ingels, pourrait fournir le déclic tant attendu.

POUR ALLER PLUS LOIN :

- Trouvez des moyens de faire en sorte que les discussions portent sur le travail et non sur les personnes.
- Encouragez les membres de vos équipes à présenter les problèmes et les projets sous forme de graphiques pour que les autres se concentrent sur le message plutôt que sur le messager.

BUZZ 5 : LANCEZ UNE *HACK WEEK*

Comme je l'ai déjà évoqué, notre satisfaction au travail provient de l'autonomie (la liberté d'accomplir des tâches et d'avoir un impact personnel), de la maîtrise (le sentiment de s'améliorer), de la finalité (la compréhension des fondements de notre travail) et de la participation (le fait d'avoir son mot à dire). Pourtant, si nous sommes nombreux à tenter d'adapter notre métier à ces principes, le travail lui-même ne nous facilite pas la tâche. Comme le dit (presque) le sage, « le travail, c'est ce qui se produit quand on est occupé à d'autres projets ». Voilà pourquoi il peut être efficace d'appuyer sur le bouton pause pour interrompre la routine quotidienne et insuffler de la créativité au travail.

Dans la culture d'entreprise, il existe une légende selon laquelle Google, dès sa création, aurait affirmé que ses ingénieurs seraient autorisés à répartir leur temps de travail sur une base « 70-20-10 » : 70 % afin d'accomplir les tâches pour lesquelles on les a recrutés, 20 % « pour travailler sur ce qu'ils pensent être le plus bénéfique à Google » et 10 % pour se consacrer à ce qu'ils souhaitent. « Cela leur permet d'être plus créatifs et innovants », ont déclaré les fondateurs de Google dans leur déclaration d'introduction en Bourse. « Beaucoup de nos grandes avancées se sont produites ainsi. » La société cite des exemples tels que Gmail et Google Maps comme produits de cette flexibilité.

Voilà qui semble fabuleux. Le seul problème, c'est que cette répartition 70-20-10 n'a jamais vraiment existé. Au cours de mes quatre années chez Google, j'ai souvent demandé aux ingénieurs s'ils faisaient leurs 20 ou leurs 10 %. La question a toujours fait rire. « Oui, bien sûr, je fais mes 20 % – on appelle ça le samedi », m'a rétorqué l'un d'eux. « Il faut que je vous explique le vilain petit secret qui se cache derrière ces 20 %, chez Google. En fait, on travaille à 120 % », a déclaré Marissa Mayer (employée numéro vingt de l'entreprise). Je soupçonne fortement que toute nouvelle recrue refusant une réunion parce qu'elle tombe en plein dans son créneau de 20 % aurait été rapidement remise à sa place. Le principe des 20 % a peut-être été discuté en profondeur à l'extérieur de l'entreprise, mais en interne, on s'en moquait pas mal. Cela ne signifie pas qu'il est inconcevable de travailler sur des projets secondaires le samedi lors de la phase de démarrage d'une société – c'est peut-être même une démarche cruciale. En revanche, cela n'est pas une manière viable d'améliorer la performance à long terme de la plupart des entreprises.

Cela dit, il ne faut pas non plus jeter le bébé avec l'eau du bain. Le problème, avec cette règle des 20 %, ce n'est pas le raisonnement qui en est à l'origine, mais le chiffre qu'on a attaché à ce raisonnement. « Depuis le début, 20 %, c'était avoir les yeux plus gros que le ventre », m'a écrit l'auteur Daniel Pink. « C'était trop. » En revanche, on peut aisément envisager un pourcentage moins ambitieux.

Pink m'a parlé d'André Geim et de Konstantin Novoselov, deux professeurs de l'université de Manchester qui ont reçu le prix Nobel de physique en 2010 pour avoir isolé quelque chose qu'on appelle le graphène. Le graphène est une substance vraiment remarquable, presque transparente – un feuillet de graphène est si mince qu'il est bidimensionnel ; il s'agit du matériau le plus solide que les humains aient jamais découvert et il conduit l'électricité. À l'avenir, il sera utilisé pour extraire le sel de l'eau de mer, pour nous aider à créer des batteries qui peuvent être rechargées plus rapidement que celles que nous employons actuellement, pour faciliter l'administration ciblée de médicaments et pour bien d'autres choses encore. Et de quelle façon André Geim et Konstantin Novoselov ont-ils découvert comment fabriquer cette substance magique ? En jouant avec des idées folles pendant leurs temps morts.

Les deux hommes s'étaient aperçus que les exigences liées à leurs responsabilités (rédiger des articles, remplir des dossiers de bourses scientifiques, enseigner) menaçaient de les priver de tout plaisir au travail. C'est ainsi qu'ils ont lancé leurs sessions d'« expériences du vendredi soir ». Tous les vendredis, pendant seulement deux ou trois heures, ils échangeaient des idées à la volée, la seule règle (informelle) étant de ne pas travailler sur les sujets pour lesquels ils étaient financés ou prévoyaient d'écrire un article.

Un vendredi soir, ils se sont retrouvés à appliquer, par jeu, du ruban adhésif de façon répétée sur un bloc de graphite. Chaque passage de ruban adhésif retirait quelques traces de graphite. Au bout d'un certain temps, les écailles de graphite s'étaient transformées en une bande solide d'un atome d'épaisseur – le graphène. Les deux hommes ont alors commencé à tester les propriétés de ce qu'ils avaient créé, et ils ont vite compris que leur découverte pourrait bien avoir des applications presque illimitées.

Comme le souligne Daniel Pink, le point essentiel, ici, est que ces deux hommes ont fait une avancée extraordinaire, non pas en y consacrant une grande partie de leur temps, mais en y affectant des durées équivalentes à celle d'un film. Cela ne signifie certes pas que nous remporterions tous le prix Nobel si nous nous retirions dans notre abri de jardin une heure ou deux chaque semaine, mais il est néanmoins remarquable de constater l'ampleur de nos accomplissements lorsque nous réservons une courte période de temps à la réflexion, à l'échange d'idées et à l'expérimentation. Dans nos vies au rythme effréné, il est irréaliste de vouloir consacrer 10 ou 20 % de notre semaine de travail à ce genre d'activités. Mais quelques heures ici et là, c'est tout à fait envisageable.

C'est là qu'intervient l'idée de la *hack week*. C'est une méthode que beaucoup d'entreprises ont expérimentée et qui prend la forme d'une sorte de réflexion concentrée exprimée à haute voix. Cette pratique est tellement ancrée dans l'esprit de Twitter que je tiens à vous faire partager son expérience dans ce domaine. « Twitter est né d'une *hack week* », m'a confié Biz Stone, son fondateur. « Nous tenons à la pratiquer chaque année parce que cela fait partie de notre culture, cela fait partie de nos gènes. » Il n'est pas exagéré, en effet, d'affirmer que Twitter est issu d'une *hack week*. En 2006, Evan Williams, qui avait fondé Blogger, avait vendu celui-ci à Google. Ancien membre de l'équipe Blogger, Biz Stone en est parti avec Evan afin de créer une nouvelle start-up appelée Odeo, au sein de laquelle ils ont engagé Jack Dorsey. Odeo avait vu dans les premiers iPod l'opportunité de créer une plateforme de podcasting qui serait à la parole ce que Blogger avait été au texte.

Chez Odeo, les choses avançaient tranquillement, jusqu'à ce qu'un matin, Apple annonce son intention d'intégrer des flux podcast dans iTunes. D'un seul coup, la raison d'être d'Odeo s'effondrait. Les fondateurs et les employés étaient découragés. Mais le PDG, Evan Williams, a refusé de s'avouer vaincu. Il a annoncé qu'une équipe réduite continuerait à faire tourner Odeo et, selon Biz Stone, il a également « proposé un hackathon[84], principalement pour remonter le moral général [...] Nous avons fait des équipes de deux », se souvient-il, « et nous avions deux semaines pour programmer tout ce qui nous passait par la tête, sans restriction ».

Pour leur part, Biz Stone et le développeur Jack Dorsey se sont associés afin de travailler sur « quelque chose de simple et élégant ». Au cours de leur discussion, ils ont découvert que tous deux avaient été impressionnés par la barre d'état de la messagerie instantanée d'AOL. Ils ont alors commencé à réfléchir à la création d'un service textuel qui permettrait aux gens d'envoyer de brèves informations en temps réel pour que d'autres soient au courant de leurs activités. Quelques cogitations plus tard, Twitter était né. Rien d'étonnant, donc, à ce que les *hack weeks* soient une institution chez Twitter.

Biz Stone m'a expliqué qu'aujourd'hui, les *hack weeks* suivent certains principes de base. Tout d'abord, pour éviter que les réflexions des participants ne deviennent trop aléatoires, chaque session a un thème. À l'époque où je travaillais chez Twitter, j'ai connu des *hack weeks* consacrées aux associations caritatives, à la localisation, à la conversation, à l'actualité, au sport, à la décomposition des modèles prédictifs. Une fois le thème annoncé, les équipes s'organisent seules, de manière assez tribale, en faisant appel à des alliés et à des assistants en fonction de leurs besoins : « Ils disent des choses du genre : "voilà mon problème et nous avons besoin de développeurs iOS et d'ingénieurs back-end" », explique Biz Stone. « Et si vous n'avez pas constitué votre propre équipe, vous pouvez en

84 Réunion de développeurs informatiques visant, sur plusieurs jours, à faire de la programmation collaborative [N.D.T.].

rejoindre une. Il y a beaucoup d'excellents projets mis en avant, sur lesquels les participants travaillent toute la semaine. »

Ingénieurs, concepteurs et vendeurs viennent tous mettre leur grain de folie dans l'histoire avec, souvent, des idées qu'ils n'auraient jamais cru voir se concrétiser. « Je viens d'avoir ma dernière idée *hack week* depuis 2002 », m'a confié Biz Stone. « Et j'ai enfin compris comment l'intégrer à Twitter – parce que, prise de manière isolée, je ne pense pas qu'elle arriverait à prendre de l'ampleur ou à fonctionner de manière autonome. Mais, si ce projet devait être intégré dans une application que des centaines de millions de personnes utilisent chaque jour… Là, ça devient sérieux ! »

Twitter organise une *hack week* deux fois par an, généralement après le Nouvel An (cette semaine déprimante où, de toute façon, tout le monde a du mal à retrouver l'entrain au travail), puis juste avant les vacances d'été. Pendant les *hack weeks*, toutes les réunions habituelles sont suspendues et les entretiens individuels de routine annulés. Et le vendredi, les participants se réunissent pour célébrer les trouvailles de la semaine lors d'une sorte de fiesta tapageuse où l'audace et l'ingéniosité de chacun sont mises en avant.

Dans la mesure où il y a toujours des affaires urgentes en cours chez Twitter, il est parfois tentant d'annuler une *hack week* (cela s'est d'ailleurs produit il y a quelques années). Mais, tout comme nous croyons être plus productifs en sautant la pause déjeuner (voir la recharge n° 8), supprimer une *hack week* représente une fausse économie. En prenant du recul, en passant à un problème différent, en se laissant distraire pendant une période suffisamment longue pour que l'esprit vagabonde, mais pas assez pour qu'il erre sans but, de nouvelles idées surgissent tout en introduisant un sentiment de renouveau dans le travail quotidien.

L'efficacité des *hack weeks* ne tient pas seulement à leur pouvoir de distraction et à la créativité qu'elles insufflent dans les tâches répétitives. Certes, cette rupture dans la routine incite à réfléchir et à renouveler les schémas de pensée, mais surtout, comme pour les expériences du vendredi soir, elles sont propices aux éclairs de génie. Des dizaines d'améliorations très visibles sur Twitter sont une conséquence directe des *hack weeks* : citons, entre autres, les Moments Twitter, les fils de conversation, l'optimisation des suggestions de personnes à suivre, les moyens intelligents de gérer les insultes ou la fonction qui permet de télécharger ses archives. Sans parler de dizaines d'autres modifications que le monde extérieur ne remarquera jamais : petits ajustements de l'interface utilisateur, meilleurs rapports de vente sur les feuilles de calcul et nouvelles macros intelligentes pour Microsoft Excel.

Comme l'a montré Dan Pink, réserver du temps à l'innovation rend celle-ci plus susceptible de se produire. En pratique, il est impossible d'y consacrer 10 ou 20 % de chaque journée, mais une semaine tous les six mois (soit l'équivalent de deux heures par semaine) – voire un jour ou deux – est un objectif tout à fait réalisable, et les résultats peuvent être extraordinaires.

POUR ALLER PLUS LOIN :

- Organisez une *hack week* – ou un *hack day* – pour deux mois plus tard. À quoi cela pourrait-il ressembler ? Planifiez le tout à partir de là.
- Fixez-vous des objectifs réalistes. Ne vous attendez pas à produire le nouvel iPhone, mais envisagez cette prise de recul comme un moyen d'insuffler du renouveau dans l'approche qu'a chacun de son travail quotidien.
- Revenez en profondeur sur la *hack week* ou le *hack day* après coup. Que pourriez-vous améliorer la prochaine fois ?
- Programmez une autre *hack week*.

BUZZ 6 : PAS DE PORTABLE À TABLE

En à peine plus d'un an, Susan Fowler, recrutée en tant qu'ingénieure par l'une des start-ups les plus prometteuses du monde, est passée de l'euphorie au découragement, puis à la désillusion. Les problèmes, rapporte-t-elle sur son blog en février 2017, ont commencé très tôt après son arrivée chez Uber. Au terme de quelques semaines de formation, elle a rejoint l'équipe spécialisée dans son domaine d'expertise. Mais, presque aussitôt, elle s'est vue harcelée d'un flot de messages émanant de son supérieur *via* le système GChat de l'entreprise ; celui-ci l'informait qu'il était dans une relation ouverte et qu'il « cherchait assidûment une partenaire sexuelle »[85].

C'était déjà un coup dur. Cependant, la situation n'a fait que s'aggraver par la suite : lorsque Fowler a rapporté cette proposition maladroite à la direction des ressources humaines, on l'a informée que son manager était quelqu'un d'exceptionnellement performant et que c'était son premier faux pas. On lui a alors dit qu'elle pouvait soit passer dans une équipe moins adaptée à ses compétences, soit conserver ce poste et s'attendre à ce que son patron lui octroie « une mauvaise note lors des évaluations de productivité ». C'était un choix terrible à faire. D'un point de vue professionnel, il était absurde qu'elle parte dans une autre équipe, mais rester là où elle était la mettait

85 « Uber enquête à la suite d'accusations de harcèlement sexuel », *Le Monde* [en ligne], 20 février 2017. Disponible sur : ***https://www.lemonde.fr/economie/article/2017/02/20/uber-enquete-a-la-suite-d-accusations-de-harcelement-sexuel_5082348_3234.html***

dans une situation ingérable. Finalement, elle a décidé que changer de poste était la moins mauvaise de ces deux options.

Peu après, au cours d'une conversation à l'heure du déjeuner, on lui a rapporté que ce n'était pas la première fois que son manager se comportait ainsi. Dans la foulée, elle a entendu parler d'un autre cadre qui s'était mal comporté ; la collègue harcelée s'est elle aussi vu rétorquer que, dans ce cas aussi, il s'agissait d'un « premier faux pas ». Fowler elle-même a subi d'autres microagressions dans l'année qui a suivi – ses supérieurs l'ont notamment menacée de licenciement si elle se plaignait d'une quelconque façon aux relations humaines. Très vite, elle s'est rendu compte que toute la culture Uber était toxique : « Une guerre politique façon *Game of Thrones* faisait rage dans les rangs de la haute direction [...] On aurait dit que tous les managers se battaient entre eux et tentaient de saper leur supérieur direct pour leur voler leur poste. » Elle se souvient d'une réunion au cours de laquelle « l'un des directeurs s'est vanté, devant notre équipe, d'avoir caché des informations cruciales à un autre dirigeant afin de pouvoir gagner la faveur du reste de la direction ».

Fin 2016, Susan Fowler en avait assez vu. Elle a quitté Uber et trouvé un autre poste. Pendant son temps libre, elle écrivait ses expériences dans un blog – pour se soulager, mais aussi parce qu'elle croyait que ses confessions allaient susciter des réactions (après tout, c'était une toute jeune ingénieure). Néanmoins, quand le 19 février 2017, elle a décidé de cliquer sur *publier*, les effets ont été dévastateurs. Quatre mois plus tard, le PDG d'Uber a démissionné – en grande partie à cause de la tempête déclenchée par le blog de Fowler. À la fin de l'année, elle a été désignée Personnalité de l'année par le magazine *Time* (dans le cadre du mouvement #MeToo qui s'est imposé à cette époque). Elle a reçu la même distinction de la part du *Financial Times*. Pendant ce temps, les malheurs d'Uber se poursuivaient. Avant sa démission, le PDG, Travis Kalanick, avait été filmé alors qu'il dénigrait un chauffeur, et on a découvert que des employés d'Uber avaient développé un « God mode » qui leur permettait d'accéder en temps réel aux données personnelles des utilisateurs de leurs services de VTC – parmi eux, des célébrités comme Beyoncé. Pour sa part, Fowler a rapporté que quelqu'un avait payé un détective privé pour contacter ses amis et sa famille en vue de la discréditer.

C'est dans cette atmosphère fiévreuse que Frances Frei, professeure d'économie à Harvard, a été embauchée dans l'équipe de direction d'Uber afin de restaurer la culture de l'entreprise. De toute évidence, il y avait beaucoup à faire. Mais la priorité de Frei était d'établir un lien de confiance, tant en interne, avec la direction, qu'en externe avec les clients.

« Il faut beaucoup de bonnes actions pour bâtir une belle réputation, et une seule mauvaise pour la perdre » a autrefois déclaré Benjamin Franklin, père fondateur des États-Unis. Reconstruire une réputation constitue donc un défi de taille. Selon Frances Frei, trois éléments étaient nécessaires : l'authenticité, la rigueur logique et l'empathie. « Si vous sentez que je suis authentique, vous êtes beaucoup plus susceptible de me faire confiance », affirme-t-elle. « Si vous sentez que j'ai une vraie rigueur dans ma logique, vous êtes beaucoup plus susceptible d'avoir confiance. Et si vous croyez que mon empathie vous est destinée, vous êtes beaucoup plus enclin à me faire confiance. »

Ce sont certes de belles paroles, mais que signifient-elles en pratique ? Fait intéressant, l'une des premières mesures prises par Frei a été de décourager l'utilisation des téléphones et des ordinateurs à la table des réunions. J'ai déjà parlé des méfaits des envois d'e-mails au cours des réunions (voir la recharge n° 10 et la synchro n° 3). Ils constituent clairement une distraction de la pire espèce. Évoquons une expérience récente : on a demandé à des volontaires de placer leur téléphone devant eux écran vers le bas, à d'autres de le garder dans leur sac, et à un troisième groupe de le laisser dans une autre pièce ; ensuite, on les tous a soumis à un test. Ceux qui avaient laissé leur appareil dans une autre pièce obtenaient de bien meilleurs résultats. Comme l'explique le directeur des recherches, « l'esprit conscient ne pense pas au Smartphone, mais le procédé qui consiste à s'imposer de ne pas penser à quelque chose consomme certaines de nos ressources cognitives limitées. C'est la fuite des cerveaux ». Et bien sûr, ça se produit au moment où les gens n'avaient pas l'intention d'utiliser leur téléphone. Inévitablement, l'épuisement des « ressources cognitives limitées » est beaucoup plus marqué lorsque nous transférons sans cesse notre attention de notre écran aux personnes présentes dans la pièce (soit dit en passant, des recherches menées par ailleurs donnent à penser que, dans une réunion ou une conférence, il est plus efficace de prendre des notes à la main que sur un ordinateur portable, car nous réfléchissons et abrégeons davantage *via* des notes manuelles que par l'intermédiaire d'un clavier).

J'ai déjà évoqué les méfaits de la distraction causée par les téléphones, mais pour Frei, il y avait chez Uber une autre raison, impérieuse et plus immédiate, de restreindre l'utilisation de ces appareils. Dans la période la plus toxique d'Uber, certaines personnes, pendant les réunions, s'étaient mises à s'envoyer des messages critiques sur les autres participants. Le dénigrement électronique s'était infiltré dans la culture de la société. Selon Frei, il fallait de toute urgence supprimer ces appareils et encourager les gens à se connecter correctement entre eux. Après cela, un dialogue ouvert et un échange d'opinions honnête pourraient réellement s'instaurer, permettant ainsi une lente restauration de l'empathie et de la confiance. « Si vous avez une seule chose à faire », dit-elle, « c'est de ranger votre téléphone portable. C'est le pire perturbateur qu'on ait jamais fabriqué et il est extrêmement difficile de créer de l'empathie et de la confiance en sa présence. » Outre les médisances pratiquées par les employés d'Uber, la présence même de cet élément de distraction réduisait la qualité des relations humaines dans la pièce.

Les employés qui travaillent régulièrement en dehors du bureau pourraient avoir l'impression que ces conseils ne les concernent pas particulièrement – après tout, c'est grâce à ces appareils qu'ils peuvent se connecter. Prenons cependant quelques instants pour examiner le défi très particulier que doivent relever les organisations employant couramment des travailleurs à distance. Un rapport des Nations Unies de 2017, qui rapportait que 25 % de l'ensemble des employés de bureau se déclaraient stressés, soulignait également que cette proportion était considérablement plus élevée chez les télétravailleurs – à savoir, 41 %. Les employés présents de 9 heures à 17 heures au bureau pourraient croire que leurs collègues télétravailleurs œuvrent dans un environnement calme et serein où le travail profond et sans interruption est de mise, mais le fait est que ceux-ci sont plus susceptibles de se sentir isolés et seuls. Les travailleurs à distance ont également tendance à s'inquiéter que leurs collègues aient d'eux une opinion négative, à en croire une étude réalisée par les auteurs David Maxfield et Joseph Grenny, et publiée dans le *Harvard Business Review*[86].

Quand nous sommes face à face, nous devons ranger nos appareils. Quand nous interagissons à distance, il nous faut trouver des moyens de connexion permettant d'optimiser l'interaction humaine. De nombreuses organisations ont tenté de connecter des groupes géographiquement disparates par le biais de longs appels ou de réunions vidéo. Quiconque a subi l'une de ces situations sait que la lecture monocorde d'une série de diapositives PowerPoint peut amener même le participant le mieux intentionné à décrocher. Si les couples qui doivent vivre loin l'un de l'autre pendant de longues périodes peuvent atteindre un certain degré de synchronisation (voir page 179), alors prendre du temps pour bavarder de tout et de rien sera bénéfique aux équipes fonctionnant sur des bases différentes. Il est essentiel d'injecter de la synchronisation humaine dans le discours professionnel.

À mon avis, cela rend l'approche de Frances Frei, qui cherche à établir des liens de confiance, d'autant plus convaincante – et pertinente, concernant les télétravailleurs. Selon Maxfield et Grenny, ceux-ci « affirment que la politique en milieu professionnel est plus diffuse et complexe et que, lorsque des conflits surviennent, ils ont plus de mal à les résoudre ». Leurs observations démontrent de façon extrême combien il est essentiel de pouvoir se parler sans être dérangé pour obtenir une véritable synchronisation au travail.

Ben Waber, PDG d'Humanyze, m'a dit un jour que, même lorsqu'il voyageait, il se faisait un devoir de décrocher

86 Revue américaine mensuelle sur le monde l'entreprise éditée depuis 1922 au sein de l'école de management de l'université Harvard (N.D.E.).

le téléphone pour discuter pendant cinq minutes avec tous ses collaborateurs directs. Adam Bain, mon ancien patron chez Twitter, faisait la même chose avec moi : il m'appelait à 13 000 km de distance pour me demander comment se passait la journée. Il est surprenant de constater à quel point on peut entrer en connexion avec quelqu'un lorsqu'on ne fait que papoter.

Les employés consultent souvent leur téléphone lors des réunions, non par malveillance (comme chez Uber), mais parce que la plupart de ces réunions sont d'une monotonie écrasante. À moins de trouver une meilleure façon d'assurer leur déroulement (voir la synchro n° 3), il est peu probable que les participants acceptent d'être privés de leur téléphone. Cependant, pour atteindre cet état de sécurité psychologique crucial, la connexion au niveau humain est vitale. Qu'il s'agisse d'un tête-à-tête sans perturbation extérieure ou d'une conversation amicale au téléphone, un bon contact humain est le seul moyen d'atteindre le buzz au travail.

POUR ALLER PLUS LOIN :

- Transformez les réunions en interactions directes.
- Découragez les éléments perturbateurs comme les téléphones. Ils nuisent à la concentration et réduisent la confiance au sein des équipes.
- Trouvez des moyens de garder le lien avec les télétravailleurs. Chacun a besoin de synchro humaine pour être en confiance et se forger un sentiment d'appartenance, surtout quand la distance est là.

BUZZ 7 : ENCOURAGEZ LA DIVERSITÉ

Les « maisons de fraternité », dans les universités américaines, ont développé une réputation d'alcoolisme, d'intense vie sociale et de misogynie. Que cela corresponde ou non à la réalité, il est certain qu'elles ont tendance à avoir un sentiment poussé, presque tribal, d'identité et d'appartenance à un groupe. Elles se forment à la fois sur la base du volontariat et par cooptation. Leurs membres doivent être convaincus de pouvoir s'intégrer, puis montrer que c'est bel et bien le cas. De ce fait, leur culture a tendance à être très homogène. Qui se ressemble s'assemble.

Tout ceci rend clairement la vie plus confortable pour le membre moyen de ces groupes d'étudiants. Il est aisé de côtoyer des gens qui vous ressemblent et paraissent être sur la même longueur d'onde. Mais l'absence de variété présente-t-elle aussi des inconvénients ? C'est une question qu'un groupe de chercheurs s'est posée. Pour tenter d'y répondre, ils ont réuni des membres de fraternités avant de les mettre à l'épreuve en leur demandant de résoudre une enquête criminelle. En premier lieu, chaque étudiant devait examiner seul un dossier de police pendant vingt minutes. Il était ensuite rejoint par deux autres membres de sa fraternité pour un débat de vingt minutes. Cinq minutes après le début de cette discussion, on leur adjoignait soit un autre membre de cette même fraternité, soit une personne qu'ils n'avaient jamais rencontrée.

Les résultats ont été éloquents : les groupes composés intégralement de membres de la même fraternité ont trouvé l'expérience bien plus agréable que ceux qui avaient été rejoints par un inconnu. Ils se montraient également plus confiants et satisfaits de la conclusion de leur enquête. Pourtant, il y avait un hic : si les groupes comportant un « intrus » résolvaient correctement l'énigme dans 60 % des cas, les équipes homogènes n'obtenaient que 29 % de réussite, soit moitié moins.

La diversité dans le groupe est problématique : elle n'est pas toujours facile à vivre. Il nous semble tellement plus simple d'être entouré de coéquipiers qui adhèrent à ce que nous considérons comme la « norme ». Pourtant, c'est dangereux. Et, de fait, c'est l'inclusion d'une perspective différente qui permet de combattre la paresse intellectuelle dont nous nous rendons souvent coupables en nous cantonnant à la pensée de groupe.

C'est un phénomène que le psychologue Sam Sommers a observé lorsqu'il a entrepris d'évaluer l'impact de la diversité ethnique sur les délibérations d'un jury. Dans le cadre d'une expérience, il a réparti quelque deux cents participants en jurys fictifs, chacun étant composé de six membres. Certains ne comportaient que des Blancs, d'autres étaient composés de quatre jurés blancs et deux jurés noirs. Chaque jury a alors visionné une vidéo du procès d'un prévenu noir accusé d'agression sexuelle. Il n'est pas particulièrement surprenant de constater que, d'emblée, les groupes mixtes étaient 10 % moins enclins à présumer l'accusé coupable que les jurys entièrement constitués de blancs. Comme l'a expliqué Sommers, les membres du groupe mixte avaient davantage conscience des dangers d'un éventuel préjugé racial. Mais le plus fascinant, c'est que les jurys mixtes se sont aussi montrés plus minutieux : en moyenne, ils ont passé onze minutes de plus à discuter de l'affaire que les groupes entièrement blancs et, ce faisant, ils ont commis moins d'erreurs en examinant les éléments du dossier.

La diversité ne se résume évidemment pas à la mise en place de points de vue différents et elle prend de nombreuses formes : milieu social, sexe, orientation sexuelle, opinions politiques et appartenance ethnique, pour n'en citer que quelques-unes. Mais, si on se restreint aux critères pratiques et professionnels liés à la performance, il convient de noter que les entreprises employant une main-d'œuvre très diversifiée obtiennent généralement de meilleurs résultats. Une enquête rigoureuse, menée en 2015 par le cabinet McKinsey, a révélé une corrélation entre les 25 % d'entreprises les plus diversifiées du point de vue de l'ethnie et du genre et une rentabilité financière supérieure à la moyenne pour leur secteur. Les résultats étaient encore plus impressionnants pour celles qui se situaient dans le quartile supérieur en termes de diversité raciale et ethnique (35 % de plus que la moyenne) et dans le quartile supérieur de la diversité de genre (15 % de plus). Certes, il ne faut pas confondre, ici, corrélation et causalité : ce n'est pas forcément la diversité qui produit la performance – on peut tout aussi bien envisager que les meilleurs travailleurs sont attirés par les entreprises hétérogènes. Pour autant, il semble imparable d'affirmer que le mélange de perspectives peut nous conduire à de meilleures décisions.

Il reste cependant difficile de mélanger les origines et les points de vue de manière équilibrée. Les humains ont tendance à se montrer tribaux – pour s'en convaincre, il suffit d'observer un groupe d'expatriés. Ceux-ci ont quitté le pays où ils ont grandi, probablement parce qu'ils avaient soif de nouvelles expériences, mais ils ont quand même tendance à passer du temps avec leurs compatriotes. Il est tout simplement plus facile de côtoyer des gens qui nous ressemblent. Nous partageons les mêmes repères culturels, souvent les mêmes opinions et le même sens de l'humour. Nous n'avons pas à faire d'effort.

Il n'y a rien de nouveau là-dedans. Mais il n'y a rien de nouveau non plus dans le fait d'accepter que nous ayons beaucoup à gagner en nous associant à des personnes qui ne sont pas comme nous. En 1848, le philosophe John Stuart Mill écrivait : « On ne saurait trop insister sur l'importance [...] de mettre l'être humain en contact avec des personnes qui ne lui ressemblent pas et avec des modes de pensée et d'action différents de ceux qu'il connaît [...] Cette communication a toujours été, et est curieusement, à l'époque actuelle, l'une des principales sources de progrès. »[87]

POUR ALLER PLUS LOIN :

- Ne choisissez pas les membres d'une équipe en fonction des points communs qu'ils ont avec vous. Sinon, vous n'aboutirez qu'à une pensée de groupe.
- Rappelez-vous que les meilleures entreprises font en sorte de rassembler des employés d'origines aussi variées que possible. Le monde n'est pas homogène. Les entreprises ne doivent pas l'être non plus.

87 John Stuart Mill, *Principles of Political Economy*, [Principes d'économie politique], Oxford University Press, Oxford (Royaume-Uni), 1848, nouvelle édition 2008.

BUZZ 8 : REMPLACEZ LES PRÉSENTATIONS ORALES PAR DES LECTURES

« Nous essayons de créer des équipes que deux pizzas peuvent suffire à nourrir. Nous appelons cela la règle des deux pizzas »[88], explique Jeff Bezos, le fondateur d'Amazon. À partir de là, il est miraculeux que quiconque se donne la peine de l'écouter davantage. Nous savons tous très bien que deux pizzas ne peuvent nourrir que deux personnes. Et, comme nous le savons aussi, une équipe de huit ou neuf membres peut se montrer très efficace (voir le buzz n° 3). Si Bezos avait appelé sa théorie la règle des huit pizzas, on lui aurait peut-être prêté l'oreille. Mais *deux* pizzas ?

Bezos avance cependant un autre élément qui, selon moi, vaut la peine d'être considéré : chez Amazon, chaque réunion commence avec la lecture silencieuse, par chaque participant, d'un document destiné à être discuté par la suite. « Chez Amazon, nous ne faisons pas de présentations PowerPoint », proclame Bezos dans une lettre aux actionnaires. « À la place, nous rédigeons des notes de service de six pages structurées de façon narrative. Elles comportent de vraies phrases, des verbes et des substantifs, pas juste des listes à puces. » Bezos explique qu'il faut souvent des jours, voire des semaines, pour produire ces notes de service : « Elles ne peuvent tout simple-

88 « La "Règle des deux pizzas" : le secret de Jeff Bezos pour augmenter la productivité de ses réunions » [en ligne], *Outplacement*, 8 juin 2017.

ment pas être rédigées en un jour ou deux. » Et elles ne sont jamais distribuées à l'avance : Bezos pense que, dans ce cas, les employés les liraient en diagonale et blufferaient (ou alors, ils se sentiraient trop gênés pour parler). « Nous lisons ces notes de service, en silence, pendant la réunion », déclare-t-il. « C'est comme une salle d'étude. Tout le monde s'assoit autour de la table et nous lisons en silence, généralement pendant environ une demi-heure, le temps nécessaire à la lecture du document. Ensuite, nous en discutons. »

D'un certain point de vue, cela semble affreux : soudain, nous voilà de retour à l'école, assis en salle d'examen, perturbés par le petit génie à côté de nous qui lève la main pour réclamer d'autres feuilles pendant que nous tournons nerveusement la première page. Cela dit, il ne faut pas rejeter une idée uniquement parce qu'elle semble un peu gênante à mettre en pratique. De fait, il existe des arguments convaincants en faveur de cette méthode de lecture silencieuse. Les grandes présentations lors des réunions reposent toutes sur le bluff et la fanfaronnade, la grandiloquence et l'audace. Les réunions soumises à un ordre du jour favorisent les personnes les plus éloquentes, pas nécessairement celles qui en savent le plus. Une note de service n'est peut-être qu'une série de faits inscrits sur une page, mais ceux-ci prennent vie quand, après que chacun a pris le temps de les lire et de les étudier, le moment vient d'en discuter. On ne peut pas douter, en constatant le succès exceptionnel d'Amazon, que c'est sa culture avisée, symbolisée et promue par une telle méthode, qui lui a permis de prendre autant de décisions astucieuses au cours des quinze dernières années.

Il y a quelques années, une équipe de Carnegie Mellon, du MIT et de l'Union College, s'est mise en tête de déterminer si un groupe de personnes en réunion pouvait manifester une

« intelligence collective » mesurable. Ils ont organisé un test consistant à répartir près de 700 personnes en petits groupes et à leur soumettre une série d'énigmes diverses. Chaque exercice a été calibré pour évaluer un aspect différent de la pensée. Il pouvait s'agir de défis créatifs (« proposez des façons différentes d'utiliser cet élément »), de problèmes de logique (« planifiez une sortie shopping où vous ne pouvez conduire que sur un nombre limité de kilomètres ») ou de négociations.

Deux constats majeurs en sont ressortis. Le premier était que les groupes qui réussissaient bien dans une tâche avaient tendance à réussir dans toutes les tâches – et, à l'inverse, les mauvais groupes avaient tendance à tout rater. Le second était que l'intelligence individuelle n'avait pas d'effet direct sur la performance de chaque équipe : le fait d'avoir une personne particulièrement intelligente dans le groupe ne garantissait pas le succès collectif.

Ce qui importait avant tout, c'était la façon dont les membres de l'équipe se traitaient mutuellement. Les équipes produisant de mauvais résultats avaient tendance à être dominées par un ou deux membres. Les groupes obtenant de bons résultats étaient en revanche caractérisés par leur esprit démocratique : chaque personne a parlé à peu près de la même façon – ou, selon les termes des chercheurs, il y avait une « égalité dans la répartition de la prise de parole ». « Tant que tout le monde avait l'occasion de parler, l'équipe s'est bien débrouillée », a conclu Anita Williams Woolley, la directrice de recherche. « En revanche, dans les équipes où une seule personne ou un petit groupe monopolisait la parole, l'intelligence collective déclinait [...] Les équipes qui répartissent la communication de manière équitable ont tendance à manifester une intelligence collective plus élevée parce qu'on entend tout le monde, on reçoit de l'information et des commentaires de tout le monde si chacun apporte sa contribution. »

Les équipes en question ont fait preuve d'une grande « sensibilité sociale » – en d'autres termes, leurs membres déchiffraient correctement les réactions non verbales à ce qui était dit, ils pouvaient évaluer ce que les autres pensaient et adapter leur comportement en conséquence. Il n'y avait aucun risque que les membres les plus assurés de l'équipe dominent les autres ou que de bonnes idées soient perdues parce que leurs auteurs se sentaient trop intimidés pour prendre la parole.

Pour évaluer la « sensibilité sociale » des participants à cette expérience, les chercheurs ont, entre autres, utilisé un test créé à l'origine pour dépister l'autisme. Les personnes autistes ont généralement du mal à interpréter les expressions faciales de leurs interlocuteurs. Le psychologue clinicien Simon Baron Cohen a donc conçu le test « Reading the Mind in the Eyes »[89], qui consiste à montrer aux gens trois douzaines de photographies de personnes publiées dans des magazines des années 1990, puis à leur demander d'évaluer l'état émotionnel de chaque sujet. C'est un test que vous pouvez effectuer vous-même en ligne. Dans chaque cas, parmi les quatre mots figurant à côté de l'image, choisissez celui qui, selon vous, décrit le mieux l'émotion exprimée par le sujet.

Lorsque Williams Woolley et ses collègues ont demandé aux volontaires de l'expérience d'effectuer le test, ils ont constaté que la capacité à déchiffrer l'émotion affichée dans chaque image était fortement corrélée au fait d'être un bon contributeur à l'intelligence collective. « C'est un phénomène qui s'inscrit dans la tradition de la psychologie cognitive, la

89 Lecture de l'état d'esprit dans les yeux [N.D.T.].

capacité générale à appréhender la perspective d'une autre personne et de prévoir comment elle va réagir à quelque chose, de comprendre comment elle pense ou se sent à partir de signaux subtils », m'a-t-elle confié.

Notons également que la capacité d'intuition est plus forte chez les femmes que chez les hommes. Ainsi, dans le test cité plus haut, les groupes manifestant les niveaux d'intelligence collective les plus élevés étaient invariablement ceux qui comprenaient une forte proportion de femmes – ceux où les femmes étaient majoritaires obtenant des résultats particulièrement élevés. Lorsque les femmes étaient en minorité, en revanche, elles avaient tendance à être exclues de la discussion : « Ce n'est que lorsque les femmes sont majoritaires que la plupart d'entre elles se risquent à contribuer davantage », m'a expliqué Williams Woolley. « Quant aux hommes, ils continuent de s'exprimer abondamment, même s'ils ne sont plus majoritaires : les niveaux de participation les plus élevés apparaissent donc lorsque les équipes sont diversifiées en termes de genre et qu'elles comprennent davantage de femmes. »

Il est intéressant de noter que ces compétences empathiques fonctionnent aussi bien en ligne qu'en face à face. « En ligne comme hors ligne », déclare Williams Woolley, « certaines équipes travaillent toujours plus intelligemment que d'autres. Plus surprenant, les ingrédients essentiels d'une équipe intelligente sont demeurés les mêmes quel que soit son mode d'interaction : des membres très communicatifs, qui participaient de façon équilibrée et possédaient de bonnes aptitudes à la lecture des émotions ». Vous avez peut-être remarqué que certaines équipes semblent plus vivantes et interactives que d'autres : leurs membres débordent d'idées, ils se sentent tellement à l'aise ensemble que les uns peuvent finir les phrases des autres. Selon Williams Woolley, ces groupes ont atteint ce qu'elle appelle une « explosion » de contribution créative. Tous ses membres ont quelque chose à apporter ; tous savent que leur contribution sera la bienvenue ; tous sont dans un état d'affect positif (voir p. 216) et se sentent en sécurité psychologique (voir p. 224). Il y a un véritable sentiment de buzz.

Alors, quel est le lien avec les longues lectures silencieuses de Bezos ? Eh bien, en supprimant les aspects grandioses d'une présentation PowerPoint et les conventions des réunions axées sur un ordre du jour, puis en leur substituant une période de réflexion, il a équilibré le terrain de jeu. Il a initié le genre de changement de cap qu'Anita Williams Woolley et ses collègues ont défini comme un puissant moteur de l'intelligence collective. Une bonne réunion est une réunion où tout le monde participe et se sent prêt à contribuer en toute confiance. Si ces conditions idéales sont remplies, mais que certaines personnes n'apportent aucune contribution, c'est sans doute qu'elles ne devraient pas assister à la réunion.

Dans les réunions, la discussion engagée constitue la force motrice de la prise de décision et de la résolution de problèmes. Les réunions qui n'atteignent pas cet objectif ne valent probablement pas la peine d'être organisées.

POUR ALLER PLUS LOIN :

- Tentez les réunions basées sur la lecture silencieuse d'un document rédigé au préalable. Au début, c'est une véritable épreuve ; par conséquent, soyez prêt à vous y tenir pendant un moment avant de pouvoir déterminer si ce système fonctionne.
- Évitez les réunions qui ne font que favoriser les personnalités charismatiques.

BUZZ 9 : L'ANALYSE PRÉMORTEM

Le 30 octobre 1935, Boeing a fièrement dévoilé le B-17, surnommé la Forteresse volante, à une foule composée de l'élite de l'Armée américaine. Plus rapide que les bombardiers précédents et d'une autonomie deux fois supérieure, cet appareil était capable de transporter cinq fois plus de bombes que l'armée ne l'avait exigé. Le jour de son baptême, prévu de longue date, le nouvel avion s'est lancé sur la piste, a effectué un décollage parfait, mais, quelques secondes plus tard, il a décroché. Piquant en plein vol, il s'est écrasé sur l'aérodrome et s'est enflammé. Le pilote et un employé de Boeing sont morts des suites de leurs blessures. Le copilote et deux autres membres de l'équipage ont dû être tirés de l'épave en flammes, mais ils ont survécu.

L'enquête qui a suivi a révélé que l'avion était en parfait état de fonctionnement. Le drame a été provoqué par une erreur humaine : le pilote, Peter Hill, avait oublié de débrayer les verrous de gouverne de l'avion. Mais cet impair, a-t-on décidé, était dû à la conception même de l'avion – en effet, on a suggéré que, compte tenu des limites de la mémoire humaine, le B-17 était tout simplement « trop complexe » pour voler. Les travaux de développement se sont néanmoins poursuivis et le B-17 est entré en service deux ans plus tard. Il a fait ses preuves lors de la Seconde Guerre mondiale, et on estime que les B-17 ont parcouru au total 3,2 millions de kilomètres dans le ciel.

C'est en définitive une innovation très simple qui a permis d'éviter de nouvelles catastrophes sur le B-17 : un inventaire préalable des tâches à accomplir lors de la préparation de l'équipage pour le vol. De nos jours, certes, ces check-lists sont omniprésentes. Chaque pilote de chasse américain a en poche une liste de contrôle précisant les actions à mettre en œuvre si les choses tournent mal. Et nous connaissons tous, à bord des vols commerciaux, le mantra « PNC aux portes, armement des toboggans, vérification de la porte opposée ». En fait, quand un domaine spécifique présente un certain degré de complexité, il est presque toujours accompagné d'une check-list. C'est logique. Si le cerveau est surchargé d'informations, il ne peut pas traiter ce qu'on lui demande. Dans ces moments-là, le fait de se référer à une liste de tâches permet de clarifier grandement les choses. Le fatras d'informations avec lequel, auparavant, nous tentions de jongler mentalement devient un simple enchaînement d'actions à accomplir.

Les check-lists présentent un autre avantage. Lorsque les tâches à effectuer prennent la forme d'une simple liste, il est beaucoup moins probable que surviennent des problèmes d'ego. Il y a un travail à faire ; les personnes impliquées n'ont pas à se chamailler pour savoir qui décide, en quoi consiste ce travail et dans quel ordre les tâches doivent être exécutées. Il a également été prouvé que, dans des domaines tels que l'aviation et la chirurgie, l'utilisation de check-lists, en plus de réduire le nombre d'erreurs et d'omissions, diminue aussi le risque que l'on fasse porter le chapeau aux autres en cas de défaillance. Les membres de l'équipe n'ont pas l'impression d'être jugés et le fossé entre subalternes et responsables est partiellement comblé, ce qui contribue à atténuer l'une des causes les plus courantes de dysfonctionnement au sein d'un groupe de travail.

Les check-lists ne s'appliquent évidemment pas à toutes les situations, mais il existe un outil simple qui offre le même degré d'efficacité et de sécurité psychologique dans les cas où cocher des cases ne fonctionne pas : l'analyse prémortem. Nous connaissons tous le concept d'autopsie, ou analyse post-mortem. On vient de repêcher dans un lac un cadavre au visage livide et les marques sur ses oreilles sont éloquentes : le dévoreur de lobes a encore frappé ! Notre vaillant enquêteur descend à la morgue et découvre le corps étendu sur un de ces étranges tiroirs coulissants tiré par un employé funéraire aux allures de psychopathe et à l'humour grinçant. En entreprise, les approches post-mortem sont tout aussi désagréables et visent à peu près les mêmes objectifs : déterminer ce qui s'est passé et ce qui a mal tourné.

Dans le monde des affaires, les analyses prémortem sont beaucoup plus constructives. Au lieu de nous inviter à nous tordre les mains sur un projet raté, à un moment où il n'y a de toute façon plus rien à y faire, elles nous invitent à imaginer les différentes évolutions possibles d'un programme, puis à agir en conséquence. Les membres d'une équipe peuvent, par exemple, lister ce qui pourrait conduire à un échec dans un projet au cours de l'année à venir, et pour quelles raisons. Comme avec les check-lists, on évite les problèmes d'ego : les employés sont simplement invités à jouer un peu les Madame Soleil : ils se projettent dans un futur dissocié où ils peuvent parler franchement de leurs peurs et ainsi identifier les difficultés et les défis potentiels sans craindre qu'on leur reproche d'être négatifs. Malgré leur apparente simplicité, les analyses prémortem se sont révélées être un outil très efficace. Lorsque

Deborah Mitchell, de la Wharton School, et ses collègues se sont penchés sur la question, ils ont constaté que le simple fait de se demander « qu'est-ce qui pourrait mal tourner dans ce projet ? » a permis d'améliorer de 30 % les résultats prévisionnels. Une entreprise du Fortune 500 a présumé à juste titre que son projet écologique à un milliard de dollars risquait d'échouer parce que son PDG charismatique partait à la retraite. Une autre organisation s'est rendu compte que le changement de politique d'un organisme gouvernemental pourrait miner son projet de création d'une nouvelle entreprise.

La culture de la curiosité est déterminante dans le succès d'une analyse prémortem. Malheureusement, il s'agit d'une denrée rare dans le monde moderne du travail. Lors d'un sondage auprès d'un large éventail de secteurs, Francesca Gino, de la Harvard Business School, a découvert que 70 % des employés estimaient qu'ils éprouvaient des difficultés à poser des questions au travail – d'une part parce que les employeurs craignaient qu'en permettant au personnel d'explorer ses propres sources d'intérêts, la discipline s'effrite, et d'autre part parce que l'efficacité l'emportait sur la recherche. Pourtant, comme le soutient Gino, la curiosité est extrêmement importante : « Lorsque notre curiosité est déclenchée, nous sommes moins susceptibles d'être victimes de biais de confirmation (c'est-à-dire, chercher des informations qui soutiennent nos croyances plutôt que des preuves montrant que nous avons tort). » De plus, comme Spencer Harrison, aujourd'hui à l'INSEAD[90], l'a découvert alors qu'il étudiait avec ses collabo-

90 École privée de management dotée de trois campus principaux à Fontainebleau, à Abou Dabi et à Singapour [N.D.T].

rateurs la forte rotation de personnel dans les centres d'appels, la curiosité nous aide tout simplement à mieux faire notre travail. Son enquête auprès des nouvelles recrues dans dix entreprises différentes a révélé que les travailleurs à l'esprit curieux obtenaient davantage d'informations utiles de leurs collègues et se montraient ainsi plus aptes à résoudre les problèmes des clients. Il n'est donc pas surprenant que 92 % des 3 000 personnes interrogées par Gino soient convaincues que les membres les plus curieux de leur équipe sont aussi ceux qui finissent par apporter le plus d'idées.

Non seulement la curiosité en milieu de travail est rare, mais les recherches montrent que, sur le plan individuel, elle diminue avec le temps. Au cours de son étude, Gino a observé 250 personnes qui venaient d'endosser un nouvel emploi et elle a constaté que leur niveau de curiosité avait diminué en moyenne de plus de 20 % en six mois : elles étaient simplement devenues trop occupées pour poser des questions.

Instaurer une culture de la curiosité qui, entre autres choses, améliorera vos analyses prémortem, n'est donc pas une mince affaire. Mais ce n'est pas une entreprise difficile à mettre en œuvre : il s'agit simplement d'encourager et de récompenser ceux qui posent des questions. Quand je travaillais à la maison d'édition Emap, Sir Robin Miller, le PDG, passait avec naturel d'un bureau à l'autre, s'asseyait à la table d'un employé sans méfiance et lui demandait simplement ce qu'il faisait. De même, Gino a constaté qu'en envoyant pendant quatre semaines aux travailleurs un texto de onze mots (« Quel est le sujet ou l'activité qui vous intéresse aujourd'hui ? »), ils montraient davantage de comportements innovants dans leur travail. Une autre voie consiste à adopter l'approche d'apprentissage que j'ai décrite plus tôt (voir le buzz n° 1), dans laquelle l'équipe est encouragée à s'attaquer aux problèmes de façon collective.

Si, par conséquent, vous voulez avoir une conversation honnête avec les membres d'une équipe au sujet d'un projet – une conversation au cours de laquelle ils s'expriment sans devoir s'inquiéter des éventuelles conséquences – la discussion prémortem peut se révéler très utile. Et si vous pouvez cultiver une culture qui encense la curiosité et encourage à poser des questions, alors vos analyses prémortem n'en seront que plus productives.

POUR ALLER PLUS LOIN :

- Chaque fois que vous êtes confronté à une tâche immédiate complexe ou impliquant plusieurs étapes, dressez une check-list. Elle vous donnera un sentiment de sécurité et permettra d'éviter que des éléments essentiels vous échappent.
- Si vous travaillez sur un projet complexe ou impliquant diverses étapes, mais qui prendra plusieurs semaines ou plusieurs mois plutôt que quelques jours, envisagez de mener une analyse prémortem. À tout le moins, cela déclenchera quelques idées pertinentes. Au mieux, elle vous fournira un dernier regard fort utile avant de vous lancer.

BUZZ 10 : DÉTENDEZ-VOUS !

J'espère que vous avez maintenant une idée claire des diverses façons de rendre le travail plus agréable et gratifiant. Il existe douze recharges simples que nous pouvons tous essayer d'appliquer pour restaurer l'énergie, l'enthousiasme et la créativité. Certaines stratégies peuvent nous permettre de mieux travailler en équipe, d'améliorer la capacité de collaboration et de développer l'intelligence collective afin d'atteindre la synchronisation. Enfin, au fur et à mesure que nous découvrons tout ce qu'il est possible d'accomplir en tant que groupe uni plutôt qu'en tant qu'individus disparates, nous pouvons chercher à atteindre cet état d'affect positif et de sécurité psychologique grâce auquel les équipes commencent réellement à se surpasser. C'est alors qu'elles entrent dans ce que j'ai appelé l'état de buzz.

Cependant, en termes de buzz, il y reste une dernière pièce du puzzle dont je n'ai pas encore parlé. En expliquant comment parvenir à la synchronisation, j'ai fait valoir que le rire permet d'instaurer la connexion, de forger la résilience, de créer la confiance et d'ouvrir l'imagination. À présent, je vais tenter de vous montrer que le rire est tout aussi essentiel pour activer l'état de buzz.

Si le buzz semble si souvent être hors de portée, c'est que nous ne sommes pas doués pour être nous-mêmes. Enfants, nous avons peut-être été influencés par une mère qui, lorsqu'elle répondait au téléphone, prenait un ton distingué sans rapport avec sa personnalité habituelle. À l'adolescence, nous avons soigneusement modifié notre comportement afin de faire bonne impression et de ne pas susciter la désapprobation de notre entourage. En tant qu'adultes sérieux dans un milieu de travail sérieux, nous voulons à tout prix nous montrer sous notre meilleur jour et, comme l'a souligné Amy Edmondson de la Harvard Business School, nous surveillons nos paroles et nos gestes afin de projeter une image favorable de nous-mêmes.

Nous savons pertinemment qu'en éructant bruyamment pendant les réunions – comme nous aimons le faire à la maison –, nous n'irons pas très loin. Mais ce n'est pas uniquement pour cela que nous nous censurons : c'est avant tout parce que nous avons une conscience aiguë des multiples défis que représentent les évaluations de performance, le classement des employés, les e-mails interminables, les réunions et le jugement de nos pairs ; ainsi, nous adaptons notre comportement afin de ne pas trop attirer l'attention sur nous. Ce faisant, notre personnalité est lissée, ses aspérités sont aplanies, ses rugosités disparaissent et, tout comme ces mères qui adoptent au téléphone une voix raffinée pour éviter les jugements à l'emporte-pièce de leur correspondant, nous endossons une personnalité de travail pour mieux correspondre aux attentes supposées de nos supérieurs et collègues. À la maison, nous sommes nous-mêmes, en jogging et T-shirt négligés. Au travail, nous devenons quelqu'un d'autre.

Mark de Rond est un ethnographe qui intervient à la Judge Business School (une section de l'université de Cambridge). Il a passé des mois au sein de diverses équipes, à tel point que, se résumant à un visage omniprésent, mais discret, il a pu se faire une idée extrêmement précise des conditions nécessaires à un travail d'équipe efficace. Son travail dans l'équipe qui a remporté la Boat Race[91] de Cambridge en 2007 lui a permis de comprendre que le rire avait le pouvoir de rétablir la confiance.

L'aviron est un sport où tout est analysé. La performance de chaque rameur, par exemple, est mesurée selon la puissance, l'endurance, la force maximale et la comparaison directe. Mais ce sport comporte également un aspect psychologique. De Rond a fait remarquer que les candidats à l'équipage de rameurs se livraient à des joutes spirituelles lorsqu'ils s'affrontaient pour obtenir une place dans le bateau. L'esprit de collaboration est probablement essentiel pour passer la ligne d'arrivée en tête, mais en observant les rameurs qui se battaient pour être sélectionnés, De Rond a noté qu'ils se comportaient avant tout comme des « individus calculateurs ».

En fin de compte, De Rond m'a confié la chose suivante : « Ce ne sont pas les six meilleurs rameurs qui ont été choisis pour la course. » En 2007, contre l'avis de l'entraîneur, l'équipe a choisi de jouer un joker : « ce n'était pas le meilleur », déclare De Rond, mais il était « absolument hilarant ». Et, parce qu'il était drôle, il a contribué à établir des liens et à renforcer la confiance dans un environnement impitoyable.

Il est impossible de dire si c'est la capacité de ce membre de l'équipe à instaurer sécurité psychologique et affect positif qui a été décisive dans la suite des événements, mais dix jours avant la Boat Race de 2007, l'équipage s'est senti suffisamment confiant pour prendre une décision divergeant radicalement des normes de préparation de la course. Contre toute attente, il venait de perdre une compétition contre le Molesey

91 Célèbre course d'aviron sur la Tamise qui oppose chaque année les universités d'Oxford et de Cambridge [N.D.T.].

Boat Club. Très vite, il a conclu qu'il devait changer son fusil d'épaule : après une discussion à cœur ouvert, les membres ont décidé, contre l'avis de leur entraîneur, de se séparer de leur barreur en titre, Russ Glenn. Moins de deux semaines plus tard, sa remplaçante, Rebecca Dowbiggin, a mené Cambridge à sa première victoire en trois ans.

Il n'est pas facile d'analyser précisément ce phénomène, mais, selon moi, il est évident que l'aspect positif émis par ce membre de l'équipe « hilarant » a contribué à créer un fort sentiment de sécurité psychologique, lequel a favorisé les discussions franches et la prise de décisions radicales. Le résultat parle de lui-même.

Cet exemple met en évidence un lien direct entre humour et affect positif, et un lien indirect entre humour et sécurité psychologique. Cependant, une équipe universitaire de l'université d'Oxford et de l'UCL a démontré que ce dernier lien peut également être direct. Robin Dunbar, Brian Parkinson et Alan Gray ont voulu savoir si le rire a un impact sur la volonté de collaboration. Comme je l'ai déjà dit, le rire est rarement associé au travail. Il existe un mythe selon lequel les enfants rient des centaines de fois par jour, mais les adultes seulement trois ou quatre fois. Nous en déduisons que les adultes sont sans doute plus sérieux. Il n'est pas difficile de comprendre pourquoi : au travail, nous ne voulons pas être jugés – ou pire, licenciés –, et nous évitons donc de baisser la garde. Nous veillons à ne pas nous détendre. Et bien entendu, nous ne rions pas.

L'expérience de Dunbar et de son équipe consistait à projeter des extraits de comédie à des groupes de quatre personnes (comme je l'ai souligné dans la synchro n° 5, les gens sont plus susceptibles de rire collectivement que seuls). Après avoir regardé ces vidéos (qui mettaient en vedette Michael

McIntyre[92]), chaque participant a dû établir par écrit une description de lui-même pour les autres membres du groupe, « afin qu'ils puissent mieux vous connaître ». Les chercheurs ont attribué une note à chaque description, en fonction du niveau de franchise de la personne concernée (les notes les plus élevées concernaient des révélations comme : « En janvier, je me suis cassé la clavicule en tombant d'un mât de pole dance » ou « Je vis actuellement dans une misère noire – avec des souris ! »

Les chercheurs ont découvert que les participants qui avaient ri ensemble étaient beaucoup plus susceptibles de partager des détails intimes entre eux et de se montrer sous leur vrai jour que ceux d'un groupe témoin qui n'avait pas visionné ces vidéos comiques. Il y avait à cela une raison physiologique : « Si l'état "comédie" » a suscité des révélations beaucoup plus intimes que l'état "neutre" », déclarent les chercheurs, « c'est sans doute, en partie, parce que le taux de rire plus élevé a déclenché une activation accrue d'endorphine [...] L'effet opiacé des endorphines permet aux individus d'être plus détendus sur le contenu de leurs communications. » Par ailleurs, ajoutent-ils, « les endorphines facilitent l'interaction en réduisant l'attention autodirigée, en apaisant les craintes de divulguer trop d'informations ou de donner l'impression d'être « bizarre » ou peu aimable et, par conséquent, en favorisant les échanges intimes ». En d'autres termes, quand nous rions, nous sommes prêts à nous dévoiler aux autres et nous acceptons davantage les excentricités de notre entourage.

Quelles sont les implications de cette découverte sur le monde du travail ? En fait, il semblerait que les équipes

92 Humoriste, écrivain et animateur de télévision anglais [N.D.T.].

soient plus susceptibles d'atteindre le « nirvana » de la participation collective (voir le buzz n° 8) quand ses membres sont détendus et enclins à rire. Ils cessent de craindre que leurs idées ou eux-mêmes soient rejetés par les autres ou que leurs suggestions soient accueillies avec froideur – comme lorsqu'on suggère à sa famille que, l'an prochain, on pourrait peut-être organiser Noël d'une autre façon. Dans l'introduction de ce chapitre, j'ai évoqué l'étude d'Amy Edmondson sur le travail en salles d'opération et j'ai mentionné le fait que certaines infirmières se sentaient trop intimidées pour faire des suggestions aux chirurgiens. C'est à ce genre d'obstacles qu'on se heurte quand on manque de sécurité psychologique.

Le rire crée un espace où l'on se sent plus en sécurité. Il nous permet d'être un peu plus libres dans nos idées. Comme le dit Dunbar, « le rire atténue l'égocentrisme, ce qui permet de se révéler plus intimement sans être embarrassé ». Et, bien entendu, c'est en favorisant une pensée non conventionnelle que les meilleures idées se concrétisent, parce que nous ne sommes pas obnubilés par l'impression que nous faisons sur les autres. Pour revenir à l'étude d'Amy Edmondson, dans les salles d'opération où régnait la sécurité psychologique, chacun se sentait libre de donner son opinion. Une infirmière, par exemple, est parvenue à améliorer une nouvelle procédure de chirurgie cardiaque en plaidant pour l'utilisation d'un outil oublié depuis longtemps, un écarteur surnommé l'interne de fer ou l'écarteur de Bethune[93].

On a un jour demandé à Trevor Noah, l'animateur du *Daily Show* de Comedy Central, d'expliquer l'importance du

93 Du nom de son inventeur canadien Norman Bethune, chirurgien thoracique pneumologue (N.D.E.).

rire dans le processus créatif de son équipe. « Quand je suis dans une pièce remplie d'auteurs », a-t-il répondu, « je cherche ce que nous allons faire dans l'émission du jour [...] Je crois que le rire est absorbé, comme de la fumée de cigarette, par le tissu même de ce qui fait de nous des êtres humains. » Quand les équipes sont à l'aise, quand nous avons établi un aspect positif, quand nous avons atteint la sécurité psychologique, les meilleures idées se révèlent. C'est le moment où l'équipage du bateau peut prendre la parole, où les infirmières peuvent faire des suggestions aux chirurgiens, où les sujets de l'étude de recherche baissent la garde et montrent leur véritable personnalité. Le rire n'est pas un luxe : c'est à la fois une cause et un produit du buzz.

POUR ALLER PLUS LOIN :

- Parfois, pour déclencher le rire dans un groupe, il suffit de dénicher l'individu un peu excentrique qui en sera le catalyseur.
- Souvenez-vous que le rire crée les conditions d'affect positif et de sécurité psychologiques essentielles au buzz.

ÉPILOGUE

#LoveWhereYouWork[94]

Environ un an après l'ouverture de notre bureau Twitter à Londres, il s'est produit un événement qui nous a tous changés. Notre équipe, petite, mais en pleine expansion, travaillait dans des locaux vétustes de Great Titchfield Street. Les ingénieurs informatiques, les commerciaux et les spécialistes du marketing se disputaient l'espace dans cet environnement de travail très éloigné du glamour généralement associé aux start-up de la Silicon Valley. Comme dans d'autres équipes qui commencent avec six personnes avant de passer à vingt, puis à quarante, il régnait encore un sentiment de connexion entre les membres du groupe et l'idée d'avancer tous dans la même direction. C'était le genre d'atmosphère où tous les employés se retrouvent au pub du coin deux ou trois fois par semaine.

L'énergie et la détermination étaient palpables. Tout se passait bien. L'audience s'accroissait considérablement et les revenus issus de la publicité explosaient. Et tout cela, en dépit de nos installations sommaires. Dara Nasr (alors directeur des ventes et aujourd'hui directeur général au Royaume-Uni) a choisi le pire bureau de tous : une surface de travail de la taille d'un plateau à thé dans un espace partiellement tronqué par un pilier – un espace si exigu qu'il ne pouvait pas taper sur son clavier en position assise. C'était un choix symbolique :

94 Aime ton (lieu de) travail [N.D.T].

si lui était obligé de travailler dans cette position hautement inconfortable, qui pouvait venir se plaindre que son bureau ne donnait pas sur la fenêtre ? Et, en effet, personne ne l'a fait. L'ambiance était au beau fixe.

C'est alors qu'un jour, à la fin de l'été, notre directrice du marketing adorée nous a annoncé par mail qu'elle était malade. Lucy Mosley était la personne la plus forte de notre petite équipe. Pourtant, jamais elle ne se serait targuée de posséder des superpouvoirs en termes d'imagination ou de créativité. Au lieu de cela, elle manifestait sa curiosité en toute discrétion, toujours en quête de l'opinion ou des idées de ses collègues : « Qu'as-tu pensé de ceci ? Qu'est-ce qui t'a plu dans cela ? » Son grand talent était de s'intéresser sincèrement à l'avis des autres. Chaque jour, elle passait au crible des montagnes de matériaux bruts pour y dénicher des pépites d'or. Après l'annonce de sa maladie, sur les conseils de son médecin, Lucy a subi une petite intervention. Au bureau, nous avons tous insisté pour qu'elle s'accorde un mois de repos avant de reprendre progressivement le travail. Puis, un vendredi midi, Lucy a éteint l'écran de son ordinateur portable et elle est discrètement retournée chez elle. La plupart d'entre nous ne l'ont jamais revue.

Le dimanche matin qui a suivi, Lucy m'a téléphoné : on venait de lui diagnostiquer un cancer agressif qui s'était généralisé. Elle se trouvait à l'hôpital et il était plus que probable qu'elle n'avait plus que quelques jours à vivre. Les cancers de stade 4 sont d'une brutalité écrasante. On serine souvent aux malades concernés que d'autres personnes s'en sont sorties et que le grand secret est de « ne jamais baisser les bras ». Mais certains, comme Lucy, sont d'une telle force qu'il leur faut beaucoup de temps avant même de prendre conscience qu'ils sont malades. Lucy n'a pas eu ce temps, parce que la maladie avait déjà envahi tout son corps.

Le service dans lequel Lucy a été internée imposait des règles strictes : pas de fleurs (à cause des risques d'allergie au pollen) et pas de sucreries (parce que le sucre nourrit le cancer). Et comme le fiancé de Lucy tenait, à juste titre, que Lucy soit à l'abri du stress et des émotions fortes, il a demandé que son entourage ne lui envoie pas de SMS ni de tweet, et qu'il ne lui rende pas visite. Dans ces conditions, comment dire à quelqu'un qu'on l'aime sans enfreindre les règles ?

À ce moment, alors que nous nous creusions la cervelle pour démêler ce problème, notre ingénieuse collègue Lyndsay nous a proposé de tricoter pour Lucy une grande couverture en laine. C'était une idée brillante, mais elle présentait un léger inconvénient : notre incapacité commune à tricoter. Pourtant, nous avons décidé de ne pas laisser ce détail se mettre en travers de notre chemin. Des leçons de tricot ont été organisées à la hâte après notre journée de bureau ce lundi-là, et chacun s'est engagé à fournir au moins vingt rangs de tricot. Dans une véritable course contre la montre, les travaux ont commencé.

Le clic-clac des grosses aiguilles symbolisait une forme de guérison tandis que la laine moelleuse se transformait en une couverture qui nous reliait tous solidement. Nous avions le sentiment de tisser un sortilège. Nous rêvions que chaque point permette de guérir quelqu'un que nous aimions. Fait remarquable, au bout de quelques jours, notre bande d'amateurs autodidactes avait assemblé un tricot de près de trois mètres de long qui, certes, n'aurait pas remporté de médaille aux concours, mais qui avait été confectionné avec soin et amour.

La couverture, une fois achevée, a été nettoyée en urgence au pressing et nous l'avons emballée en l'accompagnant d'un bel album de photos et de messages. Nous avions reçu un appel nous informant que la bataille de Lucy touchait à sa fin et nous avons fait livrer le paquet à la clinique où elle résidait désormais, espérant, sans trop y croire, que notre message arriverait à temps. Le matin a cédé la place à l'après-midi, l'après-midi au soir. À 19 heures pile, Lucy nous a envoyé un message – son premier tweet en quelques semaines :

Lucy Mosley @LucyCDMosley · 21 oct 2013 Bien au chaud dans ma @TwitterUK @Twitter blanket #LoveWhereYouWork #Family

Ce soir-là, j'ai laissé échapper quelques sanglots de joie – et mes collègues ont sans doute fait de même. Nous ne pouvions pas être aux côtés de Lucy, mais c'était un bonheur de savoir qu'elle ressentait notre amour, qu'elle était enveloppée dans cette couverture tricotée par des amateurs. Si je partage cette histoire avec vous, c'est parce que j'ai le sentiment qu'avec son hashtag #LoveWhereYouWork, Lucy a lancé un mouvement pour nous tous. Comme dans toutes les entreprises, il y a eu des moments où l'on sentait que Twitter UK était un lieu de travail fabuleux (et de nombreux moments où ce n'était pas le cas), mais, dans ces occasions, les employés ont largement utilisé le hashtag de Lucy pour partager leurs sentiments.

Quand on leur demande comment c'est de travailler pour Twitter, des collègues répondent parfois : « Regardez les tweets qui intègrent le hashtag #LoveWhereWhereYouWork. » C'est devenu un phénomène qu'il nous a fallu justifier : les journalistes sont parfois sceptiques – ce qui est compréhensible – lorsqu'une entreprise met en avant l'affection collective sur le lieu de travail. En effet, cela pourrait facilement être interprété comme une forme de publicité de la part de la direction plutôt que comme un mouvement spontané de solidarité. Les gens qui ne travaillent pas chez Twitter demandent régulièrement « qu'est-ce que c'est que ce truc ? » et ils ont bien raison : ce hashtag n'a jamais été conçu pour être arboré comme une banderole.

Si, aujourd'hui, vous cliquez sur #LoveWhereWhereYouWork, vous tomberez sur des publications terre à terre : quelqu'un, dans un quelconque bureau de Twitter, s'est fait préparer une tasse de café et plaisante à ce sujet ; ou peut-être s'est-il passé quelque chose d'un peu plus spécial – une équipe qui a renoncé à sa soirée de repos pour aider des enfants du quartier, par exemple.

Pour moi aussi, les choses ont changé. #LoveWhereYouWork est devenu une norme que je dois respecter. Ce hashtag me rappelle mon devoir, en tant que patron, de créer les conditions qui vont permettre à mes collègues de donner le meilleur d'eux-mêmes et de quitter leur bureau le vendredi soir en se sentant fiers de dire « j'aime l'endroit où je travaille ». Depuis le tweet de Lucy, j'ai parfois eu l'impression que mes collègues n'aimaient pas leur travail – leur visage était sombre et, en fin de journée, ils repartaient d'un pas lourd. Pourtant, s'il n'émanait pas toujours d'eux un sentiment d'accomplissement, je les sentais malgré tout motivés.

Tout le monde a envie d'être fier de son travail. Nous aimons tous rire avec nos collègues. Grâce à mon podcast, à ce livre, aux discussions passionnantes sur Twitter et sur LinkedIn, j'ai tenté de déceler les secrets qui permettent de retrouver du plaisir au travail. Je me suis régalé à trouver des preuves pour faire taire les brutes qui affirment que les pauses déjeuner sont réservées aux mauviettes ou qui pensent que les bureaux doivent être un lieu de peur et d'angoisse plutôt que de discussions et de rires. Ce qui est triste, c'est qu'une grande partie de ces preuves ont tendance à être cachées dans les tréfonds de publications spécialisées et de documents de recherche. Ici, j'ai décidé de les dévoiler au grand jour et de les partager avec vous.

J'espère que vous mettrez en œuvre au moins quelques-unes des trente idées que je vous ai présentées et que vous vous donnerez ainsi les moyens de retrouver le plaisir au travail. Si c'est le cas, contactez-moi sur Twitter (@brucedaisley ou @eatsleepwkrpt) ou par mail (*brucedaisley@gmail.com*).

Dites-moi comment vous avez adopté (à nouveau) ce principe : #LoveWhereYouWork.

REMERCIEMENTS

J'aimerais remercier tous ceux qui m'ont apporté leur soutien dans la rédaction de cet ouvrage.

Tula, Billy et Carol, pour m'avoir apporté la joie du foyer.

Ma famille a toujours su que face à l'adversité on se sent mieux en riant, et je suis reconnaissant à ma mère et à Jo d'être toujours là pour partager les moments d'amusement incrédules. Tout mon amour à mon père et à ma grand-mère.

Un immense merci à Sue Todd qui a collaboré avec moi pour créer le *Manifeste du Nouveau Travail*. Comme moi, elle croyait fermement que le monde du travail est dysfonctionnel et elle m'a fait part de sa déception que personne n'en parle.

Je ne remercierai jamais assez Matt Pennington. J'ai souvent eu l'impression qu'il était la seule personne à écouter mon podcast, et ses commentaires sur la première ébauche de ce livre ont été d'une valeur inestimable. Tu es un ami incroyable.

Merci à Nigel Wilcockson et à l'équipe de Penguin Random House d'avoir veillé à ce que cette aventure soit si agréable. Nigel m'a héroïquement soutenu et je lui suis redevable d'avoir rendu le processus aussi indolore.

Et surtout merci à toutes les personnes qui m'ont donné de la joie dans mon travail et merci à celles qui le font encore aujourd'hui. Rire avec Rhianna, Rebecca et Dara reste le point culminant de ma vie chez Twitter et je ne tiendrai jamais cette chance pour acquise.

BIBLIOGRAPHIE

Cain (Susan), *La force des discrets*, Livre de Poche, Paris, 2014.

Currey (Mason), *Tics et tocs des grands génies*, Points, Paris, 2016.

Dalio (Ray), *Les principes du succès*, Valor, Hendaye, 2017.

Fried (Jason) et Heinemeier Hansson (David), *Rework. Réussir autrement*, Maxima Laurent du Mesnil, Paris, 2012.

Gawdat (Mo), *La formule du bonheur. Des résolutions pour être heureux*, Larousse, Paris, 2018.

Grant (Adam), *Osez sortir du rang ! Comment les esprits originaux changent le monde*, De Boeck Université, Louvain (Belgique), 2016.

Heath (Chip) et Heath (Dan), *Ces moments qui comptent*, Alisio, Paris, 2018.

Layard (Richard), *Le prix du bonheur*, Armand Colin, Malakoff, 2007.

Levitin (Daniel), *L'esprit organisé. Mettez de l'ordre dans vos idées,* Héloïse d'Ormesson, Paris, 2018.

Ludin (Stephen C.), Paul (Harry) et Christensen (John), *Fish ! Une remarquable approche pour optimiser l'épanouissement au travail tout en y prenant goût*, Eyrolles, Paris, 2010.

Lyons (Dan), *Les nouveaux cobayes. Comment les entreprises génèrent précarité et mal-être au travail*, FYP, Limoges, 2019.

Newport (Cal), *Deep work. retrouver la concentration dans un monde de distractions (la méthode pour gagner du temps, être plus efficace et réussir)*, Leduc, Paris, 2017.

Pink (Daniel H.), *La vérité sur ce qui nous motive*, Flammarion, Paris, 2016.

Pink (Daniel H.), *Le bon moment. La science du parfait timing*, Flammarion, Paris, 2019.

Provine (Robert R.), L*e rire, sa vie, son œuvre. Le plus humain des comportements expliqué par la science,* Robert Laffont, Paris, 2003.

Ressler (Cali) et Thompson (Jody), *Pourquoi le travail nous emmerde… et comment faire pour que ça change*, Maxima Laurent du Mesnil, Paris, 2011.

Sandberg (Sheryl), *En avant toutes. Les femmes, le travail et le pouvoir*, Livre de poche, Paris, 2014.

Seligman, Martin, *La force de* l'optimisme, Pocket, Paris, 2012.

Seppälä (Emma), *La piste du bonheur. Le pouvoir du bonheur pour réussir au travail et dans la vie*, CreateSpace Independent Publishing Platform (service d'auto-édition d'Amazon), 2018.

Soojung-Kim Pang (Alex), *Et si on se reposait ? Pourquoi on en fait plus quand on travaille moins*, De Boecke Supérieur, Louvain (Belgique), 2019.

Voss (Chris), *Ne coupez jamais la poire en deux. Un manuel redoutable pour négocier gagnant par un navigateur du FBI,* Belfond, Paris, 2018.

Walker (Matthew), *Pourquoi nous dormons. Le pouvoir du sommeil et des rêves, ce que la science nous révèle*, La découverte, Paris, 2018.

Wozniak (Steve), *iWoz*, Globe, Paris, 2013.

Conférences TED et vidéos

Pour entamer une conversation avec les membres de votre équipe, une vidéo peut se révéler plus efficace qu'un livre. En voici neuf qui peuvent vous permettre de lancer la discussion sur des thèmes spécifiques[95].

Le vide mène à la création

Zomorodi (Manoush), *How boredom can lead to your most brilliant ideas* [Comment l'ennui peut faire surgir les idées les plus brillantes], 29 août 2017. Disponible sur : *https://www.youtube.com/watch?v=c73Q8oQmwzo*

Des alternatives aux réunions

Oppezzo (Marily), *Want to be more creative ? Go for a walk* [Vous voulez être plus créatifs ? Allez vous promener], 6 février 2018. Disponible sur :
https://www.youtube.com/watch?v=j4LSwZ05laQ

Appartenance et amitié au travail

Barsade (Sigal), All you need is Love… At Work ? [Tout ce qu'il vous faut, c'est de l'amour… au travail ?], 3 novembre 2015. Disponible sur :
https://www.youtube.com/watch?v=sKNTyGW3o7E

Réduire sa dépendance au téléphone

Perlow (Leslie), *Sleeping with your Smartphone [*La connexion permanente], 16 novembre 2012. Disponible sur :
https://www.youtube.com/watch?v=YVyEtSFW6UA

95 Les conférences TED peuvent être visionnées avec les sous-titres en français (menu « paramètres »).

Le pouvoir du bavardage au bureau

Pentland (Alex "Sandy"), *Social Physics: How good Ideas Spread* [Physique sociale : comment les bonnes idées se répandent], 7 mars 2014. Disponible sur :

https://www.youtube.com/watch?v=HMBl0ttu-Ow

Autres éléments sur le bavardage au bureau

Waber (Ben), *Using analytics to measure interactions in the workplace* [Les outils analytiques pour mesurer les interactions sur son lieu de travail], 10 novembre 2014. Disponible sur :

https://www.youtube.com/watch?v=XojhyhoRI7I&t=2s

Pourquoi il faut interdire les téléphones en réunion

Frei (Frances), *How to build (and rebuild) trust* [Comment bâtir (et rebâtir) la confiance], 4 mai 2018. Disponible sur :

https://www.ted.com/talks/frances_frei_how_to_build_and_rebuild_trust/

Le défi du marshmallow (ne regardez pas cette vidéo avant d'avoir vous-même relevé le défi)

Wujec (Tom), *Build a tower, build a team* [Construisez une tour, construisez une équipe], 22 avril 2010. Disponible sur :

https://www.ted.com/talks/tom_wujec_build_a_tower#t-45675

Modifiez la dynamique de sécurité dans votre équipe

Edmondson (Amy), *Building a psychologically safe workplace* [Instaurez un espace de travail psychologiquement sûr], 4 mai 2014. Disponible sur :

https://www.youtube.com/watch?v=LhoLuui9gX8